Ronald J. Sider
… denn sie tun nicht,
was sie wissen

Ronald J. Sider

… denn sie tun nicht, was sie wissen

Die schwierige Kunst,
kein halber Christ zu sein

Die Deutsche Bibliothek – CIP-Einheitsaufnahme

Sider, Ronald J.:
... denn sie tun nicht, was sie wissen : die schwierige Kunst, kein halber Christ zu
sein / Ronald J. Sider. Aus dem Amerikan. von Friedhilde Horn. – Moers : Brendow,
1995
  (Edition C : C ; 443)
  Einheitssacht.: One-sided Christianity <dt.>
  ISBN 3-87067-601-9
NE: Edition C / C

ISBN 3-87067-601-9
Edition C, C 443
© 1995 by Brendow Verlag, D-47443 Moers
Original: ONE-SIDED CHRISTIANITY
First published by Zondervan Publishing House Grand Rapids, Michigan 49530, and
HarperSanFrancisco
Copyright © 1993 by Ronald J. Sider
Übersetzung aus dem Amerikanischen von Friedhilde Horn
Einbandgestaltung: Thomas Georg, Münster
Satz: CONVERTEX, Aachen
Druck und Bindung: Clausen & Bosse, Leck
Printed in Germany

INHALT

Vorwort

Ron Sider hat eine ganze Generation junger Christen weltweit geprägt. Dieses neue Buch des freundlichen Professors aus Philadelphia ist so etwas wie eine Zwischenbilanz seines Lebens: „In den nächsten zwanzig Jahren möchte ich die Gute Nachricht persönlich mehr weitergeben, als ich es in den letzten zwanzig Jahren getan habe", sagt er auf Seite 128. Neue Töne, Hinweis auf einen veränderten Kurs des evangelikalen Sozialethikers?

Ja und nein. Nein, weil dieses Buch eine reife Zusammenfassung ist von Erlebnissen, Modellen und fundierter biblischer Argumentation für sein altes Lebensthema: Evangelisation und soziale Verantwortung als ganzheitliches, einander geradezu bedingendes Christuszeugnis. Ja, weil der „neue" Sider noch besser gewichtet, noch schärfer argumentiert und duch seine eigene Ausgewogenheit noch näher an den Kern des Problems kommt. Nicht jeder wird ihm in jedem Gedanken zustimmen, aber seine generelle Analyse trifft nur zu genau: Anders als Christus sind viele Christen auf tragische Weise einseitig in ihrem Glaubenszeugnis. Wo Christus ein „und" gelebt hat, spiegelt unser Leben (je nach christlicher Prägung ...) oft höchstens ein einseitiges „oder" wider: Evangelisation und soziale Verantwortung werden heute – anders als bei unseren pietistischen Vorvätern – selten aus einer Hand gelebt.

Von Herzen Jesus nachfolgen: Ron Sider ist jemand, der darüber nicht nur schreibt, sondern der es tatsächlich selbst versucht. Es sind die Kleinigkeiten in Begegnungen, die ihn für mich über Jahre hinweg zum glaubwürdigen persönlichen Vorbild gemacht haben: das schnelle „instant prayer" um Bewahrung auf dem Treppenabsatz seines Wohnzimmers vor unserer Weiterfahrt; die vergebliche Suche nach seiner Lieblingslederjacke auf dem Campingplatz in Norwegen (deren Verlust sich am Ende als gar nicht so schlimm herausstellte, weil der Herr Professor sie – wie die meiste Kleidung – für nur ein paar Dollar im Second-hand-Laden gekauft hatte); das Holzhacken auf dem Hinterhof seines reichlich „third-handigen" Wohnhauses in einem gemischtrassigen Viertel Philadelphias; die Krisen überdauernde zarte Liebe zu seiner Frau Arbutus; ihr gemeinsamer Einsatz als Weiße in der farbigen Gemeinde oder in der handfesten Seelsorge in der Nachbarschaft; u.v.a. Persönliche Frömmigkeit und Konsequenz, menschliche Wärme und Integrität sowie klare biblische Ausgewogenheit bei Fragen der Sexualethik genauso wie bei der nach Welthunger und Gerechtigkeit, das ist es, was mich am Freund und Weggenossen Sider fasziniert.

Egal, ob man seinem Weckruf „Der Weg durchs Nadelöhr – reiche Christen und Welthunger" – vor fast fünfzehn Jahren zugestimmt hat oder nicht: Vieles davon haben wir heute verinnerlicht. Viele Christen sind weltbewußter und wacher geworden. Und dennoch herrscht angesichts der Fernsehbilder von Krieg, Hunger und Sinnkrise auch heute oft eine lähmende Gleichgültigkeit in unseren Herzen. Sie zu überwinden, uns leidenschaftlicher und barmherziger zu machen, das ist das Anliegen dieses Buches. An dieser Stelle – und nicht am Theoriestreit um den ideologisch richtigen Ansatz von Christsein – entscheidet sich die Frage nach der geistlichen Frucht unseres persönlichen und gemeindlichen Lebens.

Ulrich Eggers

Teil I

Das Haus, das mit sich selbst uneins ist (Mk 3,25)

Kapitel 1

Aus meinem Leben

Ich möchte nicht so leben, wie diese weißen Christen hier. Sie singen von der Liebe Jesu. Aber sie machen sich keinerlei Gedanken über Gerechtigkeit für Südafrika.

Jüdischer Student in Südafrika*

1979 verbrachte ich zwei wunderbare Wochen mit Vorlesungen in Südafrika. Eine der faszinierendsten Persönlichkeiten, die mir dort begegnete, war ein junger Student der Universität. Er hieß James.[1] Er besuchte das jährliche Treffen einer evangelikalen Studentenvereinigung. Dort sprach ich gerade über das Eintreten Jesu für die Armen und über seine Auferstehung am dritten Tag nach seinem Tod. Wie der größte Teil der südafrikanischen Kirchen hatte sich auch diese Studentenvereinigung in vier verschiedene Gruppen aufgespalten: Es gab Weiße, die Afrikaans sprachen, Weiße, die Englisch redeten, Englisch sprechende Schwarze und als vierte Gruppe andere Farbige. Die meisten Studenten, die als Teilnehmer zu dieser Konferenz gekommen waren, hatten weiße Haut und sprachen Englisch.

James war kein Christ. Er war Jude und glühender, aktiver Sozialist. Sein leidenschaftlicher Kampf richtete sich gegen die Apartheid. Irgendwie hatten jedoch diese frommen, weißen Christen seine Aufmerksamkeit gefesselt. James und ich schlossen während dieser Konferenz sehr schnell Freundschaft. Stundenlang redeten wir über südafrikanische Politik.

---

* Inzwischen hat die kluge Haltung DeKlerks einiges ins Rollen gebracht, und durch die ersten freien Wahlen kam ein schwarzer Präsident ans Ruder. Bis sich die neue Linie im Bewußtsein der Bevölkerung verankert hat, wird noch viel Zeit und wache Zuwendung zur jeweils anderen Seite notwendig sein (Anm. d. Übers.).

Eines Abends sagte James nach einem lebhaften, dreistündigen Gespräch: „Ron, ich bin völlig ausgebrannt." Ich war nicht überrascht. Er versuchte, sich voll und ganz seinem Studium zu widmen und gleichzeitig seine Kraft für politische Aktivitäten intensiv einzusetzen. Doch seine nächste Erklärung verblüffte mich: „Gott hat mir gesagt, wenn ich zu dieser Konferenz ginge, würde ich etwas über seinen Sohn erfahren."

Ich schaute James an und antwortete: „James, ich glaube, daß Jesus Christus für dich am Kreuz starb und daß er wieder auferstand."

Sekundenlang schwieg er und überraschte mich dann ein zweites Mal mit dem, was er sagte: „Ron, ich glaube das alles – wirklich!"

Immer noch spürte man ein Zögern bei ihm. Irgend etwas blockierte ihn offensichtlich, Christus anzunehmen. Nach einer kurzen Pause kam es dann heraus. In ruhigem Ton sagte er: „Ich möchte nicht so sein wie diese weißen Christen hier. Sie singen von der Liebe Jesu und der Freude des Himmels, aber sie kümmern sich nicht darum, ob in Südafrika Gerechtigkeit herrscht oder nicht. Wenn ich Christ werde, muß ich dieses Ziel dann aufgeben?"

„Um alles in der Welt, nein, James! Jesus will vielmehr dein Engagement noch verstärken, deinen Wunsch, Gerechtigkeit für alle Südafrikaner zu erreichen. Natürlich mußt du dich seinen Bedingungen dabei unterordnen. Aber deine Hingabe an dieses Ziel wird noch viel tiefer und stärker werden."

Eine Weile schwieg ich und fügte dann hinzu: „Ich stehe nicht unter Zeitdruck, aber wenn du möchtest, daß wir zusammen beten, würde ich es jetzt gerne tun." Er stimmte sofort zu, und wir gingen in mein Zimmer. Er sprach ein wundervolles Gebet, bekannte seine Sünden, alles, was sich an Schuld in seinem Leben angesammelt hatte, und nahm Jesus Christus als seinen persönlichen Erlöser und Herrn an.

Als ich das Gebet beendet hatte, schaute ich James an. Sein Gesicht strahlte über und über. Ich bin sicher, das meine auch. Ich war stark beeindruckt von dem Erlebten. Nachdem er gegangen war, konnte ich in den ersten Minuten nichts weiter tun, als im Zimmer herumlaufen und dem Herrn Loblieder singen. Es waren Augenblicke einer überschwenglichen Freude.

Die weißen evangelikalen Studenten waren in ihrer Haltung typisch für einen großen Teil der christlichen Kirchen, wie sie sich in diesem Jahrhundert weithin darstellen: Sie legen das Schwergewicht auf persönliche Evangelisation und Missionierung, zeigen aber wenig oder gar kein Interesse an Gerechtigkeit für die Armen und an der Freiheit für die Unterdrückten. Damit hing es zusammen, daß auch ihre evangelistischen Anstrengungen zu keinem Ergebnis führten. Die Evangelikalen sind nicht die einzigen einseitigen Christen. 1981 erhielt ich eine Einladung zum 30. Jubiläum des Gründungstages des National Council of Churches (NCC, Nationaler Kirchenrat) in den USA. Man bezeichnet diese kirchliche Richtung oft als „liberal" oder sagt von ihnen: „Sie schwimmen halt im großen Strom." Als ich die Liste der Workshops überflog, entdeckte ich etwa ein Dutzend, die sich mit ökumenischen Fragen beschäftigen wollten. Das fand ich großartig. Dann fand ich fünfzehn weitere, die die Frage um Gerechtigkeit und Frieden auf ihr Programm geschrieben hatten. Ebenfalls erfreulich! Dann suchte ich nach Arbeitsgruppen, die Evangelisation, Gemeindewachstum und interkulturelle Missionsarbeit* zum Thema hatten: Ich fand nicht eine einzige. Bevor ich mit meiner Vorlesung begann, stellte ich eine Frage in den Raum: „Brüder und Schwestern, wie um alles in der Welt kann der NCC im Jahr 1981 noch so einseitig ausgerichtet sein?"

Vielleicht ist das der Grund dafür, daß die Kirchen, die zum nationalen Kirchenrat gehören, mittlerweile Millionen von Mitgliedern verlieren.

Während dieser Zeit traf ich eines Tages im Flugzeug einen Mann, der in den sechziger Jahren bei sozialen Aktionen in ökumenischen Kreisen führend gewesen war. Er hatte sich beim Kampf um die Menschenrechte besonders hervorgetan. Doch als wir uns eine Weile unterhielten, stellte ich fest, daß er kein Christ mehr war. Während seines Studiums hatte er den Glauben an die Historizität der Bibel verloren. Das einzige, was ihm übriggeblieben war, waren die ethischen Grundsätze Jesu. So setzte er sich nun leidenschaftlich für die Menschenrechtsbewegung ein und wurde zum Vorkämpfer auf der Ebene sozialer Aktionen, dem die große Masse der Protestanten Anerkennung zollte. Als ich ihm um das Jahr 1981 herum begegnete, wirkte er entmutigt. Er hatte Hoffnung und Glauben verloren.

Diese Erlebnisse lassen mich traurig werden. Daß ein junger Mann sich von Christus abwendet, weil manche Christen an den schlimmen

---

* Missionsarbeit unter Berücksichtigung der verschiedenen Kulturen

Dingen, die durch die Apartheid ausgelöst wurden, uninteressiert sind, ist schon eine tragische Sache. Aber dann festzustellen, daß andere Christen ein solches Schwergewicht auf das soziale Handeln legen, daß sie darüber vergessen, verlorenen Menschen etwas von unserem wunderbaren Erlöser zu sagen, das ist geradezu schrecklich.

Diese Berichte mögen kein umfassendes Bild der einzelnen Gruppierungen und Strömungen vermitteln. Und doch zeigen sie etwas von der schlimmen Zersplitterung, die die Kirchen in diesem Jahrhundert weithin belastet hat. Einige christliche Organisationen und Gruppierungen betonen fast ausschließlich die Verkündigung des Evangeliums. Andere legen das Schwergewicht auf das soziale Handeln. (Leider gibt es in beiden Richtungen eine große Zahl von Kirchen und Gemeinden, die sich weder um das eine noch um das andere sonderlich viel Gedanken machen.) Jede Richtung benutzt die Einseitigkeit der anderen, um den ständigen eigenen Mangel an Gleichgewicht in dieser Angelegenheit zu rechtfertigen. Diese innere Gespaltenheit der christlichen Kirche belastet ihr Zeugnis und zerstört ihre Glaubwürdigkeit. Ich bin der Ansicht, daß beide Arten von Einseitigkeit unbiblisch und häretischer Natur sind.

Wir wären soviel besser dran, wenn wir zu dem Beispiel zurückkehrten, das Jesus uns gegeben hat. Wir müssen am vorbehaltlosen biblischen Verständnis der totalen Sendung der Kirche festhalten, wenn wir die erstaunlichen Möglichkeiten für beides – die Verkündigung des Evangeliums und die soziale Transformation –, die uns der geschichtliche Augenblick der Gegenwart bietet, ergreifen und nutzen wollen. Dieses Buch ist mein Versuch, dazu einiges aufzuzeigen. Ich glaube, daß eine echte biblische Perspektive die Verkündigung des Evangeliums und soziale Verantwortlichkeit untrennbar miteinander verbindet und verknüpft, ohne daß beides gleichgesetzt oder miteinander verwechselt wird. Tatsächlich gibt es inzwischen eine wachsende Zahl von Kirchen, die genau das verwirklichen. Sie führen immer wieder Menschen zum persönlichen Glauben an Jesus Christus und kümmern sich gleichzeitig um ihre physischen und sozialen Nöte.

Nichts bewegt mich mehr, als solche Berichte zu hören. Ich sehne mich nach dem Tag, an dem es in jedem Dorf, in jeder kleineren oder größeren Stadt Gemeinschaften von Christen gibt, in denen die Liebe Jesu so stark brennt, daß sie Jahr für Jahr Scharen von Menschen zu ihm führen und sie ermutigen, ihn als ihren persönlichen Erlöser und Herrn anzunehmen – und die gleichzeitig so sensibel für das Schreien der Armen und Unterdrückten sind, daß sie sich nachdrücklich für Gerechtigkeit, Frieden und Freiheit einsetzen.

Es war der tiefste Sinn meines Lebens und Dienstes während der letzten dreißig Jahre, die ganze christliche Kirche zu diesem Tun zu ermutigen.

Ich wurde in einer evangelikalen Farmerfamilie in Kanada geboren. Mutter und Vater zeigten durch Wort und Tat, daß sie Jesus Christus mehr als irgend etwas anderes auf der Welt liebten. Im Alter von etwa acht Jahren kniete ich während einer der regelmäßigen Erweckungsversammlungen in meiner Heimatgemeinde am Altar nieder und nahm Jesus Christus an.

Die Brüderkirche, in der ich aufwuchs, verband die Traditionen evangelikaler Erweckungspredigten mit dem Heiligungsstreben Wesleys und der Lehre von der Glaubenstaufe, wie sie die Mennoniten vertraten. Diese Brüderkirche war durch und durch evangelikal, hatte aber die schmerzlichen Kämpfe des frühen zwanzigsten Jahrhunderts nicht erlebt, wo das soziale Evangelium gegen die fundamentalistische Theologie ausgespielt wurde und wo dadurch die riesige Kluft zwischen der Verkündigung des Evangeliums und der sozialen Aktion entstand. Als ich noch nicht lange zum christlichen Glauben gefunden hatte, setzte ich ganz schlicht voraus, daß fromme Christen einerseits das Evangelium weitersagten, wie es mein Onkel in Afrika getan hatte, und daß sie andererseits sich um die Armen und Bedürftigen kümmerten, wie es von meiner Gemeinde ganz selbstverständlich übernommen wurde.

Dann kam ich zur Universität, wo mein Glaube kopfüber in den modernen Skeptizismus gestürzt wurde. Ich begann zu fragen, ob man mit aufrichtigem Denken in einer modernen Welt den Glauben, der mit der Historizität der Bibel rechnete,* noch akzeptieren könnte.

Hatte das Denken der Aufklärung nicht recht, wenn es behauptete, daß alle Wunder einschließlich dem zentralen der Fleischwerdung und Auferstehung Jesu mit der modernen Wissenschaft nicht vereinbar waren? Ich schlug mich mit meinen Zweifeln herum. In dieser Zeit meines inneren Aufruhrs tauchte der evangelikale Historiker John Warwick Montgomery an meinem Horizont auf. Er löste den bisherigen Lehrstuhlinhaber für Geschichte und den atheistischen

---

*   im Gegensatz zur Theologie auf der Basis der historisch-kritischen Forschung

Säkularismus ab, den dieser vertreten hatte und der meine beiden ersten Studienjahre bestimmt hatte. John Montgomery und ich wurden Freunde, und er führte mir die historische Evidenz für die Auferstehung Jesu vor Augen. Er überzeugte mich davon, daß eine objektive Überprüfung der historischen Daten – ohne ein philosophisches Vorurteil gegen die Möglichkeit von Wundern – zu dem korrekten historischen Schluß führen mußte, daß das Grab leer war und Jesus, der Zimmermann, am dritten Tag wieder lebendig. Wenn das so geschehen war, dann war das tatsächlich ein starkes Argument zur Bestätigung des Anspruchs Jesu, Messias und Sohn Gottes zu sein.[2]

Man kann sich über Gottes weise Führung (und vielleicht auch seinen Sinn für Humor) seine Gedanken machen. Jedenfalls hätten nur wenige, die uns kannten, sich eine enge Verbindung zwischen Ron Sider und Warwick Montgomery vorstellen können. Doch ich kann nur mit Schaudern daran denken, wo ich ohne seinen apologetischen Eifer und seine Freundschaft gelandet wäre.

Mit neu gefestigtem Glauben beschloß ich, wieder in die säkularisierte Welt der Universität einzutauchen, aber diesmal mit einer historisch-apologetisch begründeten Sicht der christlichen Lehre.[3] Es klingt ein bißchen ironisch, aber das war der Grund, warum ich zur Divinity School nach Yale ging. Ich wollte unbedingt die stärksten Argumente gegen den historisch-orthodoxen christlichen Glauben erkennen und verstehen. Nachdem ich zwei Jahre lang in Yale an einer Dissertation in Geschichte gearbeitet hatte, ließ ich mich für drei Jahre beurlauben und begab mich auf den „heiligen Berg" des theologischen Seminars. Während der gesamten Zeit in Yale war die InterVarsity Christian Fellowship* für mich schon Zentrum all meiner christlichen Aktivitäten gewesen. Nach Abschluß meines Studiums und der Doktorarbeit beabsichtigte ich, als Studienberater bei der InterVarsity mitzuarbeiten. Gleichzeitig war ich als Historiker mit Schwerpunkt Renaissance/Reformation an einigen säkularen Universitäten tätig.

Doch Gott hatte andere Pläne mit mir. Ich spürte eine starke innere Berufung, als evangelikaler Christ am Aufleben der biblisch begründeten Sorge für soziale Gerechtigkeit mitzuarbeiten. Es war in den sechziger Jahren. Meine Frau Arbutus und ich saßen mit unserem

---

* Internationale christliche Studentenvereinigung

15

afroamerikanischen Hausbesitzer und seiner Frau zusammen und erlebten unseren Schmerz an dem Tag, an dem Martin Luther King jr. ermordet wurde. Ich entdeckte, wie die evangelikale Tradition im achtzehnten und neunzehnten Jahrhundert bei großen Führern wie William Wilberforce oder Charles Finney eine leidenschaftliche Hingabe an beide Anliegen – die Verkündigung des Evangeliums und die soziale Frage – mit sich gebracht hatte.

Als junger Delegierter besuchte ich dann 1966 den Kongreß für Weltmission in Wheaton und bemühte mich sehr darum, ins Schlußdokument eine kurze Erklärung zur sozialen Frage hineinzubekommen. Um diese Zeit beschloß ich, daß ich alles in meiner Macht Stehende tun wollte, um zu erreichen, daß über dem Neuerwachen des sozialen Anliegens die Evangelikalen nicht das Interesse an der Verkündigung des Evangeliums oder ihren biblisch begründeten Glauben verlören. Es war schmerzlich zu erkennen – an anderen Studenten des theologischen Seminars und auch an der Erstarrung und Abgestumpftheit vieler Kirchen Neuenglands –, daß es keine Lösung bedeutete, die einseitige Verkündigung des Evangeliums im traditionellen Stil durch ein einseitiges Evangelium für Frieden und Gerechtigkeit zu ersetzen. Ich wußte nicht genau, wie mein Beitrag als Historiker mit dem Schwerpunkt Renaissance/Reformation aussehen könnte. Aber mir lag sehr daran, das wenige, was mir möglich war, einzubringen, damit die Kirchen wieder Evangelium und soziale Frage miteinander verbinden würden.

Am Ende kam dabei heraus, daß ich niemals Geschichte der Renaissance und Reformationszeit lehrte. Statt dessen nahm ich im September 1968 eine Stelle innerhalb des neuen Innenstadt-Campus des Messiah-Colleges an. Dieser befand sich an der Grenze zwischen der Temple-Universität und dem schwarzen Ghetto von Nordphiladelphia. Ich lehrte dort: „Christlicher Glaube und Probleme unserer Zeit".

Unsere Familie lebte in einem der sozial schwachen inneren Stadtgebiete und besuchte eine Kirche, die nur aus schwarzen Mitgliedern bestand. Unsere Söhne, Ted und Mike, gingen zur nächsten öffentlichen Schule. Ich organisierte Wochenendseminare für verantwortliche kirchliche Mitarbeiter, die aus der Landbevölkerung und aus den Vorstädten kamen. Auf diese Weise hatten sie Gelegenheit, von den afroamerikanischen kirchlichen Führern einiges über die Qualen zu hören, die aus Rassismus und Armut resultierten. (Das meiste, das mir über Unterdrückung zu Ohren gekommen ist, habe ich von Afroamerikanern erfahren.) Ich machte meinen Studenten Mut, sich in dem Kampf gegen Rassismus und Armut zu engagieren und gleichzeitig über ihren Glauben zu sprechen, wenn sie Studiengänge im säkularen akademischen Umfeld der Temple-Universität übernahmen.

Im Frühjahr 1973 saß ich dann auf der ersten Konferenz des Calvin-Colleges über christlichen Glauben und Politik in einem Planungsausschuß zusammen mit Männern wie Rufus Jones und David Moberg. In seinen Vorträgen und Büchern drängt Moberg die Evangelikalen dazu, die „Great Reversal", die große Wende in der Theologie, wieder rückgängig zu machen, die Vernachlässigung der sozialen Frage zu korrigieren und zur evangelikalen Tradition des neunzehnten Jahrhunderts zurückzukehren, wie sie sich zum Beispiel bei Charles Finney zeigt. Er war sowohl der einflußreichste Evangelist der Jahrhundertmitte als auch einer der führenden Vorkämpfer der Sklavenbefreiung. Als wir Pläne zur Durchführung von Workshops anläßlich von „Thanksgiving" besprachen, die evangelikale Kirchenführer zur sozialen Frage anbieten sollten, ergab sich – vorausgesetzt, ich fühlte mich dazu berufen –, daß ich die Verantwortung für die Organisation dieses Treffens übernahm.

Erfahrene Politiker wie Carl Henry, Foy Valentine, Bernard Ramm, Frank Gaebelein und Paul Rees setzten sich mit jungen Evangelikalen wie Jim Wallis, Paul Henry, Sharon Gallagher, Samuel Escobar und mir zu einem Wochenende zusammen. Richard Ostling vom Magazin „Time" sagte mir hinterher, daß dies vielleicht das erste Mal im zwanzigsten Jahrhundert gewesen sei, daß evangelikale Führer sich ein ganzes Wochenende ausschließlich sozialen Fragen gewidmet hätten.[4]

Das Ergebnis war dann die Chicago Declaration of Evangelical Concern. Sie bedeutete einen der ersten Schritte auf dem Weg zur Neubesinnung der Evangelikalen auf die sozialen Probleme. (Diese Erklärung war vermutlich auch einer der Faktoren, die auf dem Lausanner Kongreß zur starken Betonung dieser Frage beitrugen, wo Billy Graham zehn Monate später dazu aufrief, daß die weltweite evangelikale Bewegung die soziale Verantwortung nicht vernachlässigen dürfe.)

Die Chicagoer Erklärung ist ein weithin hallender Bußruf:

„Wir erkennen an, daß Gott Gerechtigkeit fordert. Doch wir haben seine Gerechtigkeit in einer ungerechten amerikanischen Gesellschaft weder proklamiert noch demonstriert. Obwohl der Herr uns dazu aufruft, die sozialen und wirtschaftlichen Rechte der Armen und Unterdrückten zu verteidigen, haben wir meist im Schweigen verharrt. Wir bedauern die historische Verflechtung der Kirche in Amerika mit dem Rassismus und die klar erkennbare Verantwortlichkeit der Evangelikalen für das Fortbestehen persönlicher Einstellungen und institutioneller Strukturen, die den Leib Christi durch Grenzziehungen zerteilen, die von der Hautfarbe bestimmt sind. Wir rufen unsere evangelikalen Glaubensbrüder auf, statt dessen eine Nachfolge Christi anzustreben, die der sozialen und politischen Ungerechtigkeit unserer Nation entgegentritt." (Übers. a. d. Engl.)

Ein bemerkenswertes Ergebnis der Chicago Declaration war eine neue Offenheit bei den meisten ökumenischen Führern, nun mit den Evangelikalen in einen Dialog einzutreten. Manche von ihnen suchten den Kontakt mit mir und brachten ihre Dankbarkeit für diese Erklärung zum Ausdruck. (Ich war inzwischen Vorsitzender des Komitees für die weitere Verfolgung des Anliegens dieser Erklärung.) Man suchte das Gespräch mit interessierten Evangelikalen.

Drei zweitägige Gesprächsrunden folgten. Für eine davon, die mit Leuten vom Weltkirchenrat organisiert war, bereitete ich ein Papier vor über die Beziehung zwischen Evangeliumsverkündigung und sozialer Frage. Diese Arbeit wurde später im „International Review of Mission" vom Weltkirchenrat veröffentlicht.[5] Die erste Version des vorliegenden Buches hat ihren Ursprung in diesem Paper und dem Artikel des WCC (World Council of Churches = Weltkirchenrat). Ich drängte darin die Evangelikalen, ihr soziales Engagement zu verstärken, und bat gleichzeitig die ökumenische Seite, ihren Einsatz für die Verkündigung des Evangeliums wieder neu aufleben zu lassen.

Die Chicagoer Erklärung und die Veröffentlichung meiner Schrift: „Der Weg durchs Nadelöhr – Reiche Christen und der Welthunger", 1977, eröffnete ungeahnte Möglichkeiten, von denen der Farmerjunge aus Ontario zehn Jahre früher nicht hatte träumen können, als sich für ihn im theologischen Seminar zum erstenmal die Berufung herauskristallisierte, biblisch begründete soziale Aktivitäten anzuregen. Mein evangelikaler Hintergrund mit seiner biblisch fundierten Glaubenshaltung öffnete die Türen im evangelikalen Lager, und mein leidenschaftlicher Einsatz für soziale Gerechtigkeit förderte den Dialog mit den Führern der Ökumene.

Im Jahr 1977 erreichte mich eine Einladung der World Evangelical Fellowship (WEF), ihrer theologischen Kommission beizutreten. Begeistert übernahm ich neue Verantwortlichkeiten als Vorsitzender der Abteilung Ethik und Gesellschaft in der WEF.

Weitere ökumenische Kontakte vertieften meine Leidenschaft für Frieden und Gerechtigkeit und erneuerten gleichzeitig mein Bemühen darum, daß die Verkündigung des Evangeliums im Kampf für Gerechtigkeit nicht untergehen möchte. Oft spornte mich der mächtige Ruf, der von den biblischen Propheten und Jesus ausging, wieder neu an, für das Recht der Unterdrückten einzutreten. Dabei wurde ich auch von führenden Persönlichkeiten der Ökumene ermutigt, die soziale Aktionen auf der Basis historisch-christlicher Orthodoxie durchzuführen wünschten.

Andrerseits traf ich aber auch ökumenische Führer, deren einseitiger Einsatz für Frieden und Gerechtigkeit mich verwirrte und erschreckte. So bat mich z. B. die WEF, als Beobachter zur Konferenz des Weltkirchenrates 1990 nach Seoul, Korea, zu gehen. Ich war überrascht und freute mich, den Vorsitz für einen Teil des Komitees übernehmen zu sollen, das sich mit der Abfassung des Konferenzberichtes befaßte. Doch die mangelnde Bereitschaft der Teilnehmer, die biblische Begründung des Dokuments zu bekräftigen, war bestürzend. Als dann das Plenum sogar noch ablehnte, eine Aussage einzufügen, wonach allein Menschen nach dem Bilde Gottes geschaffen seien, war ich regelrecht beunruhigt. (Tragen Bäume und Blumen auch das Antlitz Gottes?)[6]

Die Evangelikalen neigen dazu, dem WCC gegenüber mißtrauisch zu sein. Doch wir dürfen nicht vergessen, daß diese Organisation weit gespannt und vielschichtig gestaltet ist. Manchmal, wie z. B. im Dokument von 1983 über „Mission and Evangelism" (Mission und Evangelisation), ruft der WCC lautstark nach der Verkündigung der Guten Nachricht. Und wir wollen uns nichts vormachen: Seine Kritik am mangelnden evangelikalen Einsatz für Gerechtigkeit gegenüber den Unterdrückten ist oft begründet. Aber allzuoft ist es auch so wie 1990 in Seoul oder bei der letzten Generalversammlung in Canberra, 1991: Die Theologie, die auf diesen Treffen des WCC zum Ausdruck kommt, ist unzulänglich, und die Betonung liegt vor allem auf Frieden, Gerechtigkeit und Ökologie. Ich bin fest davon überzeugt, daß das einseitige Beharren auf diesen Fragen die Probleme der Kirchen oder der Welt am Ende des zweiten Jahrtausends nicht lösen wird. Zum Glück bestehen Organisationen aus einzelnen Individuen, und es ist faszinierend zu sehen, was Gott durch Menschen aus den verschiedensten Kirchen und Denominationen tut. Eine der wichtigsten Erfahrungen im vergangenen Jahrzehnt war für mich die Begegnung mit jungen evangelikalen Christen aus den Entwicklungsländern (oft Zweidrittelwelt genannt). Ihre Gemeindearbeit und Theologie erhebt sich häufig weit über die tragische Einseitigkeit so vieler westlicher und liberaler Kirchen. Während einer Beratung der International Fellowship of Evangelical Mission Theologians in Kabare, Kenia (1987), besuchte ich ein paarmal die Veranstaltungen der ganzheitlichen Mission, die der evangelikale anglikanische Bischof David Gitari anbot.

1975 war Gitari der erste Bischof der neuen Diözese von Mt. Kenya East geworden, die zwei Fünftel von Kenia umfaßt. Er setzte geschulte Evangelisten im ganzen Land ein, die in jedem Kirchspiel das Evangelium verkündigen und Gemeinden gründen sollten. Gleichzeitig berief er aber auch Entwicklungshelfer und Erzieher in jedes Kirchspiel. Das Ergebnis schlug sich in sichtbarem wirtschaftlichem Aufschwung und einem explosionsartigen Gemeindewachstum nieder. Jahrelang hat Bischof Gitari mindestens eine (manchmal zwei) neue Gemeinde(n) pro Monat in seiner Diözese eröffnet.[7] Das ist die Art der ganzheitlichen Mission, die meiner Meinung nach sowohl dem Auftrag Jesu entspricht als auch in der Lage ist, auf eine verlorene und verletzte Welt attraktiv zu wirken.

Das ist auch die Art der Bemühungen, an denen ich in meiner Heimatgemeinde arbeite. Immer gelingt es uns nicht. Ich muß sogar bekennen, daß im Gegensatz zu meiner ganzheitlichen Theologie meine Praxis nicht immer so ausbalanciert war, wie ich es gewünscht hätte.

In den siebziger Jahren gründeten wir mit anderen zusammen im rassisch gemischten Armenviertel von Philadelphia, wo wir immer noch leben, die „Jubilee Fellowship". Wir waren jung, evangelikal gesinnt, sozial engagiert und überzeugt davon, daß wir wüßten, wie Kirche und Gesellschaft reformiert werden mußten. Theoretisch glaubten wir an beides: die Notwendigkeit der Evangelisation und die der sozialen Aktion, aber wir setzten uns kaum unmittelbar für Evangelisation ein. Statt dessen arbeiteten wir viele Stunden für soziale Gerechtigkeit. Und dabei hofften wir aufrichtig, daß unsere Nachbarn in unserm Leben und in unserm Tun Christus erkennen würden. Doch irgendwie fanden wir nur selten die Zeit oder den Mut, sie direkt zu fragen, ob sie etwas von Jesus wüßten. Ich muß bedauerlicherweise bekennen, daß mein Erlebnis mit James, den ich in Südafrika zu Jesus führen konnte, eine seltene Ausnahme in meinem Leben war (wenn auch eine sehr willkommene).

Von 1981 bis 1993 waren Arbutus und ich aktiv in einer anderen rassisch gemischten Gemeinde in einem der sozial schwachen Innenstadtgebiete von Nordphiladelphia – im Bereich einer rein schwarzen Bevölkerung – engagiert. Diese Gemeinde versuchte, die Verkündigung des Evangeliums mit der menschlich-gesellschaftlichen Entfaltung zu verbinden. Unser Gemeindezentrum, dem ich einige Jahre als Präsident vorstand, förderte Dinge wie einen Gesundheitsdienst und eine Arbeitsvermittlung. Jetzt, wo ich dies gerade schreibe, steigt in mir die Erinnerung an die Freude auf, die am letzten Sonntag durch unsere Gemeinde wogte, als ein früherer Drogenabhängiger davon berichtete, wie sein neuer Glaube an Christus ihm geholfen habe, mit dieser Sucht zu brechen. Als wir zum Dank an unseren Herrn fröhlich in die Hände klatschten, da bezogen wir in den Dank gleichzeitig auch unsern Hilfspastor Darryl Wallace ein – er hatte den Abhängigen ständig mit viel Zeitaufwand begleitet. Wir wußten nur zu gut, daß das auf dem Weg zur Heilung ganz entscheidend gewesen war. In unserem durch Drogen und Kriminalität stark belasteten Stadtteil ist es nicht schwer, Leute dazu zu bewegen, daß sie Christus annehmen. Die Menschen wissen, daß sie Hilfe brauchen. Vor einigen Monaten kamen fünfzehn Personen nach einem einfachen, evangelistischen Film nach vorn, um sich für Christus zu entscheiden. Der schwerere Teil dieses Prozesses ist das Aufbringen ausdauernder Liebe und der Einsatz von vielen Stunden, die es braucht, um ein zerbrochenes Leben wieder aufzubauen und reife Gläubige aus diesen Wracks entstehen zu lassen.

Da ist z. B. James Dennis, einer meiner besonderen Freunde. Einige Jahre arbeiteten wir als Gemeindeälteste in dieser Kirche der Innenstadt zusammen. Vor zwanzig Jahren war Dennis ein wütender schwarzer Krawallschläger. Er haßte die Weißen. Vor einiger Zeit sagte er mal, wenn er mir damals begegnet wäre, hätte er mich möglicherweise umgebracht. Gott sei Dank, daß er vorher noch Jesus begegnete.

Wie so viele junge Männer aus diesen inneren Stadtgebieten, die kaum Möglichkeiten haben, einen soliden Arbeitsplatz zu finden, war James an den Alkohol geraten. Dann gab es in seiner Ehe Schwierigkeiten, und endlich landete er wegen eines schweren Verbrechens im Gefängnis. Dort erzählte ihm jemand vom Evangelium, und James erlebte nach und nach etwas von der umwandelnden Gnade Jesu Christi. Als er das Gefängnis verließ, begleitete ihn unser Pastor ständig weiter, unterstützte ihn und lehrte ihn vieles. Und schließlich wurde James ein aktives Mitglied unserer Kirche und zuletzt Presbyter dieser Gemeinde.

James Dennis ist heute ein radikal veränderter Mensch. Er ist immer noch ein stolzer Afroamerikaner, der auch das kleinste Anzeichen von Rassismus nicht zu tolerieren bereit ist. Aber Gott hat seinen Rassenhaß überwunden und hat seine Familie wieder zueinanderfinden lassen. James hat jetzt einen guten Arbeitsplatz und besitzt eine eigene Wohnung. Die verwandelnde Gnade hat sein Leben durchdrungen.

Wer glaubt, daß gute staatliche Programme zur Arbeits- und Wohnungsbeschaffung und eine Gefängnisreform ausgereicht hätten, um die Probleme James Dennis' zu lösen, der hat nicht verstanden, um was es geht. Was er brauchte, war eine persönliche Beziehung zu Jesus Christus, die sein Wesen im Kern umgewandelt hat, dazu seine Wertmaßstäbe, seine tiefsten Überzeugungen und sein Familienleben. Wer aber andrerseits glaubt, daß seine Neugeburt allein genügt hätte, der irrt sich ebenfalls. Er konnte so gründlich „wiedergeboren" sein, wie man es sich nur wünschen könnte – wenn aber das Schulsystem der Innenstadt seinen Kindern nur eine schlechte Erziehung vermittelt hätte, wenn angemessenes Wohnen für ihn unerschwinglich gewesen wäre und es keine Arbeitsplätze gegeben hätte, dann hätte er immer noch riesige Probleme gehabt.

Während ich Jahr um Jahr gegen die Verwahrlosung der sozial elenden amerikanischen inneren Stadtbereiche ankämpfe, sehne ich mich zunehmend nach mehr Christen und mehr Kirchen und Gemeinden, die die Verkündigung des Evangeliums in Wahrheit mit der sozialen Frage verbinden. Bruder James brauchte jemand, der ihm von Jesus erzählte. Kein Sozialprogramm hätte die Scherben im Kern seiner Person wieder zusammenkitten können. Aber er und seine

Familie brauchten genauso dringend Arbeitsmöglichkeiten und ein besseres Ausbildungssystem in Nordphiladelphia. Sollten bibelgläubige Christen nicht diejenigen sein, die dafür sorgen, daß Leute wie James eine faire Behandlung erfahren?

In Gottes Namen rufe ich es in alle Welt hinein: „Warum können nicht tausend und abertausend Kirchen auf dieser unserer ganzen Erde die Nöte des Menschen ganzheitlich erkennen und sie steuern – im Namen des Herrn, den wir anbeten und dem wir nachfolgen?"

Kapitel 2

Übersicht über die christliche Landschaft: Vier verschiedene Modelle

Evangelisation und die Rettung von Seelen ist der wichtigste Auftrag der Kirche.

Billy Graham

Gott ist ausschließlich im Schreien der Armen zu hören.

José Miranda

Die meisten Kirchen von heute spiegeln eine unheilvolle Einseitigkeit wider. In manchen wohlsituierten Vorstadtgemeinden kommen Hunderte zu Jesus und loben Gott in modernsten Gebäuden. Doch nur selten bekommen sie zu hören, daß ihr Glaube mit der quälenden Armut der inneren Stadtgebiete etwas zu tun hat, die sich doch nur ein paar Meilen von ihnen entfernt befinden. In anderen Kirchen schreiben die Mitglieder an ihre Senatoren und unterstützen die Bemühungen des Bürgermeisters, haben aber kaum eine Ahnung von der Gegenwart des Heiligen Geistes im Alltagsleben der Menschen. Sie wären aufs höchste überrascht, wenn jemand sie auffordern würde, ihre Nachbarn zu Jesus einzuladen.

Die eine Gruppe rettet Seelen. Die andere reformiert gesellschaftliche Strukturen. Das ist es, was ich einseitiges Christentum nenne.

Ich erinnere mich an ein Streitgespräch mit einem führenden ökumenischen Europäer in Seoul im März 1990. Gemeinsam arbeiteten wir in einem Komitee bei einer internationalen Konferenz des Weltkirchenrates. Eines Tages äußerte ich mich besorgt über den weitreichenden Verlust an christlichem Glauben in Westeuropa. An einem normalen Sonntag gehen in Luthers Deutschland und in vielen anderen Ländern Europas, wo einst die Reformation die Gesellschaft zutiefst veränderte, nur etwa 5% der Bevölkerung noch zum Gottesdienst. Trotz häufig beibehaltener Mitgliedschaft in den Kirchen besteht die große Mehrheit der Europäer nicht länger aus bekennenden Christen.

Als ich meinen Freund dann fragte, wie seiner Ansicht nach das heidnische Europa für Christus zurückgewonnen werden könnte, schien das für ihn uninteressant zu sein. Er zuckte die Achseln und meinte: „Das wird eher noch schlimmer werden als sich zum Guten wenden." Soziale Aktionen, nicht Verkündigung des Evangeliums für säkularisierte Europäer, schienen sein Ziel zu sein.

In ähnlicher Weise habe ich mit meinen evangelikalen Kollegen über die schreckliche Kluft z. B. zwischen Schwarzen und Weißen gesprochen – selbst innerhalb der Gemeinde Jesu Christi. Wenn solche Themen ins Gespräch gebracht werden, besteht das Echo sehr oft entweder in Indifferenz oder offenem Ärger. „Unsere Aufgabe ist es, das Herz der Menschen zu verändern, nicht die Strukturen der Gesellschaft", ist eine häufig geäußerte Einstellung.

Wie typisch ist diese Haltung? Welches sind heute die zentralen Fragen im Verhältnis zwischen Evangelisation und sozialem Anliegen? Und wie ist eigentlich die biblische Sicht an dieser Stelle?

Um diesen letzten Punkt hat es unter den Christen des zwanzigsten Jahrhunderts heftige Debatten gegeben. David Bosch spricht darüber in seinem Buch „Transforming Mission" – seit Jahrzehnten eins der besten Bücher über Missiologie. Er sagt, daß diese Frage heute „eine der heikelsten im gesamten Bereich von Missionstheologie und missionarischer Praxis" sei.[1]

Die meisten modernen Sichtweisen zu diesem Thema bzw. ihre Vertreter lassen sich in das Schema unserer vier Grundtypen einordnen:[2] individualistische Evangelikale, radikale Anabaptisten,* führende Ökumeniker und säkularisierte Christen. Ich habe jeden Typus mit einem Adjektiv versehen, um damit anzuzeigen, daß die hier geschilderte Position nicht die einzig mögliche ist, die jemand einnehmen kann, der sich grundsätzlich zu dieser Gruppe rechnet.

Die folgende Übersicht umreißt die Hauptgedanken jedes der vier Modelle.

---

* Anabaptist = Wiedertäufer. Ursprünglich kommt der Begriff aus der Täuferbewegung der Reformationszeit. In den USA sind das z. B. die Mennoniten, die Amish People und die Hutterer. In Deutschland sind diese Gruppen heute wenig vertreten.

	Anthropologie	Sünde	Inhalt des Evangeliums	Bedeutung der Erlösung
Modell I individualistische Evangelikale	der Mensch ist eher isolierter Individualist als soziales Wesen. Scharfe Trennung von Leib und Seelenbereich	Betonung liegt auf persönlicher Sünde wie Lüge oder Ehebruch	Rettung des einzelnen	Rechtfertigung und Erneuerung des einzelnen
Modell II radikale Anabaptisten	der Mensch ist sowohl Individuum und Gott persönlich verantwortlich als auch soziales Wesen	gewisse Betonung sozialer Sünde, aber Hauptgewicht auf persönlicher Sünde	Gute Nachricht vom Reich Gottes	Rechtfertigung und Erneuerung des einzelnen und die neue, erlöste Gemeinschaft der Kirche
Modell III führende Ökumeniker	Gleichgewicht zwischen dem persönlichen und dem sozialen Aspekt	persönliche und soziale Sünde, doch für viele liegt das Schwergewicht im sozialen Bereich	Gute Nachricht vom Reich Gottes	1. Rechtfertigung und Erneuerung des einzelnen 2. Kirche 3. wachsender Friede und Gerechtigkeit in der Gesellschaft außerhalb der Kirche ist ebenfalls Erlösung. Für manche liegt da sogar das Schwergewicht.
Modell IV säkulare Christen	persönlicher und gemeinschaftlicher Aspekt	Unrecht, das man dem Nächsten tut, und ungerechte soziale Strukturen	Gute Nachricht von der Möglichkeit sozialer Wandlung	Gerechtigkeit und Frieden in der Gesellschaft

Geschichte und Eschatologie	Quelle theologischer Wahrheit	Objekt der Evangelisation	Wie wird das Evangelium verkündet?	Wie wird die Gesellschaft verändert?	Wo handelt Gott?
wenig Zusammenhang	Bibel	nur einzelne Menschen	hauptsächlich Verkündigung des Wortes Gottes	dadurch, daß bekehrte Menschen Salz und Licht der Erde sind	vor allem in der Gemeinde (alles Heilshandeln geschieht dort)
wenig Zusammenhang	Bibel	nur einzelne Menschen	durch Wort und Tat (d.h. die sichtbare Darstellung des gemeinsamen Lebens in Jesu neuer, erlöster Gemeinde, der Kirche)		vor allem in der Gemeinde (alles Heilshandeln geschieht dort)
starker Zusammenhang (bei der liberalen Version ist die Wiederkehr Christi kaum im Blick)	Bibel, Vernunft, Tradition, menschliche Erfahrung (vor allem jeder örtliche Kontext)	einzelne Menschen und soziale Strukturen	Wort und Tat (dabei ist das kirchliche Leben und die politische Aktion in der Gesellschaft gemeint)	durch Bekehrung, das Leben in der Kirche und Umstrukturierung gesellschaftlicher Institutionen (auf dem liberalen Flügel ist das letzte das wichtigste)	Gottes erlösendes Handeln geschieht in der Kirche und in der Welt
Geschichte ist die einzige Realität	Vernunft und menschliche Erfahrung sind entscheidend	nur gesellschaftliche Strukturen	Die gute Botschaft vom sozialen Fortschritt wird auf politischem Weg verkündet	nur durch Umstrukturierung der Gesellschaft	nur in der Welt

Die zugrundeliegenden Kriterien

Um zu verstehen, was es mit diesen vier Modellen auf sich hat, muß man die Kernpunkte erfassen, die zur Ausprägung dieser Grundtypen geführt haben. Sie alle versuchen, zehn wichtige Fragen zu beantworten.

1. Wie sollen wir Sünde verstehen?

Ist Sünde vor allem Auflehnung gegen Gott, die göttliche Vergebung notwendig macht? Oder geht es in der Hauptsache um Unrecht gegenüber dem Nächsten, das veränderte soziale Beziehungen erfordert? Zeigt sich Sünde überwiegend in der Form persönlicher Schuld (wie z. B. Lüge und Ehebruch), die sich hauptsächlich gegen einzelne Menschen richtet? Oder begegnet uns Sünde vorrangig in ungerechten sozialen Strukturen und in der Unterdrückung durch bestimmte gesellschaftliche Systeme, wie die Apartheid, wirtschaftliche Ausbeutung und totalitäre Regime?

2. Wie sollen wir den Menschen verstehen?

Besteht das Kernstück einer Person in ihrer unsterblichen Seele, die eine Zeitlang im Körper lebt und dann befreit wird, um in einem nichtmateriellen Himmel weiter zu existieren? Oder ist der Mensch eine Leib-Seele-Einheit, dazu bestimmt, auf einer verwandelten Erde zu leben? Wenn die Seele der wichtigste Teil des Menschen ist, dann ist anzunehmen, daß „geistliche" Dinge weit bedeutsamer sind als „physische" oder weltliche Belange. Ist diese Unterscheidung biblisch unangemessen?

Ist der Mensch vor allem ein Individuum oder ein soziales Wesen? Gestalten individuelle Gedanken, Vorstellungen und innere Werte die Geschichte, oder formt uns unsere Umgebung auf mächtige Art und Weise? In anderen Worten: Wird die Gesellschaft nur durch die innere Wandlung von Menschen verändert, oder schafft gesellschaftliche Veränderung neue Menschen?

3. Was ist Evangelium?

Was entspricht der Bibel mehr: Ist das Evangelium als die Gute Nachricht von der Erlösung zu verstehen oder als die Gute Nachricht vom Reich Gottes – von der Herrschaft Gottes? Besteht das Kernstück der Guten Nachricht darin, daß Gott vergibt und den einzelnen Menschen durch das Kreuz Jesu erneuert? Oder ist es vielmehr so, daß das messianische Reich, das die Propheten vorausgesagt haben, durch das Wirken und die Person Jesu in die Geschichte eingebrochen ist, indem es eine neue erlöste Gemeinde schuf, in der alle Übel der Welt korrigiert, zurechtgerückt werden? Und wenn das Evangelium recht verstanden ist als die Gute Nachricht vom Reich Gottes – wird dieses Reich Gottes nur dann sichtbar, wenn Menschen sich zu Christus bekennen? Oder bricht es auch überall dort an, wo Friede, Freiheit und Gerechtigkeit sich in der Gesellschaft entfalten?

4. Was ist Erlösung?

Ist Erlösung etwas, das nur dem einzelnen widerfährt? Oder sollten wir von Erlösung als einer sozialen Realität in der erlösten Gemeinde glaubender Menschen sprechen? Oder sollten wir den Bogen *noch* weiter spannen und von der Erlösung sprechen, wenn soziale Strukturen und Systeme gerechter und freier werden, unabhängig davon, ob die Glieder dieser Gesellschaft Jesus Christus kennen oder bekennen? Gibt es auch eine kosmische Dimension der Erlösung, so daß selbst die „seufzende Kreatur" daran teilnimmt – wenigstens am Ende?

Wenn Menschen Erlösung erfahren, leben sie dann weiter in sündigen Verhaltensmustern? Oder schließt die Erlösung eine Abkehr von den verkehrten, tyrannischen Wegen sündiger Gewohnheiten und von bösen Gegebenheiten ein?

Ist Erlösung vor allem Schutz vor dem zukünftigen Zorn (Gottes), oder bedeutet sie heute und hier persönliches und gesellschaftliches Heilsein? Ist Erlösung eine Flucht vor dem Bösen der Welt oder aus der Welt heraus?

Sind Menschen ohne Jesus Christus verloren? Ist er der einzige Weg zur Erlösung? Werden alle Menschen schließlich gerettet, oder werden manche in alle Ewigkeit vom lebendigen Gott getrennt sein?

5. Wo ist der Zusammenhang zwischen dem, was wir jetzt und hier für Gerechtigkeit und Freiheit wirken, und der Vollendung der kommenden Gottesherrschaft, die erst mit der Wiederkehr Christi ganz und gar Realität wird?

Um es mehr in theologischen Begriffen auszudrücken: Wo ist die Verbindung zwischen Weltgeschichte und Heilsgeschichte der Endzeit? Ist die Welt ein sinkender Ozeandampfer, von dem wir nur noch so viele Seelen wie möglich retten müssen? Oder will Gott das Böse überwinden, das in seine gute Schöpfung eingedrungen ist, und will er die Welt verändern? Gleicht der „Himmel" eher einer Segelpartie mit den Enkelkindern auf einem kristallklaren Strom in einer verwandelten Welt, die von allem Bösen frei ist? Oder ist der Himmel der Ort geistlicher Glückseligkeit unsterblicher Seelen in einer nichtmateriellen Welt von Gedanken und Vorstellungen?

Besteht der einzige Zusammenhang zwischen unserem jetzigen Leben und dem ewigen Leben darin, daß wir jetzt eine gläubige Antwort auf Gottes Angebot der Erlösung geben und damit heute unser zukünftiges Schicksal bestimmen? Wenn ja, sind dann unsere Worte und Taten, mit denen wir andere Menschen ermutigen, Christus anzunehmen, unsere einzigen Aktionen mit ewiger Bedeutung? Oder reinigt Gott in gewisser Weise das Beste von aller menschlichen Kultur und fügt es in sein kommendes Reich ein, so daß unsere Arbeit für Frieden und Gerechtigkeit hier und heute in Zusammenhang mit Gottes ewiger Herrschaft steht?

6. Wo finden wir die tiefste Begründung und letzte Autorität, um diese schweren Fragen beantworten zu können?
Ist es Gottes Offenbarung in der Bibel? Die Tradition? Die Vernunft? Oder finden wir sie im historischen Kontext eines Daseins als Armer, als Mensch mit schwarzer Hautfarbe, als nicht gleichberechtigte Frau oder als sonstwie Benachteiligter?

Die Christen des zwanzigsten Jahrhunderts haben diese immer wiederkehrenden Fragen bei ihrem Ringen um Verständnis der angemessenen Beziehung zwischen Evangelisation und sozialem Anliegen ständig diskutiert. Dabei sind vier weitere Fragen für sie wichtig geworden:

7. Wer oder was ist das Objekt der Verkündigung des Evangeliums?
Sprechen wir mit der Guten Nachricht nur Personen an, oder können wir damit auch soziale Systeme wie multinationale Gesellschaften oder Regierungen beeinflussen?

Wenn wir nur Personen zur Umkehr und zum Glauben einladen, wenden wir uns dann mit dem Evangelium nur an einzelne, oder können auch ganze Dörfer oder Gemeinschaften miteinander Christus annehmen?

8. Auf welche Art und Weise wird die Gute Nachricht weitergegeben?

Nur mit Worten oder auch mit Taten? Sind Werke der Barmherzigkeit, Aktionen der Gerechtigkeit, Gottesdienst und praktizierte Gemeinschaft der Glaubenden in der Kirche allesamt Mittel und Wege, um das Evangelium weiterzugeben?

9. Wie wird eine Gesellschaft verändert?

Geschieht das nur, indem einzelne sich bekehren? Oder nur, wenn soziale Systeme verändert werden? Was hat es mit dem alternativen Lebensstil in der neuen Gemeinde Jesu auf sich?

10. Wo vor allem handelt Gott heute?

Wirkt Gott heute hauptsächlich durch die Gemeinde, so daß Gottesdienst und Gemeinschaft, Verkündigung des Evangeliums und Gemeindegründungsarbeit das Hauptanliegen der Christen sind? Oder steht die Welt im Brennpunkt des Handelns Gottes, so daß es zum wichtigen oder sogar absolut vorrangigen Anliegen wird, die sozialen Strukturen menschlicher zu gestalten? Bestimmt die Welt die Tagesordnungspunkte der Kirche, oder stellt die Kirche Fragen an die Welt auf der Basis der offenbarten Wahrheit Gottes? Ist die Gemeinde der ausschließliche Vermittler der Erlösung für eine verlorene Welt, oder ist sie nur eine vorläufige Veranschaulichung, ein stotternder Dolmetscher dessen, was Gott bereits getan hat, was er gegenwärtig tut und in Zukunft noch in der Welt tun will?

Diese zehn Fragen umfassen die entscheidendsten (und umstrittensten) Punkte im Hinblick auf alle zeitgenössischen Vorstellungen von dem, wie Kirche/Gemeinde in der Welt von heute vorgehen sollte. Wenn wir uns unsere vier vorherrschenden Typen in bezug auf ihr Verhältnis zu Evangelisation und sozialem Anliegen ansehen, werden uns diese Überlegungen ständig wieder begegnen.

Das Modell der individualistischen Evangelikalen

Für diesen Typ von Christen ist die Verkündigung des Evangeliums der vorrangige Auftrag der Kirche. Das Hauptanliegen ist die Erlösung der einzelnen Seelen. Der bekannteste Repräsentant dieser Richtung ist Billy Graham. Bei seiner programmatischen Ansprache beim Internationalen Kongreß für Weltevangelisation in Lausanne 1974 definierte Graham Evangelisation als Verkündigung der Guten Nachricht, daß „Jesus Christus, wahrer Gott und wahrer Mensch, für meine Sünden am Kreuz starb, begraben wurde und am dritten Tage auferstand." *„Evangelisation und die Rettung von Seelen ist der Hauptauftrag der Kirche."*[3] Wie viele andere dieser ersten Kategorie ist Graham durchaus der Ansicht, daß wiedergeborene Christen gegen Rassismus und Unterdrückung angehen und sich um die Besserung der Gesellschaft mühen sollten. Aber soziale Gerechtigkeit ist „nicht unser vorrangiger Auftrag".[4] Die Lausanner Erklärung besteht darauf: „Die Evangelisation ist das wichtigste." (Absatz 6).

Innerhalb dieses Modells gibt es zwei Untergruppen. Viele, die die Verkündigung des Evangeliums als vorrangig ansehen, beharren aber darauf, daß sowohl Evangeliumsverkündigung als auch soziale Verantwortlichkeit wichtig sind. Mission schließt für sie beides ein. Andere möchten die Evangelisation mehr, wenn nicht ausschließlich in den Mittelpunkt stellen. Sie behaupten, daß Mission und Evangelisation den gleichen Stellenwert haben.

John Stott und das Lausanner Komitee teilen den Standpunkt der Mehrheit. In einer Stellungnahme beim Internationalen Kongreß für Weltevangelisation in Lausanne (1974) gab Stott zu, seine frühere Ansicht aufgegeben zu haben, daß nämlich Mission nur die Verkündigung des Evangeliums umfasse. Vielmehr, so erklärte er dann, schließe Mission all das ein, wozu Christen in die Welt gesandt seien, um darin zu handeln.[5] Im Wortlaut der Lausanner Verpflichtung heißt es, daß „Evangelisation und soziale wie politische Betätigung gleichermaßen zu unserer Pflicht als Christen gehören" (Absatz 5). Natürlich: „Bei der Sendung der Gemeinde zum hingebungsvollen Dienst steht Evangelisation an erster Stelle" (Absatz 6). Aber Evangelisation und soziale Verantwortung sind beide wichtig und beide Teil des Missionsauftrages.[6]

Eine Minderheit ist damit nicht einverstanden. „Historisch gesehen ist der Auftrag der Kirche allein die Evangelisation", erklärt Arthur Johnston in seinem Buch „Battle for World Evangelism".[7] Er ist der Ansicht, daß die Evangelikalen in Lausanne dem Weltkirchenrat zu weit entgegengekommen sind und die soziale Verantwortlichkeit zu stark betont haben.[8] „Evangelisation [ist] der biblische Auftrag der Kirche."[9] Donald McGavran, der einflußreiche Begründer der Gemeindewachstumsbewegung, übersah sicher die Armen und Unterdrückten nicht, aber seine zentrale Leidenschaft war Evangelisation und Gemeindegründung. Auch er definierte Mission hauptsächlich als Verkündigung.[10]

Bei diesem Modell trägt das Verständnis vom Menschen, der Sünde, dem Evangelium und der Erlösung mehr oder weniger individualistische Züge. Der Individualismus der Aufklärung hat unterschwellig dazu beigetragen, daß bei dieser Frömmigkeitsprägung der Mensch eher als isolierte Einzelperson und weniger als soziales Wesen gesehen wird. Sünde, die gewöhnlich gebrandmarkt und verurteilt wird, bezieht sich vor allem auf den persönlichen Bereich wie z. B. Lüge und Ehebruch. Teilhabe an sozialem Unrecht, wie wirtschaftliche Unterdrückung oder institutionalisierter Rassismus, sind weniger im Blickfeld.

Für den individualistischen Evangelikalen bezieht sich die Gute Nachricht vor allem auf die Rechtfertigung und Erneuerung des einzelnen und weniger auf das hereinbrechende messianische Reich, wo alle Gebiete des Lebens in Jesu neuer Gemeinschaft der Glaubenden erlöst sind. Der Kongreß von Wheaton (1966) definierte die Gute Nachricht als „die Botschaft der individuellen Erlösung".[11] Manchmal taucht dieser Individualismus (vor allem in lutherischen Kreisen) im Zusammenhang mit der Aussage auf, daß die Vergebung der Sünden in der Rechtfertigung „*das* Herz der frohen Botschaft ist".[12] Nach Donald Bloesch ist Erlösung vor allem geistlich und endgeschichtlich zu verstehen: „Jesus kam vor allem, um die Befreiung von der Macht der Sünde und des Todes anzubieten. Es ging ihm weniger um Befreiung von politischer und wirtschaftlicher Knechtschaft."[13] Bei diesem Modell gibt es tatsächlich keinen Zusammenhang zwischen sozialer Gerechtigkeit hier und heute und dem kommenden Königreich Gottes. Der Dispensationalismus,* der die Evangelikalen

---

*   Lehre, die die Geschichte in Heilsordnungen einteilt; 7 verschiedene Heilszeiten (Scofield Bibel, Darby)

des zwanzigsten Jahrhunderts so weitgehend geprägt hat, sieht die soziale Frage als unbedeutend an, weil man der Ansicht ist, daß die Gesellschaft sich bis zur Wiederkehr Christi nur weiter zum Negativen hin entwickelt. Es gibt einige populär gewordene Vertreter dieser Ansicht, wie z. B. Hal Lindsey, die dieses Ereignis als kurz bevorstehend vorausgesagt haben. „Die Welt christianisieren! Vergeßt das! Bringt der Welt das Evangelium, ihr Christen, das ist euer Auftrag."[14] Dwight L. Moody, der bekannteste Evangelist der Jahrhundertwende, faßte diese Perspektive nachdrücklich einmal so zusammen: „Ich schaue auf diese Welt als auf ein angeschlagenes Schiff. Gott hat mir ein Rettungsboot gegeben und dazu gesagt: ‚Moody, rette so viele du kannst!'"[15] Diese Welt ist verurteilt – so denkt man –, aber wenn wir uns auf die Verkündigung des Evangeliums konzentrieren, können einzelne Seelen für den Himmel gerettet werden.

Aus dieser Perspektive können nur einzelne Menschen mit dem Evangelium erreicht werden, nicht aber soziale Strukturen.[16] Die Weitergabe der Guten Nachricht erfolgt größtenteils, wenn nicht ausschließlich, durch verbale Verkündigung. Die Gemeinde ist das Zentrum von Gottes Interesse, und die Welt ändert sich nur insofern, als bekennende Menschen als Salz und Licht in der Gesellschaft wirken.

Worum kümmern sich Menschen, die dieses Modell für sich in Anspruch nehmen, am leidenschaftlichsten? Nichts in der Welt, nicht einmal das Leben selbst, so glauben sie, ist so wichtig, wie das Finden des rettenden Glaubens an Jesus Christus, eines Glaubens, der zum ewigen Leben in der Gegenwart des auferstandenen Herrn führt. Der gekreuzigte und auferstandene Jesus, der eingeborene Sohn Gottes, ist der einzige Mittler zwischen einem heiligen Gott und dem sündigen Menschen. Ohne ihn sind alle verloren. Darum darf nichts dieses evangelistische Ziel in irgendeiner Weise abschwächen. Leider hat der moderne Skeptizismus und eine übertriebene Betonung des Dialogs mit anderen Religionen die Stoßkraft dieser Einstellung gemindert und eine Vernachlässigung der Verkündigung des Evangeliums unter vielen Christen hervorgerufen. Für ebenso ernst hält diese Gruppe der individualistischen Evangelikalen die Tendenz liberaler Christen, den verlorenen traditionellen Glauben durch das soziale Anliegen zu ersetzen, indem sie neue Menschen durch veränderte soziale Strukturen schaffen wollen. Solche utopischen Programme vergessen, daß die Wurzel des Bösen in der Welt viel tiefer liegt als nur in unterdrückenden gesellschaftlichen Systemen. Es kommt von der trotzigen Auflehnung der Menschen gegen Gott. Nur die göttliche Gnade kann neue Menschen schaffen. Dieser Prozeß beginnt schon im Heute, wird aber erst bei der Wiederkehr Christi vollendet sein.[17]

Eine vollständige Kritik dieses Modells wäre noch verfrüht, aber ich möchte wenigstens ein paar Fragen stellen. Erstens im Hinblick auf die Armen und Unterdrückten: Wie stimmt diese Auffassung mit der Bibel überein? In den meisten evangelikalen Kirchen findet man nur selten die drängende Leidenschaft eines Amos oder eines Jesaja, mit der sie für Gerechtigkeit eintreten. Und man hört kaum noch etwas von den Hunderten von biblischen Texten, die von Gottes Interesse an den Armen reden. Ich werde niemals ein Gespräch mit Frank Gaebelein vergessen, einem der großen evangelikalen Führer dieses Jahrhunderts. Gegen Ende seines Lebens stellte er traurig fest, daß er sechzig Jahre lang evangelikale Bibelkonferenzen besucht, aber nicht ein einziges Mal eine Predigt über Gerechtigkeit gehört habe. Viele Evangelikale haben sich so stark gegen ein „soziales Evangelium" gewandt, daß sie „*eine* Ketzerei mit der anderen" bekämpft haben, wie der pfingstlerische Evangelist Peter Kuzmic es ausdrückte.[18]

Zweitens: Kommt die individualistische Auffassung von Sünde und Erlösung mehr von der Aufklärung oder von der Bibel her?[19] Ist es nicht in Wirklichkeit dieses individualistische Verständnis des Menschen, das so oft zu der naiven Annahme führt, daß bekehrte Menschen automatisch auch die Gesellschaft verändern? Natürlich stimmt es, daß bekehrte Menschen sich nicht so leicht sozial destruktiv benehmen und stehlen oder ihren Partner betrügen oder faul sind. Aber die Soziologen haben sicher recht damit, wenn sie sagen, daß wir soziale Wesen sind, die in mächtiger Weise von den gesellschaftlichen Strukturen ihrer Umgebung geprägt werden. Die Aufmerksamkeit ausschließlich einer inneren Bekehrung zuzuwenden ist einfach nicht angemessen. Ein auf der Hand liegender Beweis dafür ist die tragische Tatsache, daß einige Orte, an denen der Rassismus sich stark entfaltete, wie Südafrika, Nordirland und die USA, gleichzeitig die Gebiete waren, in denen der höchste Prozentsatz wiedergeborener Christen lebte. Ohne die Aufforderung zu konsequenter Nachfolge Jesu und eine biblische Belehrung darüber, was dies im Hinblick auf Rassismus und Unterdrückung bedeutet, stellt die Bekehrung durchaus keine automatische Garantie für soziale Veränderung dar.

Drittens: Resultiert die scharfe Trennung zwischen „geistlichen" und „physischen" Belangen (und die Bevorzugung der ersteren) nicht eher aus dem griechischen Denken als aus der Bibel? Plato hielt den Körper für böse und die Seele für gut (und deshalb für wichtiger). Aber taten das die hebräischen Denker ebenfalls? Hätten Amos und Jesus die Behauptung Harold Lindsells, daß „der Auftrag der Kirche vorrangig ein geistlicher sei" und „sich um die nichtmateriellen Aspekte des menschlichen Lebens drehe", verstanden und bestätigt?[20] Ist im biblischen Denken der Mensch nicht eine Einheit von Körper und Seele? Und wenn Jahwe der Herr über alles ist, ist dann ein Gebiet der Wirklichkeit weniger „geistlich" als das andere?

Das radikale anabaptistische Modell

Bei diesem Modell ist es vor allem Auftrag der Kirche, der verkörperte Leib der Glaubenden zu sein. Diese Leute haben ein ähnliches Verständnis der Sünde wie die individualistischen Evangelikalen. Doch legen sie mehr Wert auf das Leben in der Gemeinschaft. Sie leben nicht als Einzelkämpfer. Daher liegt das Schwergewicht für sie stärker bei der Gemeinde. Das Evangelium ist die Gute Nachricht von der Gottesherrschaft. Natürlich sind Vergebung und Erneuerung immer noch zentrale Anliegen der Botschaft, aber sie sind es nicht allein. Auch die Gemeinde selbst ist Teil des Evangeliums. Mit ihren Worten, durch ihre Taten und ihr Zusammenleben tragen die Christen das Evangelium in die Welt. Sie verkündigen damit die Gute Nachricht, daß es durch Gottes Gnade nun möglich ist, in einer neuen Gesellschaft (dem sichtbaren Leib der Glaubenden) zu leben, in der alle Beziehungen „erlöst" sind. Die Gemeinde lehnt es ab, mit den sozialen, kulturellen und wirtschaftlichen Maßstäben von früher zu leben. Statt dessen verwirklicht sie in ihrem Zusammenleben die Maßstäbe der messianischen Herrschaft Jesu. Infolgedessen bietet sie der Welt ein sichtbares Modell von heilen (wenn auch noch nicht perfekten) persönlichen, wirtschaftlichen und gesellschaftlichen Beziehungen. Erlösung hat einen persönlichen und einen sozialen Aspekt. Die Gute Nachricht besteht darin, daß die Menschen jetzt in diese beeindruckende neue Gemeinde, die Kirche, eintreten können.

Evangelisation ist für diese Richtung eine wichtige Angelegenheit. Tatsächlich waren die Wiedertäufer des sechzehnten Jahrhunderts die ersten protestantischen Missionare. Sie riefen jeden Christen dazu auf, den apostolischen Auftrag, das Evangelium weiterzusagen, ernst zu nehmen. Und das war zu einer Zeit, als Luther und die anderen Reformatoren behaupteten, daß die Apostel des ersten Jahrhunderts Jesu großen Missionsbefehl bereits erfüllt hätten.[21] Doch die verbale Verkündigung, wie wichtig sie auch sein mag, ist nicht die einzige Art und Weise, das Evangelium weiterzugeben. Die liebende Gemeinschaft in der Kirche stellt ebenfalls ein eindrucksvolles evangelistisches Zeugnis dar.

Die Weitergabe der Guten Nachricht geschieht durch die Verkündigung des Wortes und durch das Leben der Nachfolger Jesu. Im Gegensatz zum ersten Modell verstehen die radikalen Anabaptisten das Evangelium und die Erlösung nicht individualistisch. Aber sie setzen auch die Erlösung nicht mit sozialpolitischer Befreiung gleich. Die Sünde hat zu allen Zeiten politische Programme für soziale Gerechtigkeit, die von Menschen entworfen und durchgeführt wurden, verdorben.

Die Kirche fördert natürlich soziale Gerechtigkeit in ihrer gesellschaftlichen Umgebung, besonders deshalb, weil sie selbst ein Modell für die säkularisierte Gesellschaft darstellt. Aber politische Betätigung ist nicht die wichtigste Aufgabe der christlichen Gemeinde. John Howard Yoder sagt: „Die bloße Existenz der Kirche ist ihre vorrangige Aufgabe. Die Sozialstruktur, durch die das Evangelium die Veränderung anderer Strukturen bewirkt, ist die der christlichen Gemeinde."[22]

Einige radikale Anabaptisten sehen gar keinen Auftrag zum politischen Engagement. Jesus rief die Herrschaft Gottes aus und lud alle Menschen ein, sich seiner neuen messianischen Gemeinde anzuschließen. Aber er organisierte die Christen nicht zu sozialen Aktionen, um den römischen Senat zu beeinflussen. Deshalb, so sagen einige Anabaptisten, sollten sich die Christen heutzutage auch nicht bei direkten politischen Aktivitäten engagieren. Als einzelne bekehrte Menschen zu leben und der gefallenen Gesellschaft das neue Modell der Gemeinde anzubieten sei der einzige Weg, um die Welt zu verändern.[23]

Andere Anabaptisten sehen geringfügige Möglichkeiten zum direkten politischen Engagement, aber wie schon Yoder sagte: „Die vorrangige Sozialstruktur, durch die das Evangelium die Veränderung anderer Strukturen bewirkt, ist die der christlichen Gemeinde."[24]

Die meisten Menschen dieser Richtung sorgen sich zutiefst um all die Dinge, die auch die individualistischen Evangelikalen vor allem beschäftigen. Zusätzlich möchten sie aber betonen, daß die neue Gemeinde der heil gewordenen Nachfolger Jesu Teil der Botschaft von der Erlösung ist. Welche Fragen sollten wir radikalen Anabaptisten stellen?

Läuft ihre Position nicht allzuoft auf eine exklusive, ethnisch begrenzte, nur nach innen gerichtete Gemeinde hinaus? Sind nicht selbst die treuesten Untertanen der heraufziehenden Königsherrschaft Jesu bis zum Ende der Geschichte und bis zur Wiederkunft Jesu auch Bürger dieser Welt? Die radikalen Anabaptisten mögen recht haben mit ihrem Vorwurf, daß Christen die ethischen Anliegen der Herrschaft Jesu aus Gründen ihrer politischen Effektivität zu Unrecht aufgegeben haben. Aber bedeutet die Forderung, daß Glaubende niemals die ethischen Maßstäbe Jesu um ihres politischen Engagements willen opfern dürfen, daß sie deshalb keine Verantwortung haben, die großen Strukturen der Welt unmittelbar umgestaltend zu beeinflussen? Könnte es nicht sein, daß einige gravierende Unterschiede zwischen der Situation Jesu und der unseren zur Folge haben, daß Christen heute Senatoren wählen und unterstützen sollten, obwohl Jesus das nicht tat?

Das vorherrschende ökumenische Modell

Im Kern dieses dritten Modells steht die Aussage, daß beides, die Bekehrung des einzelnen *und* die politische Umstrukturierung der Gesellschaft, zentrales Anliegen der Verkündigung der Guten Nachricht und des Heilwerdens ist. Wir können das Evangelium sowohl an einzelne Menschen als auch an soziale Strukturen herantragen. Erlösung, Heilwerden schließt das eine und das andere ein: das, was geschieht, wenn Menschen zum persönlichen Glauben an Jesus Christus kommen, *und* auch was geschieht, wenn in China, dem Iran oder in den USA mehr Gerechtigkeit, Freiheit, Frieden und heile Umwelt entsteht. Erlösung ist daher sowohl persönlich als auch sozial zu verstehen. Im Gegensatz zu Modell 2, bei dem sich Erlösung nur auf das bezieht, was sich innerhalb der heil gewordenen Gemeinde von bekennenden Christen abspielt, schließt Erlösung in Modell 3 die soziale und wirtschaftliche Befreiung in der säkularen und nichtchristlichen Gesellschaft ein. Deshalb erklärte der Weltkirchenrat bei einem wichtigen Treffen zum Thema „Erlösung heute" (Bangkok 1973): „Erlösung ist der Friede für das Volk in Vietnam, die Unabhängigkeit in Angola, Gerechtigkeit und Versöhnung in Nordirland."[25] (Übers. a. d. Engl.)

Personen und soziale Strukturen sind Gegenstand der Evangelisation. So heißt es in einem bedeutsamen offiziellen Dokument: „Mission and Evangelism", das 1982 vom Weltkirchenrat veröffentlicht wurde. Die Bekehrung einzelner Menschen ist wichtig: „Die Verkündigung des Evangeliums schließt eine Einladung ein, die rettende Herrschaft Christi in einer persönlichen Entscheidung anzuerkennen und zu akzeptieren. Es ist die Ankündigung einer persönlichen Begegnung mit dem lebendigen Christus, die durch den Heiligen Geist vermittelt wird. Dabei empfängt der Mensch durch ihn die Vergebung und nimmt den Ruf zur Nachfolge persönlich an."[26] Dagegen läßt sich kaum etwas einwenden. Aber die ökumenischen Führer sagen, daß wir auch die sozialen Strukturen verändern müssen: „Der Ruf zur Umkehr als Ruf zur Reue und zum Gehorsam sollte sich auch an Nationen, Gruppen und Familien richten" (Absatz 12). Und weiter: „Das evangelistische Zeugnis gilt auch den Strukturen dieser Welt, ihren wirtschaftlichen, politischen und gesellschaftlichen Institutionen" (Absatz 15).

Das Verständnis von Mensch und Sünde ist also ein ganzheitliches. Menschen sind keine isolierten Individuen, sondern soziale Wesen, die eingebettet sind in vielschichtige soziale und wirtschaftliche Strukturen. Sünde ist sowohl persönlich als auch sozial zu verstehen, wie es beim Weltkirchenrat in *„Mission and Evangelism"* heißt: „Sünde entfremdet den Menschen von Gott, dem Nächsten und der Natur. Sie findet sich sowohl in individueller als auch gesellschaftlicher Form, in der Sklaverei des menschlichen Willens und in sozialen, politischen und wirtschaftlichen Strukturen, durch die andere beherrscht und abhängig gemacht werden."[27]

Dieses Modell herrscht in ökumenischen Kreisen heute vor. Befreiungstheologen bestätigen es.[28] Und ein großer Anteil des römisch-katholischen und weithin auch des protestantischen Denkens bewegt sich ebenfalls in diesen Bahnen.

Zum Verständnis dieses Modells muß allerdings gesagt werden, daß es drei verschiedene Ausprägungen dieses Typs gibt: eine liberale, eine konservative und eine römisch-katholische Version.

Der liberale Untertyp. Diese Version schwächt die vertikale Seite der Sünde (gegenüber Gott) und die Erlösung ab. Sünde ist für diese Menschen vor allem Unwissenheit und Entfremdung vom Nächsten, die sich in unterdrückenden sozialen Strukturen ausdrückt. Erlösung hat dann mehr einen befreienden oder einen technischen Charakter. Bei der Weltkirchenratskonferenz in Genf 1966, wo es um „Kirche und Gesellschaft" ging, sah Richard Shaull Erlösung vor allem in einem revolutionären Umsturz dessen, was er als neokolonialistischen, imperialistischen Kapitalismus betrachtete. Emmanuel Mesthene hoffte auf technologischen Fortschritt, so daß die Armen der Welt an den materiellen Segnungen der industriellen Revolution teilhaben konnten, deren man sich im Westen bereits erfreute.[29] Doch für beide ist der Ort, wo sich Erlösung vollzieht, vor allem die Weltgesellschaft, nicht aber die Kirche oder ein Leben nach dem Tode.

Diese liberale Version von Modell 3 spiegelt sich in der fortdauernden Tendenz des Weltkirchenrates, die Evangelisation zu vernachlässigen und das Hauptgewicht auf sozialpolitisches Engagement zu legen. Raymond Fung, Sekretär für Evangelisation beim Weltkirchenrat bis 1991, bemerkte vor einigen Jahren, daß innerhalb des Weltkirchenrates der Tagesordnungspunkt Evangelisation „kaum" angesprochen würde.[30]

Viele (wenn auch nicht alle) der lateinamerikanischen Befreiungstheologen vertreten die liberale Version von Modell 3. Die Sünde, die sie gewöhnlich anprangern, ist soziale Sünde – bezieht sich auf unterdrückende, sozialwirtschaftliche Strukturen.[31] Nach Gustav Gutièrrez kann der Gott, der in die Geschichte eingreift und dort befreit, „*nur mit Werken, mit Taten* proklamiert werden in der praktischen Ausübung von Solidarität mit den Armen."[32] Die Unterscheidung zwischen der Kirche und der Welt verschwindet fast ganz. Der Teil der Erlösung, der am meisten betont wird, ist die wirtschaftliche Befreiung im Hier und Jetzt, wenn demokratischer Sozialismus an die Stelle von kapitalistischer Unterdrückung tritt.[33]

Der konservative Untertyp. Nicht alle, die die weitergefaßte Definition von Evangelisation und Erlösung anwenden, vernachlässigen deswegen die vertikale Beziehung zu Gott oder schwächen ihre Bedeutung ab. Eine ganze Anzahl jüngerer evangelikaler Führer, die sich der Evangelisation, der vollen Autorität der Heiligen Schrift und dem traditionellen othodoxen Christentum verpflichtet fühlen, treten ebenfalls für dieses breitere Verständnis ein.

In seiner Schrift „Political Evangelism" benutzt auch Richard Mouw, heute Präsident am Fuller Theological Seminary, diese breitere Definition von Erlösung und Evangelisation. Mouw gibt keinesfalls die Bedeutung des persönlichen Rufs zum Glauben an Jesus Christus auf, wodurch der einzelne gerechtfertigt und erneuert wird, oder mindert seine Bedeutung herab. Aber Erlösung ist für ihn nicht auf diesen Bereich beschränkt. Der Kern der Guten Botschaft lautet, daß Jesus rettet. Und Jesus kam, um „die ganze Schöpfung von der alles durchdringenden Macht der Sünde zu befreien".[34]

Mouw behauptet – weil das erlösende Werk Christi kosmische Dimensionen hat –, daß auch alle politische Aktivität ein Teil der Evangelisation ist.

> „Der Spielraum evangelistischer Aktivität des Volkes Gottes muß die *Fülle* der Kraft des Evangeliums präsentieren, wenn dieses der kosmischen Gegenwart der Sünde in der Schöpfung begegnet. *Politische* Evangelisation (d. h. politische Aktivität) ist dann ein wichtiger Aspekt dieser umfassenden Aufgabe der Evangelisation."[35]

Der verstorbene Orlando Costas kam zu dem gleichen Schluß: „Die Gute Nachricht vom Sieg (Christi) muß in den politischen, wirtschaftlichen und sozialen Strukturen verkündigt werden [...] Auch diese müssen durch die befreiende Macht des Evangeliums erlöst werden."[36]

Der indische evangelikale Theologe, Evangelist und Aktivist Vinay Samuel ist nachdrücklich für diese erweiterte Begriffsbestimmung eingetreten. Samuel ist aktiv tätig in Evangelisation und Gemeindegründung unter den Armen. In einem Gespräch, das wir kürzlich hatten, berichtete er mir sehr bewegt und voller Freude von einem Sonntagsgottesdienst der vergangenen Woche, in dem mehr als zwei Dutzend Menschen nach vorn kamen, um Christus anzunehmen.

Samuel sagt, daß das Reich Gottes *und* die Erlösung sichtbar werden, wenn Menschen Christus bekennen *und* die Gerechtigkeit größer wird. Er lehnt die traditionelle Unterscheidung zwischen Schöpfung und Erlösung ab: „Wo Gott auch immer in der Welt wirkt, da geschieht es auf der Basis des Sieges, den Christus über die Sünde und das Böse am Kreuz gewann."[37] Anders zu denken bedeutet, Kol 2,14+15 zu ignorieren, wo es heißt, daß Christus die Mächte und Gewalten am Kreuz entwaffnete.[38]

Das Reich Gottes ist da, „wo immer Jesus den Bösen überwindet. Das geschieht im höchsten Maß in der Gemeinde, aber es geschieht ebenfalls in der Gesellschaft". Wir können daher von Erlösung, die geschieht, auch sprechen, wenn Christus in der Welt wirkt, um das Unrecht zu überwinden.[39] Gleichzeitig meint Samuel aber nicht, daß jeder, der soziale Gerechtigkeit erfährt, sich auch des ewigen Lebens mit Christus erfreut. Er unterscheidet das Erleben von *Befreiung*, die Nichtchristen begegnet, wenn sich ihre gesellschaftlichen Bedingungen bessern, von der *Erlösung*, über die sich Menschen freuen, die sich zu Jesus Christus bekennen und den Glaubensweg betreten haben, der zum ewigen Leben führt.[40]

Der römisch-katholische Untertypus. Die römisch-katholische Sicht kommt an den meisten Punkten dem konservativen Untertypus von Modell 3, den wir gerade beschrieben haben, sehr nahe. Man sieht Sünde dort als persönliche wie auch als soziale Angelegenheit. Das Reich Gottes steht im Mittelpunkt des Evangeliums und wird in Kirche und Gesellschaft verwirklicht. Diese Schau definiert Erlösung ebenfalls im weiteren Sinn, ohne die persönlichen und transzendenten Aspekte zu vernachlässigen. Christus ist der einzige und alleinige Erlöser aller und von allem.

Die Enzyklika Pauls VI. von 1975: „Evangelisierung in der Welt von heute" (Evangelii Nuntiandi – EN) und die von Johannes Paul II. Anfang 1991: „Über die fortdauernde Gültigkeit des missionarischen Auftrages" (Redemptoris Missio – RM) sind zusammen mit früheren Dokumenten vom Vaticanum II die wichtigsten Aussagen dazu.[41]

Evangelisation ist das zentrale Konzept (vor allem in EN), und das heißt, daß das Evangelium in jedes Gebiet der Gesellschaft hineingetragen werden soll, so daß Menschen und Kulturen durch die göttliche Gnade wahrhaft umgewandelt werden. „Evangelisieren besagt für die Kirche, die Frohe Botschaft in alle Bereiche der Menschheit zu tragen" (EN,18). Das Evangelium verwandelt „zugleich das persönliche und kollektive Bewußtsein der Menschen, die Tätigkeit, in der sie sich engagieren, ihr konkretes Leben und jeweiliges Milieu".[42] Wir beginnen damit, einzelnen Menschen das Evangelium zu bringen, aber wir können ebenso ganze Kulturen mit dem Evangelium ansprechen und dadurch das Reich Gottes aufbauen (19,20).

Evangelisation geschieht über den Lebensstil der christlichen Gemeinde (41), durch verbale Verkündigung (42), durch die Liturgie (43), durch katechetische Unterweisung neugewonnener Christen (44) und durch sozialwirtschaftliche Befreiung (29-31). Laien evangelisieren, wenn sie wirtschaftliche und politische Verhältnisse transformieren und wenn sie die Medienlandschaft, die Familien, den Bereich von Kunst und Erziehung nach den Richtlinien des Evangeliums beeinflussen (70).

Die katholische Lehre definiert Erlösung in weitem Sinn, ohne den transzendenten Aspekt zu vernachlässigen: „Heil [...] ist Befreiung von allem, was den Menschen bedrückt [...] ist vor allem Befreiung von der Sünde und vom Bösen" (9). Jede Engführung der Erlösung auf rein sozialökonomisches Wohlergehen, übersieht zwei wesentliche Dinge: die Bekehrung des einzelnen und die endgültige Erlösung im zukünftigen Leben (27,32). „Die Kirche verbindet die menschliche Befreiung und das Heil in Jesus Christus eng miteinander, ohne sie jedoch jemals gleichzusetzen" (35; s. auch RM, 11,17).

Soweit verläuft die römisch-katholische Position weitgehend parallel zum konservativen Untertypus von Modell 3. Radikal unterscheidet sie sich davon jedoch – und ist dabei näher an der liberalen Version – mit der Behauptung, daß alle Menschen an allen Orten gerettet werden. Johannes Paul II. sagt unmißverständlich in seiner ersten Enzyklika, daß jeder Mensch, ohne Ausnahme, durch Jesus Christus erlöst worden ist. Und mit jedem Menschen, ohne Ausnahme, sei Christus in gewisser Weise verbunden, selbst wenn es diesem Menschen nicht bewußt ist.[43] Das bedeutet keine Ablehnung der Einzigartigkeit Christi. Er ist der einzige Heiland der Welt. Aber: „wenn das Heil für alle ist, muß es allen zur Verfügung stehen." Und viele Menschen hören selbst heute das Evangelium noch nicht. Solchen Menschen bietet Gott auf wunderbare Weise die Erlösung durch das Opfer Christi an, auch wenn sie nichts von ihm oder der Kirche wissen (RM, 10).

Was ist das zentrale Anliegen der Menschen aus Modell 3? Sie bestehen leidenschaftlich darauf, daß das Wirken für Frieden, Gerechtigkeit und die Einheit der Schöpfung ganz wesentlich zur christlichen Verantwortlichkeit gehört, die im Kern der christlichen Theologie begründet ist. Sie glauben, daß Solidarität mit den Armen und Unterdrückten zentrales Kriterium einer treuen Nachfolge Jesu und der Erfüllung seines Auftrages ist. Sie glauben, daß biblischer Glaube eine ganzheitliche Angelegenheit ist und daß die individualistischen Vorstellungen vom Menschen, von der Sünde und der Erlösung, die das soziale Engagement der Christen unterhöhlt haben, in Wirklichkeit aus dem griechischen Denken und der Aufklärung herkommen, und nicht aus der Bibel.

Auch beim Modell 3 tauchen schwierige Fragen auf. Gibt die Bibel echte Anhaltspunkte dafür, daß der Begriff „Heil, Erlösung" und „Reich Gottes" im Zusammenhang mit der Diskussion um Frieden und Gerechtigkeit in der Gesellschaft angewandt werden kann? Und was hat es mit der Behauptung auf sich, daß alle Menschen – Glaubende und Nichtglaubende in gleicher Weise – Erlösung erfahren, wenn es mehr Gerechtigkeit gibt? Führt das nicht entweder zum Universalismus (alle Menschen werden einmal gerettet) oder zu einem Zweiklassenkonzept von Heil (Erlösung I: Diese genießen Nichtchristen, wenn sich die sozialen Verhältnisse bessern; Erlösung II: Diese genießen solche Menschen, die sich zu Christus bekennen)?

Ist dieses zweiklassige Verständnis von Erlösung wirklich hilfreich? Ist nicht die ältere Ausdrucksweise von Gerechtigkeit auf der Basis der Schöpfung und Heilwerden aufgrund der Erlösung weniger kompliziert und verwirrend? Und weiter: Unterstützt die Bibel die Vorstellung, daß das Evangelium sozialen Strukturen nahegebracht werden soll? Sollen wir säkulare, administrative Institutionen (oder vielleicht islamische) bitten, ihre Sünden zu bereuen, sich taufen zu lassen und Kirchenmitglieder zu werden, damit sie in Lebensgemeinschaft mit Christus kommen und ewiges Leben haben werden? Wenn man Evangelisation so definiert, daß sie Entwicklungshilfe und Politik ebenso einschließt wie Aktivitäten, die das Ziel haben, Menschen zu Christus zu führen, dann stehen wir wieder vor einem Dilemma. Entweder ist die Frage nach der Balance zwischen Evangelisation und sozialem Dienst überflüssig, weil sie identisch sind, oder wir unterscheiden zwischen Evangelisation I (Entwicklungshilfe und soziale Aktion im Namen Christi) und Evangelisation II (Aktivitäten, deren vorrangiges Ziel es ist, Nichtchristen zu Christus einzuladen). Wieder muß gefragt werden, ob diese zweispurige Definition von Evangelisation wirklich mehr Licht in die Sache bringt als die alte Unterscheidung zwischen Evangelisation und sozialer Aktion.

Der liberale Untertyp von Modell 3 weckt weitere Fragen. Ist es nicht ein substantielles Abweichen von der biblischen Lehre, wenn man Sünde vor allem als soziales Unrecht und Erlösung als sozialökonomische Befreiung versteht? Dürfen Christen die Suche nach Frieden und Gerechtigkeit für wichtiger erklären als die Verbreitung der Guten Nachricht unter denen, die Christus nicht kennen? Gibt es aus biblischer Perspektive nicht eine scharfe Unterscheidung zwischen Kirche und Welt? Ist die Solidarität mit den Armen wirklich das Kriterium für treue Nachfolge?

Die Vertreter der römisch-katholischen Position und andere, die zum Universalismus neigen, müssen wir hinterfragen: Lehrt die Bibel wirklich, daß alle Menschen gerettet sind oder werden? Wenn nicht, aufgrund welcher Autorität dürfen wir so etwas behaupten?[44]

Das säkulare christliche Modell

Bei diesem Modell besteht Evangelisation nur noch in politischen Aktionen, und Erlösung bedeutet nur noch soziale Gerechtigkeit. Hier ist der Gedanke der Einzigartigkeit Christi aufgegeben und in manchen Fällen sogar der Glaube an Gott. Die horizontale Sicht klammert die vertikale vollständig aus. Sünde ist nur noch Unrecht gegenüber dem Nächsten, nicht mehr eine Beleidigung Gottes. Welche Erlösung wir erhoffen dürfen, wird sich in der Geschichte durch die Umstrukturierung der Gesellschaft ergeben. Gott kennen ist nichts anderes als Gerechtigkeit für die Unterdrückten erstreben. In den Worten von José Miranda in „Marx and the Bible" heißt es: „Jahwe kennen heißt das Recht der Armen durchsetzen."[45] Oder weiter: „Der Gott, der es nicht erlaubt, daß er selbst objektiviert wird, weil er nur in der unmittelbaren Stimme des Gewissens Gott ist, legt damit eindeutig fest, daß er ausschließlich im Schreien der Armen und Schwachen erkennbar ist, die nach Gerechtigkeit suchen."[46]

Es gibt verschiedene Ausprägungen von Modell 4. Eine davon ist der westliche Säkularismus. Die Ablehnung des Übernatürlichen seit der Aufklärung und der atemberaubende Erfolg der modernen Wissenschaft und Technik haben viele dahin gebracht, sich vom Transzendenten abzuwenden und den Sinn des Lebens im technischen Fortschritt zu suchen. In „Christianity and World History" befürwortet Arend van Leeuwen eine Theologie der Säkularisierung. Die moderne technische Revolution, so sagt er, ist die Quelle materiellen Überflusses und der säkularistischen Ablehnung des traditionellen christlichen Glaubens. Deshalb sollten Christen, so schloß Leeuwen, diesen Säkularismus als den Kern christlichen Glaubens ansehen, der die Suche nach Frieden, Gerechtigkeit und Wohlergehen der Menschen zum Ziel hat. Und sie sollten sich in keiner Weise mehr darum kümmern, wenn z. B. Inder für immer Hindus bleiben.[47]

Die vorbereitenden Dokumente für die Weltkirchenratskonferenz in Uppsala (1968) kommen dieser Perspektive ziemlich nahe. Früher, so erkannte man an, galt für Christen: „Die Zielsetzung der Mission ist die Christianisierung, d. h. Menschen durch Christus in seine Gemeinde zu bringen." Heute ist das Ziel der Mission die Humanisierung der Gesellschaft: „Was können die Kirchen anders tun, als Gottes Handeln in der Welt zu erkennen und zu verkünden?"[48]

Gibson Winter sagt es mit allem Nachdruck:

> „In der Säkularisierung wird die Geschichte und ihre Deutung als der Bereich erkannt, in dem der Mensch um Erlösung ringt [...] Die Kategorien biblischen Glaubens sind nun befreit von den wunderhaften und übernatürlichen Umkleidungen [...] Warum werden die Menschen nicht einfach dazu aufgerufen, innerhalb ihrer historischen Verpflichtungen menschlich zu handeln, denn das ist die wahre Bestimmung des Menschen und seine Erlösung?"[49]

Ein anderer Schritt in die gleiche Richtung ist die Ablehnung der Einzigartigkeit Christi. In den dreißiger Jahren bat William Hocking eine ökumenische Kommission, den christlichen Auftrag neu zu überdenken. Er kam zu dem Schluß, daß die Christen alle evangelistische Tätigkeit einstellen und sich mit allen andern Religionen in der Suche nach Gott und einer anständigen Welt verbinden sollten.[50] John Hick, Paul Knitter und Marian Bohen kommen heute zu dem gleichen Ergebnis. Nachdem sie jahrelang unter Muslimen gelebt hat, ist Marian Bohen der Ansicht, daß jeder Anspruch auf eine absolute Wahrheit, die an andere vermittelt werden soll, zu Gewalttätigkeiten zwischen den einzelnen Gruppen führt. Wir sollten auf die Lieder der

Hindus und Muslime hören und ihre Tänze zu tanzen versuchen, sie aber niemals bedrängen, ihre eigene Musik zu verleugnen. Der Gott Abrahams, Sarahs, Jesu, Mohammeds und Buddhas schuf die gesamte Menschheit, damit sie in Solidarität miteinander leben sollten. Das ist Missionsarbeit genug.[51]

Menschen, die dieses vierte Modell bejahen, möchten aufrichtig auf Menschen anderen Glaubens hören. Sie stehen auch den Konsequenzen der modernen Wissenschaft, wie sie sie verstehen, kritisch gegenüber. Aber kann ein Mensch die Einzigartigkeit Jesu Christi leugnen und dennoch die Substanz christlichen Glaubens beibehalten?

Ganz gewiß kann man von allen vier Modellen viel lernen, aber jedes ist im Grunde der Sache nicht angemessen. Dieses Urteil fälle ich auf der Basis dessen, was mir das biblische Verständnis von Evangelium, Erlösung, Bekehrung und sozialem Anliegen zu sein scheint. In den nächsten sechs Kapiteln wollen wir untersuchen, was die Bibel zu diesen Themen sagt. In Kapitel neun und zehn möchte ich dann ein fünftes Modell darstellen, eins, das ich die sichtbar werdende Königsherrschaft Christi nennen möchte.

Teil II

Das Evangelium vom Reich Gottes

Kapitel 3

Die anbrechende Herrschaft Christi

Ich muß [...] das Evangelium predigen vom Reich Gottes; denn dazu bin ich gesandt.

Lk 4,43

Als ich zum erstenmal 1986 die „Te Atatu Christian Fellowship" in Auckland, Neuseeland, besuchte, gewann ich einen kleinen Einblick in das, was die anbrechende Herrschaft Christi bedeutet.

Weiße und Schwarze, Reiche und Arme, Gebildete und Ungebildete beteten gemeinsam in der Freude des Heiligen Geistes den auferstandenen Herrn an. In dem vorhergehenden Jahrzehnt (1978-1988) hatte lebhafte evangelistische Tätigkeit mehr als tausend Bekehrungen zur Folge gehabt! Viele der Neubekehrten waren arm und arbeitslos. Die Gemeinde begann eine ganze Reihe von Hilfsmaßnahmen einzuleiten. Damit unterstützten sie sowohl die neu zum Glauben Gekommenen als auch andere Bedürftige. Eine Farm wurde zur Rehabilitation Drogenabhängiger ausgebaut, preisgünstige Wohnungen wurden vermittelt, Notunterkünfte eingerichtet, eine Treuhandgesellschaft gegründet, um zinsfreie Darlehen gewähren zu können, und eine christliche Bücherstube bot gute Literatur an – all diese Einrichtungen waren Teil des Gemeindelebens von Te Atatu. Und ebenfalls gehörten allerlei Zeichen und Wunder dazu. In der Kraft des Heiligen Geistes wurden Kranke geheilt, Drogenabhängige frei, zerbrochene Ehen auf eine neue Basis gebracht, und Nichtchristen wurden zu Christen.

Meine Frau Arbutus, meine Tochter Sonya und ich besuchten im August 1990 Te Atatu noch einmal. Und wieder wurde uns die Gegenwart des Reiches Gottes deutlich. Wir wohnten bei einem der Gemeindeältesten, Brian Hathaway, und seiner Frau Noeleen. Ihre Tochter Sharon führte unsere Sonya sehr bald in ihre Jugendgruppe ein. Sie beteten, spielten und evangelisierten gemeinsam. Meine Frau und ich werden für alle Zeit dankbar sein für die Art und Weise, wie Gott diese Zeit nutzte, um Sonyas Leben gewaltig zu verändern.

Aus den Erfahrungen dieser Gemeinde heraus hat Hathaway kürzlich ein hervorragendes Buch geschrieben: „Beyond Renewal: The Kingdom of God".[1] Hathaway gibt sich nicht zufrieden mit Gemeinden, die sich nur auf soziale Aktionen beschränken oder ausschließlich das Evangelium verkündigen oder ausschließlich die charismatische, geistliche Erneuerung anstreben. Alle diese Richtungen gehören zusammen, so sagt er. Er behauptet, daß in der biblischen Schau des Reiches Gottes alle drei ineinandergreifen.

Unterschiedliche Sichtweisen von „Herrschaft Gottes"

Haben Sie den zunehmend häufigen Gebrauch des Begriffs „Reich Gottes" oder „Herrschaft Gottes" bemerkt? Soziale Aktivisten, Charismatiker und Verfechter der Weltevangelisation wenden ihn sehr oft an, und manchmal zitieren sie die gleichen Bibelstellen, um ihre unterschiedlichen (häufig einseitigen) Anliegen damit zu belegen.[2]

Soziale Aktivisten zitieren z. B. Lk 4,16 ff um zu beweisen, daß treue Gläubige, wie auch Jesus selbst, sich der physischen und gesellschaftlichen Nöte der Armen, Blinden, Lahmen und Unterdrückten annehmen müßten.

Charismatiker zitieren Lk 4,16 ff um darzulegen, daß treue Gläubige, wie auch Jesus selbst, mit „der Kraft des Heiligen Geistes erfüllt" sein sollten und deshalb auch Zeichen und Wunder tun müßten.

Vertreter der Weltevangelisation zitieren Lk 4,16 ff (allerdings bis vor kurzem noch weniger oft), um zu zeigen, daß treue Gläubige, wie auch Jesus selbst, *denen* die Gute Nachricht verkündigen werden, die sie bisher noch nicht gehört haben.

Tragischerweise übersieht jede Gruppe manchmal das Anliegen der anderen oder lehnt es sogar ab.

Die unterschiedlichen Auslegungen spezieller Texte resultieren natürlich aus dem grundsätzlich anderen Verständnis dessen, was „Reich Gottes" ist.[3] Der Katholizismus des Mittelalters neigte dazu, das „Reich Gottes" mit der institutionalisierten, sichtbaren Kirche gleichzusetzen. Moderne soziale Aktivisten sehen andererseits „Herrschaft Gottes" in der Hauptsache als sozial-ökonomisch-politische Realität, die von Menschen durch entsprechende Politik geschaffen werden kann – sei es durch demokratische Politik in den Bestrebungen eines sozialen Evangeliums oder durch die marxistische Revolution über den Weg der Befreiungstheologie. Viele Evangelikale des zwanzigsten Jahrhunderts verstehen „Reich Gottes" als eine innere, geistliche Wirklichkeit in den Seelen der Gläubigen: „Das Reich Gottes ist seine gegenwärtige innere Herrschaft in moralischen und geistlichen Entscheidungen der Seele, die ihren Sitz im menschlichen Herzen hat."[4] Andere konservative Christen (aus der dispensationalistischen Tradition eines Darby und der Scofield Reference Bible) sehen das Reich Gottes überhaupt nur in der Zukunft. Sie glauben, daß Jesu Ablehnung als Messias durch seine jüdischen Zeitgenossen das Reich Gottes auf später verschoben hätte. Es würde nun erst am Ende der Geschichte beim Anbruch des Tausendjährigen Reichs realisiert werden. Erst dann würden die ethischen Maßstäbe des von Jesus verkündigten Gottesreiches normative Gültigkeit erlangen.[5]

Solche gegensätzlichen Standpunkte lassen sich nicht vollständig harmonisieren. Es mag jedoch möglich sein, richtige Einsichten bei einem jeden zu entdecken, wenn wir uns jetzt wieder dem Neuen Testament zuwenden und dort erneut nach einem ganz und gar biblischen Verständnis dessen suchen, was mit „Reich Gottes" oder „Herrschaft Gottes" gemeint ist.

Die zentrale Bedeutung der Gottesherrschaft

Falls nicht Matthäus, Markus und Lukas vollständig falsch liegen, müssen alle, die wie Jesus leben und predigen wollen, das „Reich Gottes" in den Mittelpunkt ihrer Gedanken und ihres Handelns stellen. Dieser Ausdruck (oder der gleichbedeutende bei Matthäus: das „Reich der Himmel") erscheint in den drei Evangelien 122mal – meistens (92mal) aus dem Munde Jesu selbst.[6]

Jesus nennt das „Reich Gottes" den Zweck seines Kommens. Sein Predigen und seine wunderbaren Heilungstaten sind Zeichen dieser Herrschaft Gottes. Und dann sendet er seine Jünger aus, um dieses Königreich auszurufen.

Für Markus ist mit dem Begriff „Reich Gottes" die treffendste Zusammenfassung seiner ganzen Botschaft gegeben: „Nachdem aber Johannes gefangengesetzt war, kam Jesus nach Galiläa und predigte das Evangelium Gottes und sprach ‚Die Zeit ist erfüllt, und das Reich Gottes ist herbeigekommen. Tut Buße und glaubt an das Evangelium!'" (Mk 1,14.15). Jesus definiert seinen eigenen Auftrag ausdrücklich mit den Worten: „Er sprach aber zu ihnen: ‚Ich muß auch den andern Städten das Evangelium predigen vom Reich Gottes; denn dazu bin ich gesandt'" (Lk 4,43).

Auch die Antwort Jesu an Johannes den Täufer zeigt, daß er sein Predigen und Heilen als Zeichen dieser Gottesherrschaft verstand. In Lk 7,18-28 lesen wir die Geschichte von den Johannes-Jüngern, die Jesus aufsuchten. Sie fragten, ob Jesus derjenige sei, „der da kommen soll" – d. h. der langerwartete Messias, der das Reich Gottes herbeiführen würde. Als Antwort wies Jesus auf seine Verkündigung hin, außerdem aber auch auf sein Heilen der Blinden, Lahmen und sogar der gesellschaftlich geächteten Aussätzigen.[7] In seinem späteren Streit mit den Pharisäern macht er noch einmal die gleiche Aussage und erklärt, daß auch seine wundersame Dämonenaustreibung ein sichtbarer Beweis dafür wäre, daß das Reich Gottes bereits angebrochen sei (Mt 12,28).

Als Jesus seine Jünger aussandte, befahl er ihnen, in gleicher Weise zu predigen und das Reich Gottes sichtbar werden zu lassen. Sein Auftrag an die Zwölf lautet: „Geht aber hin und predigt und sprecht: Das Himmelreich ist nahe herbeigekommen. Macht Kranke gesund, weckt Tote auf, macht Aussätzige rein, treibt böse Geister aus" (Mt 10,7f). Die später ausgesandten zweiundsiebzig Jünger erhalten die gleiche Anweisung: „Und heilt die Kranken, die dort sind [...] und sprecht: Das Reich Gottes ist nahe herbeigekommen" (Lk 10,9.11).

Für Jesus war klar, daß die Ankündigung und das Sichtbarwerden des Reiches Gottes zentrales Anliegen seiner Botschaft und seines Lebens gewesen ist. Der neutestamentliche Theologe Norman Perrin sagt, daß heute kein Gelehrter mehr daran zweifelt, daß die Lehre Jesu dies als Mittelpunkt und Ziel hatte.[8]

Die Erwartung des Reiches Gottes

Um zu verstehen, was Jesus mit „Reich Gottes" meinte, müssen wir uns die Hoffnung der Propheten in Erinnerung rufen, die sich auf den Messias richtete.

Als Gott sein auserwähltes Volk aus Ägypten rief, sollte es als Gemeinwesen, als eine Gesellschaft die sichtbare Demonstration für das sein, was Gott mit allen Menschen vorhatte: „Und ihr sollt mir ein Königreich von Priestern und ein heiliges Volk sein" (2. Mose 19,6). Darum gab Gott ihnen das Gesetz. Er wollte ihnen zeigen, wie sie Gott anbeten, Recht sprechen, das Land teilen, faire Gesetze erlassen und starke Familien unterhalten konnten. Tragischerweise zog das Volk Götzendienst und repressive Handlungsweisen vor. Gottes Zorn flammte auf, und er schickte sein Volk in ein reinigendes Feuer. Zuerst wurde Israel und dann Juda in Gefangenschaft geführt.

Die Propheten jedoch schauten über das Zerbrechen der Nation und alle Verwüstung hinaus. Sie sahen in der Zukunft einen Tag, an dem Gottes Messias kommen würde. Er würde ganz neu den Geist ausgießen (Joel 3,1) und das Volk Gottes als sichtbare Gemeinschaft wiederherstellen, so daß sie in einer guten Beziehung zu Gott, zum Nächsten und zur ganzen Erde leben würden.

Jer 31,31-34 zeigt, daß eine unbelastete Gottesbeziehung Zentrum der messianischen Hoffnung war. Für die Zeit des Messias, wenn Gott mit Juda und Israel einen neuen Bund schließen würde, versprach Gott, „ihre Missetat [zu] vergeben und ihrer Sünde nimmermehr [zu] gedenken." (V. 34). Mit der Vergebung Hand in Hand würde die innere Umwandlung gehen, weil Gott zusicherte: „Ich will mein Gesetz in ihre Herzen geben und in ihren Sinn schreiben" (V. 33). Ein erneuertes Verhältnis zu Gott stand im Zentrum der messianischen Hoffnung.

Ebenso wichtig aber war die aufrüttelnde Ankündigung, daß der Messias auch die Beziehungen der Menschen untereinander heilen würde. „In den letzten Tagen (prophetische Abkürzung für die messianische Zeit) [...] werden sie ihre Schwerter zu Pflugscharen und ihre Spieße zu Sicheln machen" (Jes 2,4). Die Parallelstelle bei Micha sah auch eine wirtschaftliche Blütezeit voraus: „Ein jeder wird unter seinem Weinstock und Feigenbaum wohnen, und niemand wird sie erschrecken." (Mi 4,4). Nicht nur die innerseelische Verfassung oder individuelle Beziehungen zu ein paar Nachbarn sollten geheilt, sondern die gesamte soziale Ordnung sollte umgewandelt werden. (Jes 42,1-4)

> „Denn uns ist ein Kind geboren,
> ein Sohn ist uns gegeben,
> und die Herrschaft ruht auf seiner Schulter;
> und er heißt
> Wunder-Rat, Gott-Held,
> Ewig-Vater, Friede-Fürst;
> auf daß seine Herrschaft groß werde
> und des Friedens (Shalom) kein Ende
> auf dem Thron Davids
> und in seinem Königreich,
> daß er's stärke und stütze
> durch Recht und Gerechtigkeit
> von nun an bis in Ewigkeit" (Jes 9,5f).

Die Propheten hatten schon lange gelehrt, daß Gott besonders an den Armen, Schwachen und Randsiedlern der Gesellschaft interessiert war.[9] Deshalb überrascht es kaum, daß Gerechtigkeit für die Armen zum Zentrum ihrer Vision von der neuen messianischen Gesellschaft gehörte. Vom „Reis aus der Wurzel Jesses" sagt der Prophet voraus: Er „wird mit Gerechtigkeit richten die Armen und rechtes Urteil sprechen den Elenden im Lande" (Jes 11,4).

In ihrer aufkeimenden messianischen Vision wagten die Propheten sogar, auf eine erneuerte Beziehung zur übrigen Schöpfung (außerhalb des Menschen) zu hoffen: „Und ein Säugling wird spielen am Loch der Otter, und ein entwöhntes Kind wird seine Hand stecken in die Höhle der Natter. Man wird nirgends Sünde tun noch freveln auf meinem heiligen Berge; denn das Land wird voll Erkenntnis des Herrn sein, wie Wasser das Meer bedeckt." (Jes 11,8f).

Der hebräische Ausdruck „Shalom" (Frieden) ist vielleicht das zutreffendste Wort, um die Fülle der messianischen Hoffnung zu fassen. „Shalom" bedeutet Ganz-Sein, Heil-Sein und heile Beziehungen zu Gott, dem Nächsten und der gesamten Erde.[10]

Mitten zwischen Bedrängnis, Götzendienst und Gefangenschaft schauten die Propheten die zukünftige, messianische Zeit. In jenen

Tagen würde der Messias in der Kraft des Heiligen Geistes diesen „Shalom" bringen.

Es würde eine neue Gesellschaft dasein, die wahrhaft nach Gottes gerechten Gesetzen leben würde, die endlich in die Herzen und in den Willen der Menschen geschrieben sein würden.

Die Erfüllung der prophetischen Hoffnung auf das Gottesreich

Die frühe Kirche erklärte, daß Jesus die Erfüllung dieser atemberaubenden messianischen Hoffnung sei. Mt 4,15f zitiert Jes 9,1f im Zusammenhang mit dem Auftreten Jesu und seiner Ankündigung vom kommenden Reich Gottes. Paulus bezieht sich in Röm 15,12 auf Jes 11,1.10. In Lk 1,68-79 kündigt Zacharias an, daß Johannes der Täufer den Weg für Jesus, den Messias, bereiten wird. Indem er Jes 9,2 zitiert, weist Zacharias in leidenschaftlicher Erwartung auf den Messias hin, der „unsere Füße auf den Weg des Friedens [richten wird]" (Lk 1,79). Als die Engel die Geburt Jesu mit dem Ruf ankündigen: „Friede auf Erden" (Lk 2,14), da bestätigen sie nur die anbrechende Erfüllung der prophetischen Vision vom messianischen Shalom.

Schauer der Erregung sind vermutlich den jüdischen Hörern damals durch die Adern gegangen, als Jesus die Worte sprach: „Die Zeit ist gekommen. Das Reich Gottes ist nahe. Tut Buße und glaubt dem Evangelium." Ich denke, daß Jesus damit zweierlei meinte: Er meinte, daß er der langerwartete Messias war und daß das messianische Zeitalter nun hereinbrach.[11]

Gegenwart und Zukunft

Eine heftige Debatte entzündete sich unter Theologen darüber, ob Jesus das Gottesreich nur als zukünftig gesehen hat oder es bereits gänzlich als gegenwärtige Realität betrachtete. Oder aber ob er es als teilweise gegenwärtig und teilweise erst der Zukunft angehörig einordnete. Manche – wie C. H. Dodd – waren der Ansicht, daß das

Gottesreich im Leben und Werk Jesu ganz und gar gegenwärtig zu sehen sei. Andere – wie Albert Schweitzer – bestanden darauf, daß für Jesus das Reich Gottes nur eine zukünftige Sache gewesen sei. Es würde erst am Ende aller Zeiten Realität werden. Die Dispensationalisten glaubten schon lange, daß das Reich Gottes ins Tausendjährige Reich verlagert worden sei, weil die jüdischen Zeitgenossen Jesus nicht als Messias anerkannt hatten.

Doch heute gibt es eine zunehmende Übereinstimmung darin, daß Jesus das Gottesreich als gegenwärtig wie auch als zukünftig angesehen hat. Die jüdische Eschatologie (die Lehre von letzten Dingen) erwartete ein mächtiges übernatürliches Ereignis, wenn der Messias kommen würde, um Israels nationale Feinde in einer blutigen Schlacht zu vernichten und das neue Zeitalter des messianischen Friedens herbeizuführen. In der jüdischen Erwartung gab es einen fundamentalen, nahezu totalen Bruch zwischen der „Alten Zeit" und der neuen messianischen Zeit. Jesus lehrte dagegen, daß das messianische Zeitalter bereits in die Gegenwart eingebrochen sei. Dessen Kräfte seien in seiner Person und seinem Werk schon wirksam, auch wenn die Herrschaft Gottes in ihrer ganzen Fülle erst am Ende der Zeiten in Erscheinung treten würde.

Verschiedene in den Evangelien erzählte Ereignisse unterstützen die Sichtweise, daß Jesus das Gottesreich bereits als gegenwärtig betrachtete. Im Bericht des Lukas über Jesu Auftreten in der Synagoge von Nazareth liest Jesus Jes 61,1f, eine Stelle, die weithin in bezug auf den Messias verstanden wurde. Eine ahnungsvolle Erregung muß durch die ganze Synagoge gegangen sein, als die Hörer die Worte vom kommenden Messias vernahmen, der in der Kraft des Heiligen Geistes Gefangene befreien, Blinde heilen und Unterdrückte entlasten würde. Als Jesus zu Ende gelesen hatte, erklärte er seinen Hörern: „Heute ist dieses Wort der Schrift erfüllt vor euren Ohren." (Lk 4,21). Weiter oben untersuchten wir bereits die Antwort Jesu an Johannes den Täufer auf dessen Frage, ob er wohl der erwartete Messias sei. Indem Jesus Jes 1 anführte und auf seinen Dienst an den Armen, Kranken und Ausgestoßenen hinwies, erklärte er, dieses sein Handeln sei Antwort genug.[12]

Und nach einer Auseinandersetzung mit den Pharisäern über die Quelle seiner Kraft im Hinblick auf die Dämonenaustreibung erklärte Jesus: „Wenn ich aber die bösen Geister durch den Geist Gottes austreibe, so ist ja das Reich Gottes zu euch gekommen." (Mt 12,28).

Diese geschilderten Vorfälle lassen das Reich Gottes als wahrhaft gegenwärtig erscheinen.[13]

Nach Jesu Meinung hatte sich in der Geschichte ein fundamentaler Bruch vollzogen: „Das Gesetz und die Propheten reichen bis zu Johannes (dem Täufer). Von da an wird das Reich Gottes gepredigt" (Lk 16,16). Das messianische Königreich ist angebrochen.

Doch Jesus wußte auch, daß die Königsherrschaft Gottes ihren Höhepunkt noch nicht erreicht hatte. Die Gleichnisse vom Wachsen zeigen, daß das Reich Gottes sich langsam entfaltet. Erst in der Zukunft wird es zur Ernte kommen (Ernte = ein Symbol der Vollendung) (Mk 4,3-8).[14] Die Sünde und das Böse würden sich weiterhin bemerkbar machen. Und so schaute Jesus voraus auf das Ende der Geschichte, wenn das Reich Gottes in seiner ganzen Fülle in Erscheinung treten würde (Lk 21,27). Und wenn vor diesem Zeitpunkt der Tod zu denen kam, die auf ihn vertrauten, dann würden sie unmittelbar und sofort sein ewiges Reich betreten dürfen. Das zeigt Jesu Antwort an den Verbrecher neben ihm am Kreuz. Dieser hatte gebeten: „Herr, gedenke an mich, wenn du in dein Reich kommst!", und Jesus antwortete: „Heute wirst du mit mir im Paradiese sein." Mortimer Arias gibt einen großartigen Kommentar zu diesem Versprechen: „Jesus hatte sein ganzes Leben hindurch die Gute Nachricht zu den Armen gebracht. Nun hatte er auch noch Gute Nachricht für einen Armen, die über dieses Leben hinausreichte – wo üblicherweise nichts mehr zu erwarten war. Die Verkündigung Jesu ist wahrhaft ganzheitlich – für diese Welt und für die zukünftige!"[15]

Das Reich Gottes war also entscheidend in der Person und dem Wirken Jesu in die Geschichte eingebrochen. Doch in seiner ganzen Fülle würde es erst bei der Wiederkunft des Menschensohns in Erscheinung treten, wenn er kam „auf den Wolken des Himmels" (Mt 24,30). An dem Tag werden viele vom Osten und vom Westen kommen, um im Himmelreich zu Tisch zu sitzen und mit dem Messias das große Fest zu feiern (Mt 8,11).

Der Eintritt ins Reich Gottes

Die Lehre Jesu unterschied sich stark von der seiner Zeitgenossen. Die Pharisäer glaubten, der Messias würde erst kommen, wenn alle Juden das Gesetz vollkommen erfüllten. Die Anhänger gewalttätiger Revolution seiner Zeit dachten, der Messias würde kommen, wenn alle Juden sich in der bewaffneten Auflehnung gegen das römische Kaiserreich zusammenfinden würden.[16] Der Weg Jesu war (und ist immer noch) ein völlig anderer. Das Reich Gottes kommt als reines Geschenk. Wir gelangen nicht durch gute Taten oder soziale Bemühungen hinein, sondern nur, wenn wir innerlich umkehren und die Vergebung Gottes annehmen.

In einer Reihe von Gleichnissen unterstreicht Jesus immer wieder, daß Gott die Sünder annimmt (z. B. Lk 18, 9-14). Der gnädige Vater im Himmel gleicht dem Vater, der dem verlorenen Sohn vergibt. Auch wenn sein verrückter Aussteiger die Hälfte des Familienvermögens für Luxus und Prostituierte vergeudet hat, heißt der Vater den reuigen Sohn bei der Rückkehr als vollgültiges Familienglied willkommen (Lk 15,11-32). Und Jesus ging auch freundlich mit der Ehebrecherin um (Joh 8,1-11). Zur tiefsten Empörung der Pharisäer gab er sich öffentlich mit Leuten ab, denen Skandalgeschichten anhingen – wie Zöllnern und Prostituierten –, und aß mit ihnen.[17]

Nicht dem selbstgerechten Pharisäer vergibt Gott, sondern dem habgierigen, erpresserischen Zöllner, der sich mit seiner Bosheit abquält (Lk 18,9-14). Nur wenn wir als demütige Kinder ohne jeden Anspruch kommen, können wir das Reich Christi betreten: „Wenn ihr nicht umkehrt und werdet wie die Kinder, so werdet ihr nicht ins Himmelreich kommen" (Mt 18,3). Nur so erfahren wir die grenzenlose, brennende Barmherzigkeit Gottes: „Fürchte dich nicht, du kleine Herde! Denn es hat eurem Vater wohlgefallen, euch das Reich zu geben" (Lk 12,32). Das gleiche Verständnis von Gott brachte Jesus dahin, als Opfer für unsere Sünden zu sterben (Mt 20,28). Im Mittelpunkt jeder biblischen Schau vom Reich Gottes steht, daß wir nur durch Gnade und göttliche Vergebung Zugang dazu haben.

Das Reich Gottes wird sichtbar

Jesus war kein Einzelkämpfer. Er wanderte nicht durch die Landschaft und verkündigte einsamen Heiligen Gottes Vergebung. Jesus gründete vielmehr eine neue Gesellschaft. Er sammelte eine Gemeinde von Nachfolgern, die Vergebung empfangen hatten, die dem Bösen entgegentraten und die Gute Nachricht davon weitergaben. *Eine Gemeinschaft, deren Mitgliedern vergeben worden ist und die vergeben können.* Eine typische Gestalt dieser neuen Gemeinde Jesu ist Zachäus. Als Zolleinnehmer für das imperialistische Rom war er ein wohlhabender Ausbeuter. Gesellschaftlich gehörte er zu den Verachteten und Ausgestoßenen. Doch die überraschende Annahme durch Jesus und seine Vergebung überwältigten ihn. Dankbar erwies er nun die gleiche Liebe anderen, ersetzte unehrliche Einnahmen vierfach und gab die Hälfte seines Vermögens den Armen (Lk 19,2-10).

Jesu wiederholte Verknüpfung der Vergebung Gottes mit unserer eigenen Vergebung, die wir anderen gewähren, unterstreicht diesen Punkt noch. Einmal erzählt Jesus das Gleichnis von einem unbarmherzigen Knecht (Mt 18,21-35). Damit beantwortete er die Frage des Petrus, wie oft er anderen Schwestern und Brüdern in der Gemeinde vergeben müsse. Petrus war der Ansicht, siebenmal sei genug. Jesus korrigiert ihn und sagt: Siebzigmal siebenmal. Das sollte heißen: Unendlich oft. Und das ist der Kontext des eindrucksvollen Gleichnisses vom unbarmherzigen Knecht: „Darum gleicht das Himmelreich einem König" (V. 23), der einem seiner höchsten Angestellten Millionen an Schulden erläßt. Unglaublich fast erscheint es, daß dieser gleiche Angestellte sich auf dem Absatz umdreht und einen seiner unzuverlässigen Untergebenen wegen ein paar Mark ins Gefängnis werfen läßt. Voll Zorn ordnet der König Gefängnis und Tortur für den unbarmherzigen Gauner an. Jesus beendet diese Geschichte mit den beunruhigenden Worten: „So wird auch mein himmlischer Vater an euch tun, wenn ihr einander nicht von Herzen vergebt." (V. 35).

Wieder und wieder macht Jesus diese Aussage. Im Vaterunser bitten wir Gott: „Und vergib uns unsere Schuld, wie auch wir vergeben unseren Schuldigern" (Mt 6,12). Unmittelbar im Anschluß an das Gebet betont Jesus diesen Punkt noch einmal ganz ausdrücklich: „Denn wenn ihr den Menschen ihre Verfehlungen vergebt, so wird euch euer himmlischer Vater auch vergeben. Wenn ihr aber den Menschen nicht vergebt, so wird euch euer himmlischer Vater eure Verfehlungen auch nicht vergeben." (Mt 6,14f).

Jesus lehrt nicht, daß unsere guten Werke die Gnade Gottes verdienen. Aber der Schöpfer hat uns als soziale Wesen geschaffen. Er hat bestimmt, daß göttliche Vergebung denen nicht erhalten bleibt, die die Gemeinschaft zerstören. Und das geschieht, wenn man dem Nächsten, der uns verletzt hat, die Vergebung nicht gewähren will.[18] Die Grundlage der neuen Gemeinde Jesu ist radikale göttliche Vergebung, die letztlich auf dem Kreuzestod Jesu beruht. Und diese umfassende Vergebung schafft, wie Eph 2,11-16 zeigt, eine neue Gemeinschaft von Sündern, denen allen vergeben wurde.

Jesu neue Gemeinde. Jesus, das Reich Gottes und all die Segnungen der Gottesherrschaft sind untrennbar. Man kann die ethischen Maßstäbe des Reiches Gottes oder die Vergebung, die in diesem Reich gewährt wird, nicht gewinnen ohne Jesus.

Matthäus berichtet eine Reihe von Beispielen, in denen Jesus die Menschen mit den einfachen Worten auffordert: „Folgt mir nach."[19] Er sagt z. B. dem reichen jungen Mann, er solle all seinen Besitz den Armen geben: „Und [dann] komm und folge mir nach" (Mk 10,21). In Vers 29 identifiziert er sich mit der Botschaft, die er verkündet. Jeder, der „um meinetwillen und um des Evangeliums willen" alles hergibt, wird zum ewigen Gottesreich gehören. Das verspricht Jesus. Die Vergebung, die er als zum Reich Gottes gehörend ankündigt, ist unmittelbar mit seiner Person verbunden. In Mk 2,10 heißt es, daß er den Gelähmten ausdrücklich heilt, um zu demonstrieren, daß er auch Macht zur Sündenvergebung besitzt. Die Autorität dazu war letztendlich darin begründet, daß im Mittelpunkt seines ganzen Auftrages die Zielsetzung stand, als Opfer für unsere Sünden zu sterben (Mk 10,45).

Jesus, die Gottesherrschaft und die versöhnte Gemeinde des Reiches Gottes sind nicht voneinander zu trennen. Johannes Paul II. hat recht: „Das Reich Gottes ist nicht eine Anschauung, eine Doktrin, ein Programm, das man frei ausarbeiten kann, es ist vor allem *eine Person*, die das Antlitz und den Namen Jesu von Nazareth trägt, Abbild des unsichtbaren Gottes. Wenn man das Reich von der Person Jesu trennt, ist das nicht mehr das von ihm geoffenbarte Reich Gottes."[20]

Kapitel 4

Eine provozierende Gemeinde

Ich danke dir, Herr, daß du mich nicht als Heiden gemacht hast...
Du hast mich nicht als Sklaven gemacht... Du hast mich nicht eine
Frau werden lassen.

Gebet jüdischer Männer aus dem ersten Jahrhundert

Hier ist nicht Jude noch Grieche, hier ist nicht Sklave noch Freier,
hier ist nicht Mann noch Frau; denn ihr seid allesamt einer in
Christus Jesus.

Gal 3,28

Wenn ich Menschen begegne, die sich als Christen bekennen und sich
trotzdem zunehmend mit der Sünde arrangieren, wird mir unbehag-
lich zumute. Dabei ist es gleichgültig, ob es sich um persönliches
unmoralisches Verhalten handelt (z. B. Ehebruch) oder um unmora-
lische Geschäftspraktiken (wie z. B. unfaire Arbeitsbedingungen
oder Praktiken am Arbeitsplatz). Nachfolger Christi sollten unrechtes
Handeln radikal ablehnen. Jesus und seine neue Gemeinde von Nachfolgern stellten sich gegen alles Böse, wo auch immer es ihnen
begegnete. Das war nicht nur eine innere, religiöse Angelegenheit,
sondern damit wurde gleichzeitig den religiösen Führern jener Tage
der Fehdehandschuh hingeworfen. Dieser zweite Punkt gehörte ganz
sicher dazu, denn Jesus griff regelmäßig die Heuchelei dieser Schicht
an und verurteilte sie scharf. Doch er stellte auch die etablierten
Geschäftemacher in Frage, stellte soziale Wertvorstellungen und
Bräuche, die die Frauen betrafen, auf den Kopf und wiedersetzte sich
den politischen Führern. Gerade weil Jesus genau wußte, welche
guten Absichten der Schöpfer im Hinblick auf Kultur und Zivilisation
gehabt hatte, stellte er sich der ihn umgebenden Gesellschaft entgegen, wo immer die Sünde Zerstörendes hineingebracht hatte.

Der Kampf gegen das Reich der Finsternis

Jesus trat zwar dem Bösen entgegen, das ihm in seinen Tagen begegnete, doch spielte er nicht nur den himmlischen Anwalt für Menschen, denen Unrecht geschah. Er war nicht nur daran interessiert, den Status quo zu ändern. Hinter boshaften Menschen und schlimmen sozialen Verhaltensweisen sah er das Werk Satans und seiner dämonischen Mächte. Im Zentrum seiner Botschaft vom Reich steht die Ankündigung des totalen Krieges gegen den Bösen, der die Zerstörung in die gute Schöpfung Gottes hineingetragen hatte.

Erinnern wir uns nur daran, daß Jesus in der Wüste mit Satan gekämpft hatte, bevor sein öffentliches Wirken begann (Lk 4,1-13). Im Markusevangelium wird vom ersten Wunder Jesu berichtet, als ein dämonisch besessener Mann ihn als den „Heiligen Gottes" erkennt. Sofort befiehlt Jesus dem bösen Geist, den Menschen zu verlassen (Mk 1,21-26). Wieder und wieder treibt Jesus Dämonen aus. Tatsächlich bezeichnet er seinen Sieg über die dämonischen Kräfte als Zeichen dafür, daß das messianische Königreich angebrochen ist (Lk 11,20). Und als die zweiundsiebzig Jünger zurückkamen und sich über die Fähigkeit freuten, Dämonen auszutreiben zu können, sagte Jesus: „Ich sah den Satan vom Himmel fallen wie einen Blitz" (Lk 10,18). Jesus sah sich selbst als den Starken, der die dämonischen Kräfte binden konnte (Lk 11,22), die sich hinter den zerbrochenen sozialen Wertvorstellungen und Handlungsweisen verbargen und mit denen er sich auseinandersetzte.

Die Herausforderung des Bösen im Status quo

Reich und arm. Jesus schockierte die Reichen mit seinen Worten über das Teilen. Er sagte dem begüterten jungen Mann, der zu ihm kam und nach dem ewigen Leben fragte (vermutlich ging es ihm auch um die Zugehörigkeit zu dem neuen Kreis, der sich um Jesus scharte), daß er all seinen riesigen Besitz verkaufen und seinen Reichtum den Armen geben solle. Als der junge Mann sich traurig abwandte, fügte er eine Bemerkung hinzu, die heute noch allen Wohlhabenden unter uns wehtut: „Es ist leichter, daß ein Kamel durch ein Nadelöhr gehe, als daß ein Reicher ins Reich Gottes komme." (Lk 18,18-25). Ein weiterer reicher Mann, der Jesus aufsuchte, reagierte sehr viel anders, als ihm seine Schuld bewußt wurde: Er verschenkte die Hälfte seines Besitzes an die Armen (Lk 19,2-10). An anderer Stelle forderte Jesus die Reichen auf, den Armen Darlehen zu geben, selbst wenn keine begründete Aussicht auf Rückzahlung bestand (Lk 6,34f). Wer die Hungrigen nicht speisen und die Nackten nicht kleiden würde, würde in der Verdammnis enden (Mt 25,31-46). Eine Reihe moderner Theologen ist der Meinung, daß Jesus sein Wirken als Realisierung des messianischen Jubeljahres verstand (3. Mose 25). Wenn das zutrifft, so unterstreicht das nur noch, was ohnehin völlig klar ist.[1] Jesus steht dem gleichgültigen, reichen Establishment mit einer umfassenden Herausforderung gegenüber.

Die Kehrseite dieser an die Reichen gerichteten Worte war eine starke Identifikation mit den Armen. In einem Stall geboren, als Kind mit dem Schrecken eines Flüchtlingsschicksals vertraut gemacht, im wirtschaftlich und sozial schwachen Galiläa aufgewachsen, hatte Jesus als armer Wanderprediger auch kein eigenes Heim (Mt 8,20). Aber die Armen sammelten sich um ihn. Und er gab den Bedürftigen zu essen und heilte sie.

Es ist von großer Bedeutung, die Lehre Jesu darin zu verstehen, daß sein messianisches Reich vor allem den Armen angeboten werden sollte.

> „Selig seid ihr Armen,
> denn das Reich Gottes ist euer.
> Selig seid ihr, die ihr jetzt hungert,
> denn ihr sollt satt werden" (Lk 6,20f).[2]

Als Johannes der Täufer Jesus fragen ließ, ob er der Messias sei, wies Jesus darauf hin, daß er die Kranken heile und den Armen die Botschaft vom Reich Gottes verkündige (Lk 7,21f). Seine Antrittsrede in der Synagoge von Nazareth enthält die gleiche Aussage über die Predigt für die Armen (Lk 4,18). Man versteht einfach die Lehre Jesu über das Reich Gottes nicht, solange man nicht sieht, daß er besonders an den Armen interessiert war. Ihnen sollte klar werden, daß die in die Geschichte einbrechende Gottesherrschaft gerade für sie eine gute Nachricht war. Unsere Verkündigung des Evangeliums ist unbiblisch, solange wir nicht, wie Jesus es tat, den Armen besondere Aufmerksamkeit widmen.

Das heißt natürlich nicht, daß „die Beziehung der Kirche zu den Armen der Maßstab ihrer Missionsarbeit ist".[3] Es bedeutet auch nicht, um mit dem Befreiungstheologen Leonardo Boff zu sprechen, daß „die Armen vorrangige Empfänger der Botschaft Jesu wären und in der Endgeschichte das Kriterium, an dem sich die Rettung oder das Verlorensein eines jeden Menschen entschiede".[4] Die echte Sorge um die Armen und eine Beziehung zu ihnen ist nicht *der* Maßstab (d. h. der einzig entscheidende) für die verbindliche Nachfolge Jesu und treues Weitersagen der frohen Botschaft.[5] Gleichzeitig sollte man aber auch nicht Jesu Verkündigung der Guten Nachricht und das Segnen der Armen rein geistig auffassen und daraus schließen, daß Jesus die Armen angewiesen hätte, sich mit den Schätzen des Himmels zu trösten, wo Motten und Rost nichts mehr verderben könnten.[6]

Die ketzerische Vernachlässigung der Armen durch viele wohlhabende Christen ist eine offene Ablehnung des Herrn der Kirche. Wenn Jesus die Norm setzt, dann werden bewußte Christen bei der Verkündigung des Evangeliums an dieser Stelle ebenfalls einen Schwerpunkt setzen: Die Armen in der Welt von heute werden dann ebenso überzeugt sein wie die Bedürftigen in den Tagen Jesu, daß diese Botschaft eine großartige Nachricht für sie ist. Das gilt vor allem, wenn Jesu neue Gemeinde unter der Herrschaft Gottes diese Menschen in ihrer Gemeinschaft willkommen heißt. Und wenn sie in wirtschaftlicher Hinsicht mit ihnen teilt, so daß, wie es in der Apostelgeschichte heißt, keine Notleidenden mehr unter ihnen sind.

Wir sahen bereits, daß im Zentrum der Aussagen Jesu die Ankündigung stand, die Hoffnung auf den langerwarteten und von den Propheten vorhergesagten Messias erfülle sich nun in seinem Leben und Wirken. Im Kern der prophetischen Voraussage steckte der Glaube, daß der Messias den Armen Gerechtigkeit widerfahren lassen würde. Genau das taten Jesus und der Kreis, der ihm nachfolgte. Ihre gemeinsame Kasse war teilweise dazu da, den Notleidenden zu helfen.[7] Jesus versicherte seinen Jüngern, daß alle, die um seinet- und um des Evangeliums willen alles aufgeben würden, hundertfach empfangen würden: „Jetzt in dieser Zeit Häuser und Brüder und Schwestern und Mütter und Kinder und Äcker" (Mk 10,30). Er wollte damit sagen, daß die messianische Zeit der Gerechtigkeit angebrochen war. Und seine neue Gemeinde teilte bereits in so überwältigender Weise mit anderen, daß ihre Mittel und Güter allen zur Verfügung standen, die sich in Not befanden. Das Ergebnis bestand darin – wie Apg 2 und 4 zeigen –, daß es im Kreis von Jesu Nachfolgern keine Notleidenden gab. Kein Wunder, daß die Armen jubelten. Und es ist ebenso wenig überraschend, daß Jesus sie „gesegnet" nannte.

Die Randgruppen. Jesu Sorge um die Bedürftigen erstreckte sich auf alle Unterprivilegierten, Schwachen und sozial Ausgestoßenen. Im scharfen Kontrast zu seinen Zeitgenossen zeigte er ein besonderes Interesse an Behinderten, Kindern, Alkoholikern, Prostituierten und Aussätzigen (vgl. Lk 7,32-50; 19,1-10). In den Tagen Jesu traf vor allem die Leprakranken ein schreckliches Ausgestoßensein (Lk 17,12). Sie lebten isoliert und in bitterer Armut und hatten „unrein", „unrein" vor sich herzurufen, damit nicht zufällig jemand mit ihnen in Berührung kam. Jesus dagegen faßte sie freundlich an und heilte sie auf wunderbare Weise (Mk 1,41). Aus den Qumran-Schriftrollen erfahren wir, daß die Essener, eine jüdische Sekte aus den Tagen Jesu, tatsächlich die Behinderten aus ihrer Gemeinschaft ausschlossen:

> „Keiner, der durch irgendeine menschliche Unreinheit belastet ist, hat Zutritt zur Gemeinde Gottes [...] keiner, der [...] an Hand oder Fuß verstümmelt ist, lahm oder blind oder taub oder stumm oder mit einem sichtbaren Zeichen an seinem Körper [...] Diese dürfen nicht in die Gemeinschaft eintreten oder sich darin aufhalten."[8]

Jesus befiehlt im Gegensatz dazu den Mitgliedern seiner neuen messianischen Gemeinde, genau diese Leute einzuladen: „Wenn du ein Mahl machst, so lade Arme, Verkrüppelte, Lahme und Blinde ein" (Lk 14,13). Im Gleichnis vom großen Abendmahl wiederholt Jesus das noch einmal und lehrt, daß das Gottesreich „für die Armen, Verkrüppelten, Blinden und Lahmen da ist" (Lk 14,21). Er widersprach geradezu den zeitgenössischen Normen und sozialen Praktiken.

Die häufige Anklage, daß Jesus Tischgemeinschaft mit „Sündern" hielt, unterstreicht die Art und Weise, wie er sich den sozial Ausgestoßenen zuwandte. Die Pharisäer zogen eine scharfe Trennungslinie zwischen denen, die das Gesetz hielten, und denen, die es nicht hielten. Der Ausdruck „Sünder" bezieht sich in den Evangelien häufig auf das unwissende Volk (einschließlich vieler armer Leute), das es regelmäßig nicht schaffte, das Gesetz zur Zufriedenheit der Pharisäer zu halten. Solche Menschen nannten die Pharisäer auch „Sünder" und weigerten sich, mit ihnen zusammen zu essen.[9] Zu den am meisten Verachteten gehörten die Steuereintreiber, die mit den imperialistischen römischen Unterdrückern zusammenarbeiteten. Ihre Tätigkeit gehörte zur Zeit Jesu zu den sieben Berufen, die automatisch die Menschen ihrer bürgerlichen und politischen Rechte beraubten.[10] (Da auch die Hirten dazu gehörten, war der Umstand, daß die Engel in Betlehem ausgerechnet ihnen erschienen, ein deutliches Zeichen dafür, daß Jesus sich mit den Randsiedlern der Gesellschaft identifizieren wollte.)

Jesus aß oft mit diesen Ausgestoßenen zusammen. Genausooft protestierten die Pharisäer dagegen! „Es nahten sich aber allerlei Zöllner und Sünder, um ihn zu hören. Und die Pharisäer und Schriftgelehrten murrten und sprachen: Dieser nimmt die Sünder an und ißt mit ihnen" (Lk 15,1f; vgl. auch Lk 7,34; Mk 2,15). Als Antwort erzählte Jesus die Gleichnisse vom verlorenen Schaf, dem verlorenen Groschen und dem verlorenen Sohn (Lk 15,3-32). Gott gleicht dem Hirten, der das verlorene Schaf sucht, und dem Vater, der dem verlorenen Sohn vergibt. Darum heißt Jesus auch die sozialen Randsiedler in seinem Reich willkommen, wo Gottes verwandelnde Kraft sie verändern wird. Er erwählte sogar Matthäus, den „Zöllner", als einen seiner zwölf Jünger (Mt 10,3). Was für ein Skandal!

Frauen. Die Haltung Jesu den Frauen gegenüber stellt die gleiche massive Herausforderung an den Status quo dar. Zu dieser Zeit durfte ein Mann kaum mit einer Frau in der Öffentlichkeit erscheinen. Eine Frau konnte auch bei Gericht keine gültige Aussage machen.[11] Es wurde als weniger schlimm angesehen, eine Abschrift der Thora (der ersten fünf Bücher des Alten Testaments) zu *verbrennen*, als einer Frau zu erlauben, sie zu berühren. Eine Aussage aus dem ersten Jahrhundert lautet: „Wenn ein Mann seine Tochter aus der Thora lehrt, bedeutet das soviel, wie wenn er sie in Wollust unterrichtet hätte."[12] Die Frauen durften den größten Teil des Tempels nicht betreten. Und bei einer Beschlußfassung in der Synagoge hatten sie keine Stimme.[13] Das jüdische Gebet, das ich am Anfang dieses Kapitels zitierte, ist kein Scherz![14] Die jüdischen Männer im ersten Jahrhundert dankten tatsächlich Gott regelmäßig, daß sie keine Heiden, keine Sklaven und keine Frauen waren.

Jesus und seine neue Gemeinde lehnten die jahrhundertealten männlichen Vorurteile ab und behandelten Frauen als gleichberechtigt. Der „Meister" trat öffentlich mit Frauen auf (Joh 4,27) und belehrte sie über den Glauben (Lk 10,38-42). Er erlaubte sogar einer stadtbekannten Hure, seine Füße mit ihren Tränen zu waschen und mit ihren Haaren zu trocknen (Lk 7,36-50). Und dann durfte sie in aller Öffentlichkeit noch seine Füße küssen und mit duftendem Öl einreiben! Als Maria ihre übliche Hausfrauenarbeit stehen und liegen ließ und sich zu Jesus setzte, um ihm zuzuhören, beklagte sich ihre Schwester Martha darüber. Aber Jesus verteidigte Maria (Lk 10,38-42). Er lehnte auch die Scheidungsgesetze des Mose ab, nach denen ein Mann seine Ehefrau wegschicken durfte, wenn sie keine Gnade in seinen Augen fand. Eine Frau durfte das im umgekehrten Fall natürlich nicht (5. Mose 24,1f). Jesus rief Mann und Frau dazu auf, in lebenslangem Bund zusammenzuleben (Mk 10,1-12).[15] Und es war sicher kein Zufall, daß er sich als der Auferstandene zuerst Frauen zeigte!

Lk 8,1-13 beschreibt, was Mortimer Arias das „erste und erstaunlichste evangelistische Team" nennt, „das sich jemals in der Geschichte der christlichen Mission zusammenfand".[16]

> „Und es begab sich danach, daß er durch Städte und Dörfer zog und predigte und verkündigte das Evangelium vom Reich Gottes. Und die Zwölf waren mit ihm, dazu einige Frauen, die er gesund gemacht hatte von bösen Geistern und Krankheiten, nämlich Maria, genannt Magdalena, von der sieben böse Geister ausgefahren waren, und Johanna, die Frau des Chuzas, eines Verwalters des Herodes, und viele andere, die ihnen dienten mit ihrer Habe."

Welch ein schockierendes Schauspiel. Das war auf einmal nicht mehr das gewohnte, einheitliche Bild eines männlichen Rabbi mit seinen männlichen Studenten. Männer und Frauen kündigten jetzt gemeinsam öffentlich die Herrschaft Gottes an. Arias fragt sich, was der Verwalter des Herodes sich bei diesem skandalösen Auftreten seiner Frau gedacht haben mag.[17] Und dabei machen die Frauen nach diesem Text sogar noch eher den Eindruck von Ernährern als von Köchinnen. „Die Gruppe war so unterschiedlich, wie man es sich nur denken konnte: Männer und Frauen, Theologen und Laien, Fischer und Steuereinnehmer, ehrbare Bürgerinnen und frühere Prostituierte, Wohlhabende und Arme!"[18] Mitten in dieser radikalen Demonstration seiner neuen Gemeinde befanden sich tatsächlich Frauen, die öffentlich und aktiv mit Jesus auftraten.

Die Urkirche blieb in ihrer Haltung gegenüber Frauen bei dieser Herausforderung, die Jesus dem Status quo entgegengesetzt hatte. In den messianischen Prophezeiungen hatte es geheißen, daß in den letzten Tagen Töchter und Söhne, Frauen und Männer weissagen würden (Joel 2,28). Das geschah nun in der frühen Kirche. Frauen weissagten (Apg 21,9; 1. Kor 11,5) und korrigierten auch schon einmal die Männer in ihrer Theologie (Apg 18,24-26).[19] Befreit von den Einengungen der Synagoge nahmen Frauen nun begeistert an den Gottesdiensten der Urkirche teil. Fröhlich ruft Paulus aus: „Hier ist nicht Jude noch Grieche, hier ist nicht Sklave noch Freier, hier ist nicht Mann noch Frau" (Gal 3,28).

Man versteht diese unglaubliche Behauptung in bezug auf die frühe christliche Gemeinde nur, wenn man sich daran erinnert, daß Paulus sich vermutlich ausdrücklich auf jenes übliche jüdische Gebet bezieht, wo Männer Gott danken, daß sie *keine* Heiden, Sklaven oder Frauen sind. Welch eine erstaunliche Verkehrung der bestehenden Verhältnisse! Jesus und seine neue Gemeinde von Männern und Frauen demonstrierten einen Herrschaftsbereich, in dem die Dinge auf dem Kopf standen.[20]

Doch der Angriff Jesu auf die gegenwärtige Gesellschaft war nicht auf sein Verhältnis zu den Armen und Randsiedlern beschränkt. Er forderte auch die Inhaber von Machtpositionen zur Buße und Sinnesänderung auf. Führer sollten zu Dienenden werden. Die Liebe zu Feinden sollte an die Stelle von Rachegefühlen treten.

Politische Führerschaft. Jesus mußte Herodes maßlos erzürnt haben. Als jemand ihn warnte, daß Herodes ihn umbringen wolle, gab Jesus eine sehr scharfe Antwort: „Geht hin und sagt diesem Fuchs" (Lk 13,32). Zur damaligen Zeit bedeutete das Wort etwa das gleiche wie heute der Slangausdruck „Saukerl".[21]

In den Tagen Jesu war es nicht anders als heute: Die Herrschenden erfreuten sich der Macht über ihre Untergebenen. Jesus hat das sehr ungeschminkt beschrieben: „Ihr wißt, die als Herrscher gelten, halten ihre Völker nieder." Das Modell der neuen Gemeinde, das Jesus als dem Reich Gottes entsprechend ansieht, ist grundverschieden davon:

„Aber so ist es unter euch nicht; sondern wer groß sein will unter euch, der soll euer Diener sein; und wer unter euch der erste sein will, der soll aller Knecht sein. Denn auch der Menschensohn ist nicht gekommen, daß er sich dienen lasse, sondern daß er diene und sein Leben gebe als Lösegeld für viele." (Mk 10,42-44). Jesus deutet auf das Kreuz hin, an dem er als Opfer für unsere Sünden sterben würde. Das würde das Vorbild für die dienende Führerschaft in der Gemeinde Gottes sein.

Gewaltsame Revolution. Jesus lehnte allerdings auch die gewaltsame Befreiungsbewegung seiner Zeit ab. Die meisten Juden des ersten Jahrhunderts erwarteten den Messias als einen mit Militärmacht auftretenden Eroberer.

In der Tradition eines Königs David würde er das unterdrückende Joch der Römer abschütteln. Es ist nicht ganz klar, ob es sich bei den Bestrebungen in dieser Richtung um beständige, organisierte Guerillabewegungen oder um wiederholte spontane Ausbrüche beim Auftreten angeblicher Messiasse handelte.[22] Auf jeden Fall war der Weg der Gewalt, der zum Reich Gottes führen sollte, im ersten Jahrhundert durchaus attraktiv.

Als Herodes der Große kurz nach Jesu Geburt starb, riefen drei verschiedene angebliche Messiasse einen bewaffneten Aufstand hervor.[23] Der römische Gouverneur von Syrien eilte schnurstracks nach Jerusalem und ließ 2000 dieser Rebellen kreuzigen. Im Jahr 6 n. Chr. fand dann ein Aufstand, den ein Mann namens Judas anführte, weitgehende Unterstützung. Guerillabanden operierten in den Höhlen der Wüste Judäa. In den vierziger Jahren wurden zwei Söhne des Judas als Befürworter einer gewaltsamen Messiaseinsetzung gekreuzigt. Schließlich überredeten die Revolutionäre im Jahr 66 n. Chr. die ganze Nation zur Auflehnung gegen Rom. Vier Jahre später zerstörten römische Legionäre Jerusalem so weit, daß kein Stein auf dem andern blieb.

Die Anhänger einer gewaltsamen Revolution haßten die römischen Imperialisten, lehnten es ab, den Römern Steuern zu zahlen, und drängten zum bewaffneten Aufstand. „Wer auch immer das Blut eines dieser Gottlosen vergießt, der ist wie einer, der ein Opfer darbringt", das war ihr Grundsatz.[24] Sie glaubten, wenn es ihnen gelänge, die ganze jüdische Nation zum Aufstand zu bewegen, dann würde der Messias kommen.[25]

Jesus lehnte dieses ganze Denken ab. Seine Strategie als Messias war die der Feindesliebe, nicht des Hinschlachtens des Gegners. „Ihr habt gehört, daß gesagt ist: ‚Du sollst deinen Nächsten lieben und deinen Feind hassen.' Ich aber sage euch: ‚Liebt eure Feinde und bittet für die, die euch verfolgen, damit ihr Kinder seid eures Vaters im Himmel.' Denn er läßt seine Sonne aufgehen über Böse und Gute und läßt regnen über Gerechte und Ungerechte." (Mt 5,43-45). An dieser Stelle lehnt Jesus ganz klar die übliche jüdische Interpretation ab, wonach Nächstenliebe nur auf Volksgenossen beschränkt war.[26] Statt dessen verurteilt er Vergeltung und Rache und erweitert die Forderung der Nächstenliebe auf jeden, der in Not ist, selbst wenn es ein verhaßter römischer Imperialist wäre.

Jesus paßt in das demütige, friedvolle Bild des Messias, wie es in Sach 9,9f beschrieben ist. Als er seinen triumphalen Einzug in Jerusalem hielt, brach die Menge in Hochrufe (auf den Messias) aus. (Lk 19,38; Mt 21,9). Aber dieser Messias ritt auf einem demütigen Esel, nicht auf einem Kriegsroß![27]

Jesus ahnte, daß die nationalistischen Gefühle und stürmischen Hoffnungen, die sein Volk bewegten, in einer Katastrophe enden würden.[28] Wieder und wieder finden sich da Voraussagen und Warnungen im Hinblick auf das bevorstehende Verderben. Unmittelbar nachdem er die hochgehenden Wogen der messianischen Hoffnungen seines Volkes durch seinen friedlichen Einzug in die Stadt enttäuscht hatte, weinte er über Jerusalem:

> „Und als er nahe hinzukam, sah er die Stadt und weinte über sie und sprach: ‚Wenn doch auch du erkenntest zu dieser Zeit, was zum Frieden dient! Aber nun ist's vor deinen Augen verborgen. Denn es wird eine Zeit über dich kommen, da werden deine Feinde um dich einen Wall aufwerfen, dich belagern und von allen Seiten bedrängen, und werden dich dem Erdboden gleichmachen samt deinen Kindern in dir und keinen Stein auf dem andern lassen in dir, weil du die Zeit nicht erkannt hast, in der du heimgesucht worden bist'"
>
> (Lk 19,41-44).

Jesu friedlicher Weg zum messianischen Shalom stellte eine radikale Alternative und unmittelbare Herausforderung für die populären religiösen Revolutionäre seiner Tage dar.

Religiöse Führer. Wir sahen, wie Jesu Kritik am Status quo das wirtschaftliche, das soziale und das politische Leben einschloß. Aber er übersah auch das religiöse Establishment nicht. Er klagte die Theologen als blinde, heuchlerische Volksführer an, als weißübertünchte Gräber, als „Schlangen" und „Ottern". Er verurteilte die Art und Weise, wie sie bei unbedeutenden Dingen wie Minze und Dill peinlich genau auf den Zehnten achteten, aber „das Wichtigste im Gesetz beiseite [ließen], nämlich das Recht, die Barmherzigkeit und den Glauben" (Mt 23,23).

Die Tempelreinigung, die Jesus vornahm, paßt vollkommen in die Schablone des ständigen Angehens gegen die ungerechten Verhältnisse seiner Umgebung. Er war empört darüber, daß die reiche Priesteraristokratie riesige Summen vom Verkauf der Opfertiere erhob, wofür sie das Monopol besaß. Eine solche Praxis nannte er ein räuberisches Verhalten: „Es steht geschrieben: ‚Mein Haus soll ein Bethaus sein; ihr aber habt es zur Räuberhöhle gemacht.'" (Lk 19,46).

Juden, die von weither nach Jerusalem kamen, um anzubeten, waren gezwungen, ihre Opfertiere dort zu kaufen. Die Priester hatten nun den Vorhof der Heiden, der dem Gebet von Nichtjuden vorbehalten war, für das Geschäft beschlagnahmt. Dabei verlangten sie unverschämte Preise. Außer sich vor Zorn, trieb Jesus sie hinaus. Das war durchaus kein bewaffneter Aufstand im Tempel, sondern ein dramatischer Akt zivilen Ungehorsams. Es war ein Protestakt gegen wirtschaftliche Ausbeutung und die Entweihung des Tempels, die dabei stattfand. Im nächsten Vers, der diesem Bericht über Jesu gewaltlosen bürgerlichen Protest im Tempel folgt, heißt es, daß die Hohenpriester und andere religiöse Führer ihn zu töten versuchten (Lk 19,47).

Das ist kaum überraschend. Man muß sehen, daß das religiöse Establishment Jesus aus zwei Gründen aus dem Weg räumen wollte: Einmal ging es um seinen radikalen sozial-ökonomischen Angriff auf die bestehenden Verhältnisse, und zweitens hatte er angeblich Gott gelästert. Es ist verständlich, daß das religiöse, wirtschaftliche und politische Establishment sich durch Jesus aufs höchste bedroht sah. Entweder mußten sie ihre Wertmaßstäbe und ihr Handeln grundsätzlich ändern oder diesen unruhestiftenden Propheten loswerden.[29] Wir mißverstehen einfach, was zum Kreuz führte, wenn wir die Tatsache übersehen, daß die Hinrichtung Jesu „die Strafe für einen Mann war, der die Gesellschaft bedrohte, indem er eine neue Gemeinschaft gründete, die ein radikal verändertes Leben führte".[30]

Auch die theologischen Aussagen Jesu brachten die Priester gegen ihn auf. Als er göttliche Autorität zur Sündenvergebung für sich beanspruchte, widersprachen sie ihm insgeheim (Mk 2,6-11). Als er seine eigene Autorität über die von Mose setzte, waren sie beleidigt (Mt 5,31-39). Als er das Gleichnis von den Pächtern erzählte, die den Weinberg ihres Herrn verderben ließen, und als er sich selbst mit dem geliebten Sohn des Eigentümers verglich, der von diesem gesandt worden war (Lk 20,9-18), suchten sie einen Weg, um seiner habhaft zu werden (V. 19). Als er ihre starren Regeln übertrat und am Sabbat heilte, beschlossen sie, ihn umzubringen (Mt 12,9-14). Als er beim Verhör bekannte, daß er „der Christus, der Sohn des Hochgelobten" sei, da zerrissen sie ihre Kleider und klagten ihn der Gotteslästerung an (Mk 14,62-64).

Gotteslästerer, radikaler Sozialist und messianischer Heuchler. So lautete die Anklage. Das war der Grund, weshalb die politischen und religiösen Führer sich verschworen hatten, ihn zu töten. Sie zwangen Pilatus anzuerkennen, daß der messianische Anspruch Jesu eine politische Gefahr für Rom bedeutete (Joh 19,12f). Pilatus stimmte nun der Kreuzigung zu. Die Inschrift über dem Kreuz (König der Juden) zeigt, daß das Verbrechen, dessen man ihn anklagte, sein messianischer Anspruch war. Juden, die vorgaben, der Messias zu sein, wurden von den römischen Stadthaltern des ersten Jahrhunderts gewöhnlich gekreuzigt.

Pilatus und die Priesteraristokratie waren genaugenommen im Recht. Jesus war eine Gefahr für das ungerechte, repressive und korrupte System und die Macht, die sie darin ausübten. Jesus kam und behauptete, der Messias der Juden zu sein. Er forderte die ganze Gesellschaft auf, Gottes radikale Vergebung anzunehmen und nach den Maßstäben seines neuen Reiches zu leben. Aber dazu mußten sie die Kritik Jesu an der Art und Weise, wie sie Gewalt und Führerschaft ausübten und wie sie die Armen und Ausgestoßenen behandelten, akzeptieren. Und ebenso wichtig war, daß sie Jesus als Messias und als seinen eingeborenen Sohn annahmen. Sie zogen es vor, ihn zu töten.

Zurückweisung der Kritik Jesu

Allzuoft wird die umfassende Herausforderung Jesu gegenüber den bestehenden Verhältnissen einfach abgetan. Manche schieben sie beiseite als Ansicht von Vertretern eines sozialen Evangeliums, die die Gottheit Jesu und seinen Sühnetod leugnen. Andere mißdeuten die Aussage: „Mein Reich ist nicht von dieser Welt" (Joh 18,36). Wieder andere – wie Albert Schweitzer – sehen die eschatologischen Aussagen Jesu als unklar und mißverständlich und deshalb als irrelevant für unseren heutigen Glauben an. Alle haben unrecht.

Jesu Anspruch, der Messias zu sein, seine Gottheit und sein Sühnetod sind untrennbar von seiner radikalen Herausforderung an den Status quo unserer Gesellschaft. Eben weil er kam, um für unsere Sünden zu sterben, konnte er uns Gottes bedingungslose Vergebung anbieten. Und die gleiche Vergebung bildete die Grundlage seiner neuen Gemeinde von Menschen, die sie empfangen hatten und die ihrerseits vergeben konnten. Gerade weil Jesus mehr als ein Prophet ist, weil er wirklich Messias und einziger Sohn Gottes ist, hat seine weitreichende Kritik an den bestehenden Verhältnissen für Christen eher normative Gültigkeit als undurchsichtige Subjektivität oder bizarrer Größenwahn.

Jesus erklärte in einem ganz speziellen Sinn, daß sein Reich nicht von dieser Welt sei – daß nämlich seine Jünger nicht dafür kämpfen sollten, um es zu verwirklichen (Joh 18,36). Die Wertmaßstäbe im Herrschaftsbereich Jesu stammen nicht *von* dieser Welt, aber sein Reich existiert doch ganz und gar *in* dieser Welt. Wir haben schon früher gesehen, daß das messianische Reich jetzt in seiner Person und seinem Wirken in die Geschichte eingebrochen ist. Gerade daß er den physischen Nöten der Menschen begegnet und sich mit den Armen und Randsiedlern der Gesellschaft identifiziert, ist Zeichen seines beginnenden Königsreiches.

Radikale Theologen haben in diesem Jahrhundert oft behauptet, daß Jesu Aussagen über die Endgeschichte einfach mißdeutet worden sind. Jesus hätte die Vollendung des endzeitlichen Gottesreiches bereits zu seinen Lebzeiten erwartet. Und damit hätte er sich ja eindeutig getäuscht. Aber selbst der Verband Neutestamentlicher Gelehrter ändert inzwischen seine Ansicht.[31]

Wir haben gesehen, daß Jesus tatsächlich glaubte, daß das Reich Gottes in seiner Person und seinem Wirken angebrochen sei. Aber mit unzweifelhafter Sicherheit erwartete er seine Vollendung erst in der Zukunft.

Der Kern des radikalen ethischen Vorstoßes Jesu ist seine Aufforderung, in dieser gefallenen Welt nach den Maßstäben und Forderungen der anbrechenden Gottesherrschaft zu leben. In der Kraft des Heiligen Geistes, der Zeichen und Wunder wirkt, ist es nun möglich, entgegen dem Status quo der Weisung Jesu zu folgen. Jesu Botschaft vom Gottesreich schafft tatsächlich eine beunruhigende Gemeinde. Aber es ist eine Gemeinschaft, die in Liebe das vorgefundene Böse angreift. Sie teilt die Liebe des Schöpfers zu einer guten Schöpfung. Sie wagt es, jetzt schon für das Heilwerden im persönlichen, sozioökonomischen und politischen Bereich zu kämpfen, dessen Vollendung Christus bei seiner Wiederkehr mit sich bringen wird.

Das Weitersagen der Botschaft vom Reich Gottes

Jesus predigte und heilte. Er lehrte und handelte. Das ewige fleischgewordene Wort war die vollkommene Verbindung von Wort und Tat.

Peter Wagner bemerkt, daß viele sozial Engagierte besonders betonen, daß Jesus für die Armen und Unterdrückten sorgte. Und dann übersehen sie die Tatsache, daß er Wunder tat und Dämonen austrieb.[32] Einige Charismatiker natürlich tun das genaue Gegenteil. Jesus widmete sich ganz offensichtlich beiden Anliegen, und das sollten wir auch.[33]

Mt 9,35 faßt das gesamte öffentliche Wirken Jesu unter den drei Gesichtspunkten des Lehrens, Predigens und Heilens zusammen: „Und Jesus ging ringsum in alle Städte und Dörfer, lehrte in ihren Synagogen und predigte das Evangelium von dem Reich und heilte alle Krankheiten und alle Gebrechen." Als Jesus die Zwölf aussandte, gab er ihnen den gleichen ganzheitlichen Auftrag, „zu predigen das Reich Gottes und die Kranken zu heilen" (Lk 9,2). Beides – Worte und Wunder –, beides – Predigen und Zeichen tun –, beides – freundliche Einladung und scharfe Konfrontation – gehört ins Zentrum seiner Verkündigung vom Reich Gottes.

Jesus lebte das aus, was er lehrte. Er kündigte nicht nur die Ankunft der messianischen Zeit von Gerechtigkeit und Frieden für die Armen und Unterdrückten an. Er speiste auch die Hungrigen und hieß die sozial Geächteten in seiner neuen Gemeinde willkommen. Sein auf diese Weise gemischter Kreis von Männern und Frauen, Reichen und Armen, Behinderten und Gesunden war eine sichtbare Demonstration der Gottesherrschaft, von der er gesprochen hatte.

Die Realität dieser neuen erlösten Gemeinde war ein Teil des Evangeliums vom Reich Gottes. Es stimmt zwar, daß Jesus das nirgendwo ausdrücklich sagt. Aber Paulus tut es. Eph 3,1ff bringt klar zum Ausdruck, daß die Existenz der Gemeinde, die aus vielen Völkern zusammengesetzt ist, Teil der Guten Nachricht ist.[34] Das Reden und Handeln Jesu führt zu dem gleichen Schluß.

C. H. Dodd sagt, daß es Jesu Plan war, eine „Gemeinde [zu bilden], die wert war, das Volk Gottes genannt zu werden", tatsächlich „das neue Israel unter seiner eigenen Führung".[35] Daß er genau zwölf Jünger wählte, unterstreicht diese Absicht. Jesus führte eine unglaublich gemischte Gemeinde an: Prostituierte, die sich von ihrem alten Leben abgewandt hatten, Steuereinnehmer, die jetzt auf Unterdrükkung verzichteten, Behinderte, die geheilt worden waren, Frauen, die nicht mehr zu den Geächteten gehörten, Arme, die nicht mehr hungrig waren und Revolutionäre, die der Gewalt abgeschworen hatten. Diese neue Gemeinschaft von erlöstem Gesindel war eine lebendige Demonstration des heraufziehenden messianischen Königreiches, in dem Gerechtigkeit und Friede herrschten. Ihre bloße Existenz bestätigte Jesu Ankündigung des Evangeliums vom Reich und stellte gleichzeitig einen zentralen Teil von ihm dar.

Jesus diente dem ganzen Menschen.[36] Kranke Körper, zerbrochene Seelen und Geister und zerrissene Beziehungen zu Gott – alles empfing seine freundliche, heilende Berührung. Sünden vergeben, sozial Geächtete wie Aussätzige und gefallene Frauen in der Gemeinde willkommen heißen, auf wundersame Weise Blinde und Lahme heilen, einflußreiche Menschen und religiöse Führer mit der Forderung nach Reue und Umkehr konfrontieren – der Sohn Gottes brachte Heilung für Körper und Seele, für den einzelnen und für die Gemeinschaft. Viele wiesen allerdings seine Botschaft und sein Heilen ab. Aber als der jüdische Messias lud er immer wieder sein ganzes Volk ein, das messianische Reich zu betreten und umfassendes geistgewirktes Heilsein zu erfahren.

Die frühe Kirche und das Reich Gottes

Für die meisten der Zeitgenossen Jesu war es kaum glaubhaft, daß der kleine Kreis von Fischern, Zöllnern und Prostituierten, die mit Gott ausgesöhnt waren, wirklich den Beginn des glorreichen messianischen Reiches darstellen sollten, das die Propheten verheißen hatten. Diese Gruppe war einfach zu schwach und zu unbedeutend. Jesu Lehre war eine zu große Herausforderung, und ihre Realisierung kostete zuviel. Sein Anspruch war anmaßend, wenn nicht sogar gotteslästerlich.

Um zu beweisen, daß er sich irrte, hatten die religiösen und politischen Führer ihn gekreuzigt. Jürgen Moltmann sagt, daß dadurch die Glaubwürdigkeit der phantastischen, messianischen Behauptungen stark in Frage gestellt wurde.

„Für die Jünger, die Jesus nach Jerusalem gefolgt waren, bedeutete sein schmachvoller Tod weder letzten Gehorsam Gott gegenüber noch die Demonstration eines Martyriums für die Wahrheit, sondern die Zurückweisung seines Anspruchs. Er bestätigte die Hoffnungen nicht, die sie auf ihn gesetzt hatten, sondern vernichtete sie."[37] (Übers. a. d. Engl.)

Doch dann erweckte ihn Gott von den Toten! Die Auferstehung bewies den entmutigten Jüngern, daß Jesus wirklich der Messias war und daß sein messianisches Reich angebrochen war. An Pfingsten wurde das bestätigt. Wenn man die Predigt des Petrus in Apg 2 nachliest, wird deutlich erkennbar, daß es die Auferstehung des Gekreuzigten und die Ausgießung des Heiligen Geistes war, die die Urgemeinde davon überzeugte, daß das von den Propheten angekündigte messianische Zeitalter tatsächlich begonnen hatte (Apg 2,17; 29ff) Jüdische Messiashoffnungen waren mit der Ausgießung des Heiligen Geistes verknüpft, wenn der Messias wirklich auftrat. Die Prophezeiung des Joel (Joel 2,28-29) bewahrheitete sich an Pfingsten. Damit wurde der Anspruch Jesu, der Messias zu sein, bestätigt.

Das Neue Testament benutzt zwei interessante Worte, um den Glauben der frühen Christen an den Anbruch des messianischen Zeitalters zum Ausdruck zu bringen, auch wenn es noch nicht in seiner vollen Ausgestaltung gegenwärtig war. Es sind die Begriffe „aparche" (Erstlinge) und „arrabon" (Pfand, Anzahlung). In

1. Kor 15,20 und 23 sagt Paulus, daß die Auferstehung Jesu die Erstlingsfrucht der allgemeinen Auferstehung sei, die von den Juden bei der Ankunft des Messias erwartet wurde. In 2. Kor 1,22 und 5,5 beschreibt Paulus den Heiligen Geist als Anzahlung oder Pfand (vgl. auch Röm 8,23; Eph 1,14).

Der Begriff „Erstlingsfrucht" wird im Alten Testament gebraucht, wenn von dem frühen Erntefest geredet wird, das man feierte, wenn zum erstenmal das neue Getreide eingebracht worden war (vgl. 2. Mose 23,16.19; 5. Mose 26,2.10). Die volle Ernte war noch nicht da, aber der Beginn der Erntezeit war schon gekommen. Die Gegenwart dieser „Erstlinge" löste Freude aus, weil sie der sichtbare und greifbare Beweis dafür waren, daß die volle Ernte ganz bestimmt noch kommen würde. Jesus stand genau an dem Tag von den Toten auf, als im jüdischen Gottesdienst dem Herrn die ersten reifen Garben dargebracht wurden.[38]

„Arrabon" (Anzahlung oder Pfand) ist ein Lehnwort aus dem Semitischen. Es stammt aus dem kommerziellen Bereich und bedeutet eine Zahlung, die einen Teil einer größeren Schuld begleicht und einen gesetzlichen Anspruch auf die völlige Zurückzahlung gibt. Sie ist ein gegenwärtiges, greifbares Pfand, das einen Vertrag ratifiziert. Im *Theological Dictionary of the New Testament* heißt es: „Damit ist immer ein Akt gemeint, der einen größeren nach sich zieht."[39]

Diese Ausdrücke entsprachen in besonderer Weise der Glaubenshaltung der frühen Christen. Damit war nämlich ausgesagt, daß die Auferstehung und Pfingsten sichtbarer und greifbarer Beweis dafür waren, daß das messianische Königreich begonnen hatte. Wie die Erstlinge der Ernte war die messianische Zeit in Erscheinung getreten – wie ein heraufdämmernder Tag. Die ersten Christen hatten bereits die Kräfte des kommenden Zeitalters zu sehen und zu spüren bekommen (Hebr 6,5). Trotz des mächtigen Beweises, daß das alte Zeitalter noch sehr aktiv am Werke war, waren die Christen der Urgemeinde doch sicher, daß die Vollendung der messianischen Herrschaft in Erscheinung treten würde – zu dem Zeitpunkt, den Gott bestimmte.[40]

Die kosmischen Dimensionen der Gottesherrschaft

Es ist wichtig, zu sehen, daß die Erwartungen, die das Neue Testament mit dem Reich Gottes verbindet, allumfassend sind.[41] Die anbrechende Gottesherrschaft, die Christus bei seiner Wiederkunft zur Vollendung bringen wird, bezieht sich nicht nur auf die Seele, nur auf die Gemeinde oder Kirche oder nur auf einzelne Menschen. Sie bezieht sich vielmehr auf Personen *und* soziale Strukturen *und* sogar auf die Schöpfung außerhalb des Menschen.

Es war die gegenwärtige Realität des schon heraufziehenden messianischen Reiches, die diese atemberaubende kosmische Hoffnung in den frühen Christen verankerte. Sie wagten es zu glauben, daß der gekreuzigte und auferstandene Zimmermann der Schlüssel zur Geschichte war. Sie wagten zu glauben, daß er bei seiner Wiederkunft seinen Sieg über alle Mächte und Autoritäten, ja selbst über den Tod voll sichtbar werden lassen (1. Kor 15,20-26) und dann alle Dinge zur Unterwerfung unter Gott führen würde. Sie glaubten sogar: „Auch die Schöpfung wird frei werden von der Knechtschaft der Vergänglichkeit zu der herrlichen Freiheit der Kinder Gottes" (Röm 8,21). Obwohl sie eine völlig unbedeutende Minderheit innerhalb eines mächtigen heidnischen Imperiums darstellten, wagten sie auszurufen, daß Gott durch den Kreuzestod dieses jüdischen Zimmermanns alle Dinge im Himmel und auf Erden zur Aussöhnung bringen würde (Kol 1,15-20). Sie wagten auf diese kosmische Vollendung des Reiches, das Jesus angekündigt hatte, zu hoffen. Das Leben, der Tod und die Auferstehung Jesu waren in der Verbindung mit Pfingsten der solide, sichtbare Beweis dafür, daß die messianische Herrschaft bereits begonnen hatte.

Der entscheidende Unterschied

Das Evangelium als Nachricht vom Reich Gottes zu definieren bedeutet sehr viel mehr als nur die Gute Nachricht von der Vergebung oder der persönlichen Erlösung.[42] Zwar sollten Menschen, die Jesus als den Weg, die Wahrheit und das Leben ansehen, darauf achten, daß sie diese zentrale Lehre nicht vernachlässigen! Aber daneben hilft das Verständnis der christlichen Botschaft als das *Evangelium vom Reich*

Gottes, einen umfassenden ganzheitlichen Rahmen zur Verfügung zu stellen, der über einseitige Teilperspektiven hinausgeht.

Die Herrschaft Jesu ist eindeutig eine ganzheitliche. Danken wir Gott dafür, daß sie Versöhnung mit Gott und persönliche, innere Heiligung durch die Kraft des Heiligen Geistes mit sich bringt. Aber sie fordert auch die sozialen Ordnungen heraus und verändert sie.[43] Das Reich Gottes berührt Seele und Leib, den einzelnen und die Gesellschaft. Wenn die Kirche die Gute Nachricht vom Reich Gottes angemessen weitergeben will, muß sie es durch Wort und Tat tun. Verkündigung, Wunder, barmherziges und gerechtes Handeln und ein Ausleben des Evangeliums als gewinnendes Beispiel für andere gehören dazu.

Die Gute Nachricht vom Reich Gottes schließt aus, daß die Blickrichtung der Gemeinde nur nach innen geht. Howard Snyder bringt es auf den Punkt: „Solche Christen machen sich oft Gedanken darüber, wie sie andere Menschen in die Kirche hereinbekommen können. Menschen, die vom Reich Gottes her denken, überlegen vielmehr, wie sie die Kirche in die Welt hineintragen können. Sie haben keine Sorge, daß die Welt die Kirche beeinflussen könnte, sondern arbeiten darauf hin, daß die Kirche die Welt verändert."[44]

Natürlich ist die Kirche wichtig. Sie ist sogar so wichtig, daß die neue, erlöste Gemeinde Jesu Teil der Guten Nachricht ist. Gott möchte, daß die Gemeinde heute schon ein kleines Abbild des kommenden Gottesreiches darstellt. Aus diesem Grund sollte sie, wie der erste Kreis um Jesus, eher eine beunruhigende Herausforderung an alle Art von Bösem sein als ein bequemer Club der Konformität mit der Welt. Die Kirche kennt das ehrfurchtgebietende Geheimnis des kosmischen Entwurfs Gottes, die ganze Schöpfung wieder heil zu machen. Deshalb gehen Christen in die Welt hinaus, um sowohl Menschen zum Glauben an Christus zu führen als auch in dieser zerbrochenen Welt Zeichen der kommenden Königsherrschaft aufzurichten. Sie vertrauen darauf, daß der Messias eines Tages wiederkommt und den Sieg über das Reich der Finsternis zur Vollendung bringt.

Nur wenige Aussagen haben die ganzheitliche, umfassende Bedeutung der Guten Nachricht Jesu vom Gottesreich so treffend wiedergegeben wie eine Erklärung vom ersten Lausanner Kongreß für Welt-Evangelisation. Und so möchte ich dieses Kapitel damit beschließen:

„Das Evangelium ist Gottes Gute Nachricht in Jesus Christus. Es ist die Gute Nachricht von der Herrschaft, die er ausgerufen und in seinem Leben selbst dargestellt hat. Es ist die Nachricht von Gottes Gebot der Liebe, die Welt durch das Kreuz Jesu Christi – und durch ihn allein – ganzheitlich wiederherzustellen. Es ist die Nachricht von seinem Sieg über die dämonischen Mächte der Zerstörung und über den Tod. Es ist die Nachricht von seiner Herrschaft über das ganze Universum. Es ist die Gute Botschaft von der neuen Schöpfung einer neuen Menschheit, einer neuen Geburt durch ihn, durch seinen lebenspendenden Geist. Es ist die Nachricht von den Gaben der messianischen Herrschaft, die in Jesus enthalten sind und durch seinen Heiligen Geist vermittelt werden. Es ist die Nachricht von einer charismatischen Gemeinschaft, die die Vollmacht hat, seine Herrschaft des Friedens hier und jetzt vor der gesamten Schöpfung darzustellen und damit seine Gute Botschaft bekannt und sichtbar werden zu lassen. Es ist die Gute Nachricht von der Befreiung, der Erneuerung, dem Heilsein und einer Erlösung, die persönliche, soziale, globale und kosmische Dimensionen hat. Jesus ist der Herr! Halleluja!"[45] (Übers. a. d. Engl.)

Teil III

Die Überwindung einseitiger Ansichten von Erlösung

Kapitel 5

Es geht um die Fülle des göttlichen Heils

Wenn Gott uns mit sich selbst ausgesöhnt hat, uns aber nicht untereinander zur Versöhnung bringen kann, dann ist die ganze Sache ein Schwindel.

Addie Banks

Unsere rassisch gemischte Gemeinde lag in einem sozial schwachen Innenstadtbereich. Im Herbst 1991 hatten Rassen- und andere Probleme die meisten Glieder der in Aufruhr geratenen Gemeinde an den Rand der Verzweiflung gebracht. Als letzten Ausweg luden einige Leute aus der Gemeindeleitung ein afroamerikanisches Ehepaar ein – Reverend Michael Banks und seine Ehefrau Addie. Wir baten sie, von Bronx zu uns zu kommen und ein paar Wochenendvorträge zum Thema Versöhnung zu halten.

Eines Abends erzählte uns Reverend Banks die Geschichte ihrer Bekehrung. Vor zwanzig Jahren war ihre Ehe der Selbstzerstörung nahe gewesen. *Er* trank damals ziemlich viel, um den Druck zu mindern, unter den seine Tätigkeit als Drogenberater in einem Armenviertel der Stadt ihn setzte. Er und Addie hatten sich gegenseitig so tief verletzt, daß es oft schien, als ob sie nur noch zusammenblieben, um sich gegenseitig kaputtzumachen.

Dann geschah es eines Tages, daß Addie Christus begegnete und ihn annahm. Ihr Ärger verschwand nicht augenblicklich, aber ihre Reaktionen hatten sich geändert. Das überraschte Michael zuerst, und er rätselte daran herum. Dann fühlte er sich davon angezogen. Von ihrem neuen Glauben fasziniert, öffnete er ebenfalls sein Leben für Christus. Doch Jesus brachte kein Patentrezept für ihre Ehe mit. Alte Wunden und Narben verstärkten alte Verhaltensmuster. Die Streitereien und Auseinandersetzungen gingen weiter, bis Michael endlich alle Hoffnung verlor, daß Gott ihre Ehe würde heilen können. Eines

Tages sagte er zu Addie: „Warum gehst du nicht deine Wege und ich die meinen?"

Addies unmittelbare Entgegnung lautete: „Wenn Gott uns mit ihm versöhnt hat, uns aber nicht miteinander zur Aussöhnung bringen kann, dann ist die ganze Sache ein Schwindel."

Ob Addies Antwort theologisch einwandfrei war, hängt davon ab, wie man Erlösung definiert. Das Wort *Erlösung* (Rettung, Heil, Befreiung) bedeutet sehr unterschiedliche Dinge für unterschiedliche Menschen in der Kirche von heute. Für einige individualistische Christen bedeutet Erlösung die Vergebung ihrer Sünden und die Hinfahrkarte zum Himmel. Sie sehen kaum einen Zusammenhang zwischen Erlösung und ihren zerbrochenen Ehen, Rassenvorurteilen oder wirtschaftlichen Ungerechtigkeiten. Für säkulare Christen bedeutet Erlösung nur, daß die Gesellschaft friedlicher und gerechter wird. Erlösung, verstanden als ewiges Leben nach dem Tod, ist für sie nicht mehr relevant oder glaubhaft. Zwischen diesen beiden Extremen liegt eine Vielfalt von mittleren Positionen.

Wenn das Evangelium nur oder weitgehend Rechtfertigung im juristischen Sinn ist, dann bedeutet Erlösung nur oder vor allem Gottes unverdiente Vergebung für Sünder.[1] Ob diese Menschen, denen von Gott vergeben wurde, nun ein anderes Leben führen als vorher, hat mit ihrer Erlösung nichts zu tun. Wenn das Evangelium nur diese Rechtfertigung umschließt, dann konnten Michael und Addie Christen werden und Erlösung erfahren, ohne daß sich an ihrer selbstzerstörerischen Bitterkeit und ihrem Ärger etwas änderte. Und wir sollten dann auch nicht erwarten, daß Schwarze und Weiße in unserer Innenstadtgemeinde ihr rassisch bedingtes Mißtrauen und den Haß überwinden, bloß weil sie jetzt an das Evangelium glauben.

Doch wenn das Evangelium die Gute Nachricht vom anbrechenden messianischen Reich ist, dann hatte Addie Banks recht. Wenn nach Mk 10,23-26 der Eintritt ins Reich Gottes und das Erleben der Erlösung austauschbar sind, dann ist Erlösung mehr (obwohl auch keinesfalls weniger) als reine unverdiente Vergebung der Sünde. Erlösung schließt die umfassende Umwandlung mit ein, die der Heilige Geist *im* Menschen und *zwischen* Menschen bewirkt. Erlösung betrifft dann auch die Ehe von neuen Christen wie Michael und Addie Banks. Und Erlösung schließt ebenso eine Gemeinde aus einem sozial schwachen inneren Stadtbereich an der Ecke 17. Straße/ Diamondstraße in Nordphiladelphia ein, wohin ich zum Gottesdienst gehe und wo Schwarze und Weiße einander lieben und respektieren. Sie haben dort Christus erlaubt, neue erlöste Menschen zu schaffen, die die Tragödie und die Unterdrückung des amerikanischen Rassismus überwinden. Im Kreis derer, die Jesus Christus bekennen, hat Erlösung personale und soziale, individualistische und gesellschaftliche Dimensionen.

Aber wie sieht es in der übrigen Gesellschaft aus? Wir sahen in Kapitel 2, daß diejenigen, die zum dritten Modell gehören (ökumenische Christen) erst dann von Erlösung sprechen würden, wenn in Philadelphia ein neuer Bürgermeister mehr Gerechtigkeit für Minoritäten durchsetzen oder wenn in Osteuropa die Demokratie eingeführt würde. Und was wird aus dem total verschmutzten Schuylkillfluß, dessen Fische ungenießbar geworden sind? Wird Gott die „seufzende Schöpfung" restaurieren (wenigstens bei der Wiederkunft Christi)? Und sollte man das dann auch Erlösung nennen?

Unsere Definition von Erlösung ist entscheidend wichtig für unser Verständnis der Beziehung zwischen Evangelisation und sozialem Anliegen. In diesem Kapitel werde ich deshalb kurz die biblische Sicht von Erlösung skizzieren. Bitte haben Sie noch ein wenig Geduld mit mir. Ich möchte nicht nur einen Teil von dem, was die Bibel dazu sagt, herauspicken. Ich möchte auf alles hören, was sie anbietet. Es wird wichtig sein, vor allem zwei Dinge zu klären: erstens, welches die biblischen Begriffe für Erlösung sind, und zweitens, was das Neue Testament unter dem rettenden Handeln Jesu versteht (der Sühne, der Aussöhnung).

Biblische Ausdrücke für Erlösung

Erlösung im Alten Testament.[2] *Yasha', yeshu'a,* und *yesha'* sind bei weitem die gebräuchlichsten Wörter, um im Alten Testament den Gedanken von Erlösung zu vermitteln (sie bilden ebenfalls die hebräische Wurzel des Namens *Jesus,* den Joseph auf Anweisung der Engel Marias Kind geben sollte: „Denn er wird sein Volk retten von ihren Sünden", Mt 1,21).

Zwei Dinge sind im alttestamentlichen Verständnis vor allem wichtig.

Erstens ist *Erlösung das Werk Gottes.* Gott wird überall als Urheber der Rettung oder Erlösung gesehen. Die Menschen werden von Gott gerettet (Hos 1,7), der allein in der Lage ist, „der Herde" zu helfen (Hes 34,22), denn es ist sonst keiner, der es tun könnte (Jes 43,12). Er allein verdient den erhabenen Titel „Gott, unser Heiland" (Ps 68,19; 88,1; 118,14). Demütiger, vertrauensvoller Glaube ist der Weg, um Gottes Heil zu empfangen.

Zweitens: *Erlösung geschieht in der Geschichte und hat eine soziale, eine wirtschaftliche und eine religiös-gemeinschaftliche Komponente.* Typisch heißt es in 2. Mose 14,30: „So errettete der Herr an jenem Tage Israel aus der Ägypter Hand." Michael Green gibt dazu folgenden Kommentar: „Es ist keine Übertreibung, wenn man sagt, daß die Befreiung aus Ägypten, dem Land bitterer Knechtschaft unter ständiger Lebensbedrohung durch die Hand der Aufseher, das ganze zukünftige Verständnis von Erlösung beim Volk Israel bestimmte."[3] Für Israel war Gottes wichtigster einzelner Akt der Erlösung ein konkretes historisches Ereignis, das das ganze Volk befreite.

Gerechtigkeit vor Gericht und Erlösung hängen eng miteinander zusammen. Im 72. Psalm bittet der Verfasser Gott, dem König von Israel seine göttliche Gerechtigkeit zuteil werden zu lassen: „Er soll den Elenden im Volk Recht schaffen und den Armen helfen und die Bedränger zermalmen" (V. 4). Der Gedanke der Erlösung als Rechtfertigung für die Armen und Unterdrückten zieht sich durch alle Stellen hindurch, die etwas mit der israelischen Gesetzgebung zu tun haben.[4]

Im Alten Testament ist Erlösung eindeutig sozial und ökonomisch gefärbt und schließt jeden Lebensbereich ein.[5] Gottes Erlösung bezieht sich dort auf materielles Wohlergehen und auf Gerechtigkeit für die Armen und Bedürftigen im Bereich des Gesetzes. Und außerdem geht es um den Fortbestand der historischen Existenz des Volkes Israel. Das Zentrum der erlösenden Aktivitäten Gottes im Alten Testament war das Hervorrufen einer befreiten Gemeinschaft, des Volkes Israel.

Gleichzeitig ist die vertikale Dimension der Erlösung ebenso wichtig und überall anzutreffen. Gott ist der Urheber der Erlösung. Er ergriff die Initiative, um die Befreiung zu bewirken, als es um den Auszug aus Ägypten ging. Der einzelne Mensch und das Volk Israel als Ganzes können sich der Erlösung nur erfreuen, sofern sie Jahwe vertrauen.

Das Alte Testament spricht allerdings selten, wenn überhaupt, davon, daß Gottes Erlösung in Erscheinung tritt, außer im Zusammenhang mit dem Bundesvolk, das sich auf Jahwe verläßt. Ganz gewiß ist Jahwe der Herr über alle Nationen. Und Gott wirkt dort ebenso wie in Israel, um seinen Willen durchzusetzen – einschließlich der Gerechtigkeit für die Armen (vgl. Dan 4,27). Aber das Alte Testament spricht nicht von Gottes Erlösung als einer Sache, die gegenwärtig schon da ist – abgesehen vom Bereich seines Bundes mit seinem erwählten Volk, wo er bewußt als Herr anerkannt wird.

Erlösung im Neuen Testament

Erlösung in den Evangelien

Drei Dinge sind in diesem Zusammenhang besonders wichtig. *Erstens verbindet Jesus Erlösung untrennbar mit dem Reich Gottes.* Als der reiche junge Mann ihn fragte, wie er das ewige Leben erben könne, fordert Jesus ihn auf, all seinen Besitz zu verkaufen, den Erlös den Armen zu geben und ihm nachzufolgen. Und als der junge Mann diese kostspielige Einladung traurig ablehnt, erklärt Jesus, daß es für einen Reichen nahezu unmöglich ist, ins Reich Gottes zu kommen. Daraufhin fragen die Jünger: „Wer kann dann selig werden?" (Mk 10,17-26). Erlösung empfangen und den Herrschaftsbereich Gottes betreten ist praktisch das gleiche.[6]

Zweitens ist Erlösung eine Sache der Gemeinschaft. Im Alten Testament stand im Mittelpunkt der Erlösung eine neue befreite (Volks-) Gemeinde. So rief auch Jesus eine neue Gemeinschaft von Jüngern ins Leben, die die Befreiung durch das Anbrechen des Reiches Gottes empfingen und dann begannen, nach diesen von Jesus verkündigten Maßstäben zu leben. Erlösung durch die Gottesherrschaft erfahren, die Jesus ankündigte, bedeutete eine totale Umwandlung von Wertmaßstäben, Handlungsweisen und Beziehungen. Manchmal lehnten die Menschen die Erlösung durch diese Gottesherrschaft ab – wie in dem Fall des jungen Mannes –, weil sie sich nicht von ihrem Reichtum trennen und ihn nicht den Armen überlassen wollten. Manchmal war es auch anders, wie im Fall des Zachäus, der seine Schuld bereute (unehrliche, öffentliche Bestechung und Ungerechtigkeit). Er bereinigte diese Dinge, indem er zu Unrecht erworbenes Geld zurückgab und viel von seinem Vermögen den

Armen schenkte. „Heute", so sagt Jesus, „ist diesem Hause Heil widerfahren" (Lk 19,9). Der Text spricht nicht ausdrücklich davon, daß Jesus dem korrupten Zachäus Vergebung zusagte. Doch der Zusammenhang macht es sehr klar, daß die ganze Aktion Jesu, indem er das Haus dieses stadtbekannten Gauners betrat, ein Akt der Vergebung und Akzeptanz war. Aber die Erlösung, die da sichtbar wurde, war nicht nur eine Sache der vertikalen Dimension, nämlich der Vergebung durch Gott. Natürlich gehört diese wichtige Komponente dazu. Doch in der Geschichte des Zachäus waren die erneuerten sozialen Beziehungen ein ebenso zentraler Punkt seiner Erlösung. Diese veränderten Beziehungen hatte die Gnade Gottes im Leben dieses reuigen Ausbeuters möglich gemacht. Die Erlösung, die das anbrechende Reich Jesu mitbringt, ist ebenso eine gemeinschaftsbezogene und soziale wie auch eine persönliche und individuelle Angelegenheit.

Drittens gehört auch das physische Heilwerden zur Erlösung. Wir sahen im Alten Testament, daß das Wort *Erlösung* auf ganzheitliches Heilsein oder auf *„Shalom"*, d. h. Frieden, in allen Bereichen des Lebens hinzielt. Das gleiche gilt für die Evangelien. Erlösung schließt dort die Vergebung der Sünden ein, aber auch noch anderes. Wie in den Evangelien von Erlösung gesprochen wird, so steckt dahinter weit mehr, als das, was wir normalerweise in den „geistlichen Bereich" einordnen.

In etwa einem Viertel aller Fälle, wo von den Synoptikern von Heilungen berichtet wird, die Jesus vollzog, wird das Wort erlösen, retten (sozo) gebraucht, um physische Heilungen zu beschreiben.[7] Der aussätzige Samariter wurde „gerettet" (Lk 17,19; im Engl. „saved", im Deutschen „ihm wurde geholfen"), ebenso der blinde Bartimäus (Mk 10,52) wie auch der Mann mit der verdorrten Hand (Mk 3,4f) und der von Dämonen besessene Mann (Lk 8,36). Das Wort „retten" wird ja auch benutzt, um z. B. die physische Rettung vor dem Tod durch Ertrinken zu beschreiben (Mt 8,25; Mt 14,30). Rettung schließt also auch die Heilung des Körpers ein, wenn die messianische Herrschaft in der Person Jesu Christi in die Geschichte einbricht.

Heißt das, daß wir nur genug Glauben haben müssen, um von allen Krankheiten frei zu sein? Ist Erlösung, Rettung nichts anderes als physisches oder emotionales Heilsein? Ist physische Heilung ebenso eine Frucht des Kreuzes und für Christen genauso zu haben wie die Vergebung der Sünden?[8] Nein. Paulus lehrt ganz unmißverständlich, daß der Tod der *letzte* Feind ist, der überwunden werden wird (1. Kor 15,26). Bis zur Wiederkunft Christi werden Gläubige und Ungläubige in gleicher Weise den Tod über sich ergehen lassen müssen und an Krankheiten leiden, die ihn herbeiführen. Immer wieder gibt es gehorsame, mit dem Geist Gottes erfüllte Christen, die Vergebung ihrer Sünden haben und auf dem Weg des ewigen Lebens gehen und die trotzdem an Armut und Hunger oder an Krebs sterben. Die Versöhnung mit Gott garantiert uns nicht die Gesundheit in diesem Leben.

Auf der anderen Seite zeigen die Texte, die wir gerade untersucht haben, daß Gott sich in seiner Souveränität manchmal dafür entscheidet, auch unseren Körper zu heilen. Es ist ein Zeichen der Gottesherrschaft, die schon begonnen hat, und ein Vorgeschmack der vollen Erlösung, die mit der Wiederkunft Jesu realisiert werden wird. Weil das Neue Testament den Begriff Erlösung manchmal auch in diesem Zusammenhang benutzt, sollten Christen von heute es ebenso halten. Es trägt dazu bei, den unbiblischen Leib-Seele-Dualismus zu überwinden, bei dem es Erlösung nur für die Seele, aber nicht für den Leib gibt.[9] Es unterstreicht die Tatsache, daß Gottes Heilsplan alle Zerstörung, die durch die Sünde entstanden ist, wieder aufheben will, nicht nur im inneren, nichtmateriellen Bereich des Menschen, sondern im Hinblick auf die gesamte Schöpfungsordnung.

Viertens steht natürlich auch die ungetrübte Beziehung zu Gott im Mittelpunkt der Erlösung. Wir würden die Evangelien grob verzerren, wenn wir ausschließlich oder vorrangig am horizontalen Aspekt der Erlösung hängenblieben. Der Kern dessen, was Rettung, Erlösung bedeutet, ist die bereinigte Gottesbeziehung, die durch Jesu Kreuzestod ermöglicht wurde und unsere Sünde beiseite schob. Der Menschensohn, als den Jesus sich selbst identifizierte, kam, um dafür zu leiden.[10] Jesus trug stellvertretend den Zorn Gottes über die Sünde. Sein Kreuz vereinigt Gottes Zorn und Gottes Gnade. Das ist die absolut zentrale Aussage der Evangelien zum Thema Erlösung.

Und das gilt auch für das ganze Leben des Christen. Wir werden alle schuldig – in unseren Ehen und in unseren Gemeinden. Wir können nicht überleben, ohne das wunderbare Wissen darum, daß Gott uns beständig liebt und uns immer wieder vergibt, wenn wir unsere Schuld bereuen.

Weiter oben habe ich auf die Schwierigkeiten in unserem sozial schwachen Innenstadtbezirk hingewiesen. Leider hat unsere Gemeinde – während ich in Soweto in Südafrika für dieses Buch die Korrektur las – die antirassistische Vision, der sie einmal folgte, wieder aufgegeben. Arbutus und ich sind nun ausgetreten. Ich bin sicher, daß Gott eine gemischtrassige Gemeinde der Gläubigen dort an der Ecke 17. Straße/Diamondstraße in Nordphiladelphia wünscht. Doch eine lange traurige Geschichte von Vorurteilen und Verletzungen scheint das im Augenblick unmöglich zu machen. Danken wir Gott, daß wir bei allem Versagen in unseren Bemühungen, die Herrschaft Gottes in unseren Gemeinden und unseren Familien auszuleben, uns an die herrliche Wahrheit der göttlichen Vergebung klammern dürfen.

Das Lukasevangelium bietet eine eindrückliche Gesamtschau der verschiedenen miteinander verwandten Aspekte von Heil, Rettung, Erlösung, über die wir gesprochen haben.[11] Lukas spricht von „Hilfe, Gesundung", um die Heilung eines heidnischen Offiziersburschen zu beschreiben (Lk 7,3), wenn es um die Vergebung für eine schuldig gewordene Frau geht (Lk 7,50), und wo er die Wiederherstellung eines besessenen Menschen schildert (Lk 8,36) oder die Wiederbelebung eines toten Mädchens (Lk 8,50). Bei Lukas ist das alles Sichtbarwerden von Erlösung. Er möchte uns damit das Verständnis öffnen für das, was Erlösung umschließt: neues Leben, ganzheitliches Heilsein, Vergebung und Gesundung. Auch physisches Heilwerden kann Erlösung genannt werden im Zusammenhang mit der Gegenwart Jesu Christi und dem Bekenntnis zu ihm. Doch die eindrucksvollen Taten Jesu waren nicht nur Taten des Mitleids. Sie waren auch Zeichen der Gegenwart des Gottesreiches, gerade in seiner Person. Erlösung ist die Antwort des glaubenden Herzens auf die Predigt Jesu (Lk 8,12). Und diese Predigt ist nichts anderes als die Proklamation einer Person: Jesus ist der Messias! Sie ist die Ankündigung seines hereinbrechenden Reiches.[12]

Erlösung bei Paulus und im übrigen Neuen Testament

Für Paulus bezieht sich Erlösung auf das vergangene, gegenwärtige und zukünftige befreiende Handeln Gottes in Christus.[13] Dazu gehört das Opfer am Kreuz, die Erfahrung der Rechtfertigung, Erneuerung und Heiligung, die Realität der neuen Gemeinschaft, die Jesus gründete, und die endliche Restaurierung des gesamten Kosmos in Christus. Wie in den Evangelien hat Erlösung dann auch bei Paulus einen individuellen und einen gesellschaftlichen, auf Gemeinschaft hinweisenden Aspekt, eine vertikale und eine horizontale Dimension. Und sie ist praktisch immer verbunden mit dem bewußten Bekenntnis zu Christus.[14]

Erlösung, soweit sie die Vergangenheit betrifft. Erlösung als vergangenes Geschehen hat ihren Brennpunkt vor allem in der erlösenden Tat Christi am Kreuz. Paulus benutzt drei verschiedene Schlüsselbegriffe:[15] Wir bekommen Anteil an der „soteria" (Erlösung), wenn wir das Evangelium hören, durch Glauben statt durch Werke gerechtfertigt (Röm 1,16f) und durchs Kreuz vom Zorn Gottes befreit werden (Röm 5,9). „Apolutrosis" (Befreiung, Freikauf) bedeutet in ähnlicher Weise die Vergebung der Sünden (Kol 1,13f; Röm 8,23), die uns aufgrund der Sühne durch Christi Blut am Kreuz zugesprochen wurde (Röm 3,24f). Und „katallage" (Aussöhnung), die, wie wir noch sehen werden, einen ganz starken horizontalen Aspekt hat, hat ebenfalls ihren Grund im Kreuz Christi, wo er für uns zur Sünde gemacht wurde, so daß wir mit Gott ausgesöhnt werden konnten (2. Kor 5,18-21).

Gegenwärtige Erlösung. Paulus erfaßt vieles von dem, was für ihn gegenwärtige Erlösung ist, mit dem Begriff „dikaiosune". Aber was meint dieses Wort? Hatte Michael Banks oder Addie Banks recht? Vergibt Gott uns, ohne uns zu verändern?

Augustin und der größte Teil der katholischen Tradition verstand „dikaiosune" als die unverfälschte Gerechtigkeit, die der Heilige Geist in Menschen schafft, wenn sie mehr und mehr nach dem Bild Christi gestaltet wurden.[16] Martin Luther andererseits sah „dikaiosune" mehr als Rechtfertigung, nämlich als den Akt Gottes, mit dem er dem Sünder seine Sünden vergibt. Und so spricht er ihn gerecht, und zwar „allein durch den Glauben", falls er auf das Verdienst Christi vertraut, das ihm zugerechnet wird durch das Kreuz.[17] Was meint Paulus?

Wenn man die diesbezüglichen Stellen in seinen Briefen sorgfältig liest, legt sich einem der Eindruck nahe, daß er beide Sichtweisen anwendet. Manchmal braucht Paulus den Ausdruck „dikaiosune" für das, was Luther die „juristische Rechtfertigung" nennt (vgl. Röm 4,5-8).

An anderen Stellen weist der Begriff mehr auf eine grundlegende Heiligung des Menschen hin (Röm 6,1-20).[18]

Das Wort Gerechtigkeit („dikaiosune") ist aber auch nicht auf die Vergebung und die Heiligung des einzelnen Menschen beschränkt. Röm 14,17 bezieht „dikaiosune" auf veränderte soziale Beziehungen in der erlösten Gemeinde der Glaubenden. In den Versen 13ff erklärt Paulus, daß keine Speise unrein an sich ist. Aber wenn eine Schwester oder ein Bruder sie als unrein ansieht, dann dürfen wir solche schwachen Menschen nicht zu Fall bringen, indem wir uns darüber hinwegsetzen. „Denn das Reich Gottes ist nicht Essen und Trinken, sondern Gerechtigkeit („dikaiosune") und Friede in dem heiligen Geist" (Röm 14,17). An dieser Stelle bedeuten Gerechtigkeit und Frieden das Heilsein der Beziehungen innerhalb der christlichen Gemeinde.[19] Ihre Glieder leben als Teilhaber an der angebrochenen Herrschaft Jesu und erfreuen sich so des Friedens, des Heilseins und einer echten sozialen Befreiung.

Eph 2,11 – 3,7 stellt ebenfalls in eindrücklicher Weise die Dimension der Erlösung dar, die sich auf die Gemeinde bezieht. Eph 2,11ff beschreibt die vertikale und horizontale Dimension von Erlösung durchs Kreuz. Hier versöhnte Gott Juden und Heiden mit sich und machte dadurch auch die horizontale Aussöhnung der beiden am meisten verfeindeten gesellschaftlichen Gruppen der antiken Welt möglich. Paulus unterstreicht zuerst, daß diese Versöhnung in zweifacher Richtung (mit Gott und mit den anderen glaubenden Menschen) in Christus den trennenden Zaun zwischen Juden und Heiden abgerissen hat (Eph 2,11-17). Dann erläutert er das „Mysterium" Christi, das ihm geoffenbart worden ist und das er predigt: „Nämlich daß die Heiden Miterben sind und mit zu seinem Leib gehören und Mitgenossen der Verheißung in Christus Jesus sind durch *das* Evangelium, dessen Diener ich geworden bin" (Eph 3,6f). Die Wirklichkeit einer neuen erlösten Gemeinde, in der zwei feindliche Volksgruppen jetzt tatsächlich im „Leib Christi" ausgesöhnt sind, ist Teil des Evangeliums und damit auch Teil der Erlösung, die Paulus verkündigte.

Für Paulus schließt Erlösung in der Gegenwart Vergebung, Heiligung und die neue erlöste Gemeinde ein.[20]

Die zukünftige Dimension der Erlösung. Doch bei Paulus hat die Erlösung auch einen starken Zukunftsaspekt: Gott, „der in euch angefangen hat das gute Werk, der wird's auch vollenden bis an den

Tag Christi" (Phil 1,6). Die Erlösung, die wir bereits erfahren haben, ist eine Anzahlung auf das vollständige Erbe, das bei der Wiederkunft Christi unser Eigen wird (Eph 1,13f). Dann werden auch unsere Körper Erlösung – Befreiung – erfahren (Röm 8,23).

Tatsächlich schließt die Befreiung, von der Paulus in Röm 8,23 schreibt, viel mehr ein als nur heile Menschen.[21] Sie umfaßt die ganze Schöpfung! Bei der Wiederkunft Christi, so sagt Paulus, wird Gott auch die gesamte physikalische Welt erneuern.

Kosmische Erlösung

Röm 8,18ff ist ein höchst erstaunlicher Text. In Vers 20 beginnt Paulus mit der Aussage, daß die ganze Schöpfung der „Vergänglichkeit" unterworfen ist. Vermutlich bezieht er sich auf 1. Mose 3, wo es heißt, daß die Sünde des Menschen auch Zerstörung und Böses in der Natur verursacht hat (V. 17+18). Doch er kannte auch die Hoffnung der Propheten. Diese glaubten, wie wir im dritten Kapitel sahen, daß schließlich auch die Natur erneuert werden würde (vgl. Jes 11,6-10).[22] Paulus bestätigt diese Hoffnung: „Denn das ängstliche Harren der Kreatur wartet darauf, daß die Kinder Gottes offenbar werden" (V. 19), und weiter „daß die ganze Schöpfung bis zu diesem Augenblick mit uns seufzt und sich ängstet" (V. 22). Paulus weiß jedoch: Wenn die Kinder Gottes „offenbar" werden – wenn Christus wiederkommt und wir die Auferstehung des Leibes erleben –, dann wird auch die ganze Schöpfung erneuert; „denn auch die Schöpfung wird frei werden von der Knechtschaft der Vergänglichkeit zu der herrlichen Freiheit der Kinder Gottes" (V. 21).[23]

Der evangelikale Theologe F. F. Bruce kommt zu dem Ergebnis: „Wenn man diese Worte ernst nimmt, dann will Paulus hiermit nicht die Vernichtung des gegenwärtigen materiellen Universums am Tag der Offenbarung zum Ausdruck bringen, damit ein vollständig neues Universum an dessen Stelle gesetzt wird, sondern er spricht von der Verwandlung des gegenwärtigen Universums, so daß es endlich dem Plan entspricht, nach dem Gott es geschaffen hat."[24]

Das erste Kapitel des Kolosserbriefes enthält einen ähnlich atemberaubenden Ausspruch über den kosmischen Charakter der Erlösung:

„Denn es hat Gott wohlgefallen, daß in ihm alle Fülle wohnen sollte und er durch ihn alles mit sich versöhnte, es sei auf Erden oder im Himmel, indem er Frieden machte durch sein Blut am Kreuz" (Kol 1,19f).[25]

Hier geht die Bedeutung von Erlösung klar über die Menschen hinaus zu allen Dingen, „es sei im Himmel oder auf Erden."[26]

Ebenso erstaunlich klingt es in der symbolischen Sprache der Offenbarung (Offb 21,22 – 22,2). Hier spricht das Wort Gottes davon, daß der Glanz aller menschlichen Kultur vom Bösen gereinigt und unter die Herrschaft des zukünftigen Gottesreiches gestellt wird: „Die *Könige auf Erden* werden ihre Herrlichkeit in sie bringen", d. h. ins neue Jerusalem (Offb 21,24), und „man wird die Pracht und den Reichtum der *Völker* in sie bringen" (V. 26).

Das Böse muß aus der menschlichen Kultur weggenommen werden, das ist klar. Das ist die Funktion der Lebensbäume, die auf beiden Seiten des kristallnen Stromes stehen, der vom Thron Gottes ausgeht: „Die Blätter der Bäume dienen zur Heilung der Völker" (V. 22,2).

Wir befinden uns noch im Ablauf der Geschichte und können von unserem Standort aus den Sinn dieser Worte nicht voll ermessen. Aber einen kleinen Einblick gewähren sie uns doch: Das Beste aller menschlichen Kultur wird, gereinigt von allem Bösen, im kommenden Königreich des Messias seinen Platz finden.[27] Das wird zur kosmischen Erlösung gehören, die bei der Wiederkunft Christi stattfindet.

An dieser Stelle tauchen sofort drei weitere Fragen auf. Heißt das, daß schließlich doch alle Menschen gerettet werden, wie der Universalismus lehrt? Gibt es da keinen radikalen Bruch zwischen Geschichte und kommendem Gottesreich? Und endlich: Bedeutet wachsende Demokratie und zunehmende wirtschaftliche Gerechtigkeit in Rußland, China oder den USA auch „Erlösung"?

Ich bin der Meinung, daß andere neutestamentliche Texte den Universalismus ausschließen. Paulus glaubte ganz sicher nicht, daß durchs Kreuz Christi jedermann automatisch mit Gott versöhnt wäre. Unmittelbar nach der Aussage, daß Gott in Christus die Welt mit sich selbst versöhnt hat, fügt er hinzu, daß wir die Botschafter Christi sind und in seinem Namen die Menschen bitten: „Laßt euch versöhnen mit Gott!" (2. Kor 5,19f).[28] Paulus geht davon aus, daß es ihnen nicht nur noch mitgeteilt werden muß, daß ihre Versöhnung vollzogen ist. Er lehrt vielmehr, daß sie alle gesündigt haben und unter Gottes Zorn stehen. Wie wir in Kapitel sieben noch sehen werden,[29] spricht Jesus mehr als jeder andere im Neuen Testament über die ewige Trennung von Gott. Von Gottes Plan einer kosmischen Erlösung zu reden, die dann alle Dinge umfaßt, heißt nicht, daß alle Menschen am Ende gerettet werden. Es heißt nur, daß alle Bereiche der Schöpfung – Menschen, Kulturen und selbst die Schöpfung außerhalb des Menschen – an Gottes endlicher Erlösung teilhaben.

Aber wie sind dann Stellen wie 2. Petr 3,10-13 zu verstehen, wo es heißt: „Dann werden die Himmel zergehen mit großem Krachen; die Elemente aber werden vor Hitze schmelzen, und die Erde und die Werke [...] werden ihr Urteil finden." Und was bedeutet Offb 21,1 „Der erste Himmel und die erste Erde sind vergangen"? Gibt es doch keine Kontinuität zwischen unserer heutigen Geschichte und dem kommenden Gottesreich? Gibt es keine Kontinuität zwischen sozialen Aktionen heute und dem ganzheitlichen Heilsein, das mit der Wiederkunft Christi in Erscheinung tritt?

John Courtney Murray erzählt eine Geschichte von einem frühchristlichen Einsiedler.[30] Gewissenhaft flocht dieser den ganzen Tag lang an einem Weidenkorb. Doch am nächsten Tag nahm er ihn genauso sorgfältig Rute um Rute wieder auseinander. Es war ihm völlig gleichgültig, daß er am Ende des zweiten Tages keinerlei Ergebnis seiner mühseligen Arbeit in Händen hielt. Das einzige, was für ihn zählte, war die Heiligung seiner Seele und daß er so für die Ewigkeit zubereitet würde. Der Korb an sich hatte überhaupt keine Bedeutung. Ist Geschichte und sind alle christlichen sozialen Aktionen nichts weiter als solch ein „Korbflechten"? Oder gibt es doch einen Zusammenhang zwischen dem Guten, das wir hier auf der Erde tun, und dem kommenden Gottesreich?

Die Bibel lehrt eindeutig nicht, daß wir durch hervorragende politische Aktionen immer bessere Gesellschaften hervorbringen können, bis wir schließlich bei „Utopia" ankommen. Ganz allein das mächtige Eingreifen Gottes bei der Wiederkunft Christi wird die kosmische Erlösung schaffen, die das neue Testament verspricht. Menschliches Bemühen ist nicht in der Lage, das kommende Gottesreich zu realisieren.

Doch solange wir nicht glauben, daß 2. Petr 3,10-13 und Offb 21,1 unvereinbar sind mit den anderen Texten, die wir untersucht haben, müssen wir sowohl Kontinuität als auch Diskontinuität als denkbar stehenlassen.[31] Und selbst diese beiden Stellen weisen in gewissem Sinn auf Kontinuität hin. 2. Petr verspricht einen neuen Himmel und eine neue *Erde*. Offb 21,1-5 sagt auch eine neue *Erde* und ein neues *Jerusalem* voraus, wo Gott bei uns wohnen und alle unsere Tränen abwischen wird. Weiterhin ist es das gleiche neue Jerusalem, von dem der Schreiber der Offenbarung später sagt, daß die Könige auf Erden die Pracht und den Reichtum der Nationen hineinbringen werden.

Der wiederauferstandene Leib des Jesus von Nazareth ist vermutlich der beste Schlüssel zum Verständnis von Kontinuität und Diskontinuität.[32] Es war der Zimmermann aus Galiläa, der am Ostermorgen körperlich aus dem Grab kam und dann seinen äußerst überraschten Jüngern erschien, um mit ihnen zu reden und zu essen. Aber sein Körper war ganz gewiß nun nicht mehr der Vergänglichkeit und dem Tod unterworfen. Und er war in der Lage, Dinge zu tun, die über unser Verständnis hinausgehen.

Aber gerade diese leibliche Auferstehung Jesu und die Tatsache, daß die Fleischwerdung sich darin fortsetzt, ist der Schlußstein einer kaum faßbaren biblischen Wahrheit: Die Schöpfung ist so gut, daß Gott sie von allem Bösen reinigen und sie dann zur Vollendung bringen will.[33]

Wir sollten nicht behaupten, im einzelnen die Geologie oder die Geographie dieser verwandelten Erde, auf die wir hoffen, zu kennen. Es ist genug, zu wissen, daß der Schöpfer, der ja auch der Erlöser und Retter ist, die ganze Schöpfung heil werden lassen will. Murray Harris, Professor für Neues Testament an der Trinity Evangelical Divinity School, faßt seine sorgfältige Analyse der Beziehung zwischen Auferstehung und Schöpfung so zusammen:

„Die Menschen sind eins mit der Schöpfung [...] Das Schicksal des einzelnen ist verknüpft mit dem Schicksal des ganzen geschaffenen Universums und kann nicht isoliert davon betrachtet werden, ohne das Zeugnis des Neuen Testaments ernsthaft zu untergraben. Die Befreiung der Schöpfung muß mit der unseren Hand in Hand gehen, weil – unser Einssein mit ihr vorausgesetzt – die Erlösung eines so kleinen Sektors der Schöpfung, wie es die Menschheit ist, einfach unannehmbar erscheint [...] Das ganze materielle Universum wird das Schicksal des Gottesvolkes teilen [...] Weil da diese unauflösliche Einheit zwischen Menschheit und Natur besteht – in der

Zukunft, wie in der Vergangenheit –, kann es keinen Dualismus zwischen Geist und Materie geben. Kein neutestamentlicher Schreiber hat die Erlösung von Seele oder Geist im Blick und vergißt darüber die sichtbare materielle Welt."[34]

In Jak 1,18 heißt eine kurze Wendung im Hinblick auf Menschen, die an Christus glauben: Sie sind „Erstlinge seiner Schöpfung". In Gottes kosmischem Plan zur Erlösung ist die ganze Schöpfung dazu bestimmt, heil zu werden.

Sollten wir also von Erlösung sprechen, wenn die Bewegung zum Schutz der Umwelt bessere ökologische Bedingungen schafft? Oder wenn die Demokratie oder wirtschaftliche Gerechtigkeit in China, Rußland oder in den USA sich weiter entfalten? Keineswegs. Nirgends benutzt das Neue Testament den Ausdruck Erlösung für etwas, das vor der Wiederkunft Jesu geschieht. Eine Ausnahme bildet da nur das bewußte Sich-zu-Jesus-Christus-Bekennen einzelner Menschen. Wenn Vietnam in gewisser Weise erlöst war, als der Krieg zu Ende ging, dann hätte man sonst ja auch annehmen können, daß das vietnamesische Volk in gewissem Sinn nun auch zur christlichen Kirche gehöre. Aber diese Sicht bewegt sich in Richtung Universalismus und verliert dabei die biblische Unterscheidung zwischen Kirche und Welt aus den Augen.

Wie ich im Anhang noch begründen werde, bezieht sich Erlösung auf das, was geschieht, wenn Menschen Christus annehmen und in seine neue erlöste Gemeinde eintreten. Sie bezieht sich aber auch auf jene kosmische Umwandlung, die sich bei der Wiederkunft Jesu vollziehen wird. Bis dahin sollten Christen hart darum ringen, ungerechte Strukturen in der großen Gesellschaft außerhalb der Kirche zu verändern. Wir sollten aber auch die besten Ergebnisse nur als „soziale Gerechtigkeit", nie jedoch als „Erlösung" bezeichnen.

Das heißt nicht, daß Erlösung eine rein individualistische Angelegenheit wäre. Sie vollzieht sich im persönlichen und im kollektiven Bereich. Sie hat eine individuelle und eine soziale Dimension in Jesu neuer Gemeinde von Gläubigen, wo alle Beziehungen nun durch die Kraft des Heiligen Geistes erlöst sind.

Sühneopfer, Erlösung und Mission

Ein kurzer Blick auf die Lehre vom Sühneopfer bestätigt das umfassende Verständnis, das wir entdeckt haben.

Im Neuen Testament gibt es nicht nur *einen* Begriff für das erlösende Werk Jesu. Wir sehen vielmehr verschiedene Wortgruppen und Bilder, aus denen Theologen dann drei Haupttheorien oder Modelle für das entwickelten, was unter Versöhnung zu verstehen ist: das moralische Verständnis, das stellvertretende Verständnis und das klassische Verständnis.[35]

Die moralische Sichtweise.[36] Bei dieser Theorie ist Jesus vor allem Lehrer und Vorbild, weil als menschliches Fundamentalproblem die Unwissenheit angesehen wird. Der Ort von Jesu Wirken ist Galiläa, wo er lehrt, und Golgatha, wo er Gottes Liebe am Kreuz offenbart. Der Schwerpunkt seines Tuns liegt auf der Erweiterung des menschlichen Wissens und Verstehens. Das wird erreicht durch Handlungen, die Gottes Liebe und seinen Willen lehren und Gestalt gewinnen lassen. Das Ergebnis ist die Erleuchtung der im Dunkeln tappenden Geister durch Jesu Worte und sein Beispiel, so daß die Menschen lernen, Gott und ihren Nächsten zu lieben.

Dieses Verständnis ist unzweifelhaft in Schlüsseltexten des Neuen Testaments verwurzelt.[37] Die Evangelien zeigen in hervorstechender Weise Jesus als Lehrer – in Galiläa und anderswo. Selbst am Kreuz macht er noch die Liebe und den Willen Gottes offenbar. „Daran haben wir die Liebe erkannt, daß er sein Leben für uns gelassen hat; und wir sollten auch das Leben für die Brüder lassen" (1. Joh 3,16). Diese Schau hat vor allem die ethischen Forderungen des christlichen Glaubens und die Bedeutung der Proklamation des Reiches Gottes im Blickfeld.

Für sich allein genommen, ist diese Theorie des Versöhnungsopfers Jesu jedoch nicht adäquat. Leider liegt das Böse in dieser Welt auf einer viel tieferen Ebene als auf der des bloßen Unwissens. Es wurzelt in radikal sich um sich selbst drehenden Menschen, die nicht nur besseres Wissen brauchen, sondern göttliche Vergebung und Kraft zur Veränderung. Das Böse wohnt überdies in dämonischen Mächten und in den sozialen Strukturen, die sie zu verzerren geholfen haben. Wir brauchen einen starken Retter, der die Mächte, die uns versklaven, überwinden kann.

Die Theologie der Stellvertretung.[38] Bei diesem Verständnis ist Jesus vor allem der Stellvertreter. Unser Hauptproblem ist demnach, daß wir als Sünder schuldig gesprochen sind und vor einem heiligen Gott stehen. Der Ort des rettenden Handelns ist Golgatha, und der Schwerpunkt liegt in der Aussöhnung von Gottes Liebe mit seiner Gerechtigkeit. Sie geschieht durch Jesus Christus, der unsere Schuld auf sich nimmt und Gottes Zorn und die verdiente Strafe abwendet. Das Ergebnis ist Vergebung, eine erneuerte Beziehung zu Gott und ewiges Leben statt ewiger Trennung von dem heiligen Gott.

Ein großer Teil biblischer Aussagen unterstützt diese Sicht der stellvertretenden Versöhnung. Paulus lehrt ausdrücklich, daß alle, die sündigen, unter dem Zorn Gottes und seinem Verdammungsurteil stehen (Gal 3,10-13). – „Denn er hat den, der von keiner Sünde wußte, für uns zur Sünde gemacht, damit wir in ihm die Gerechtigkeit würden, die vor Gott gilt" (2. Kor 5,21). John Stott sagt sehr treffend, daß nicht alle christlichen Erklärungsversuche im Hinblick auf eine stellvertretende Versöhnung hilfreich sind. Aber: Gottes „Genugtuung durch eigene Stellvertretung" bildet das Herzstück neutestamentlichen Verständnisses von Versöhnung.[39] Die Tatsache, daß der eine, der da elend am mittleren Kreuz hing, die zweite Person der Trinität war, zeigt, daß Gott selbst unsern Platz am Kreuz einnahm, um seine Liebe mit seiner Heiligkeit auszusöhnen. Ohne dieses Verständnis des Kreuzes verharmlosen wir entweder die Sünde oder kommen zur Verzweiflung. Isoliert gesehen ist allerdings auch diese Theorie nicht adäquat. Das Verständnis der stellvertretenden Versöhnung ignoriert weithin, daß Christus Vorbild war und in Galiläa das Reich Gottes verkündigte. Auch sein Sieg über die Mächte des Bösen während seiner Lebzeiten und an Ostern gerät mehr oder weniger aus dem Blickfeld. Wenn man die Versöhnung einfach nur auf den Tod Jesu für unsere Sünden reduziert, gibt man etwas vom neutestamentlichen Verständnis des Evangeliums vom Reich Gottes auf und zertrennt die Verbindung zwischen Kreuz und Jüngerschaft. Das Ergebnis ist der Skandal, den bekennende Christen darstellen, deren Sexualverhalten und deren Geschäftspraktiken mitsamt ihrem politischen Verhalten sie nicht von Nichtchristen unterscheidet.

Doch das ist alles andere als biblisch. Wir haben gesehen, daß das Evangelium mehr ist (natürlich auch nicht weniger) als Rechtfertigung durch Glauben. Jesu Lehren und sein Ruf zur ernsthaften Jüngerschaft waren Teil seines Versöhnungswerkes.[40] „Wir mögen die richtigen Worte brauchen und Experten im Hinblick auf die Lehre von der Versöhnung sein, doch wenn wir nicht Anteil an seinem Leiden haben und so ‚seinem Tode gleichgestaltet werden' (Phil 3,10), lehnen wir das Kreuz ab."[41]

Die klassische Theorie. Bei diesem Verständnis von Aussöhnung (manchmal auch die Vision vom sieghaften Christus genannt) ist Jesus vor allem der Überwinder des Bösen, dessen Macht als das zentrale Problem angesehen wird, ob es sich nun in dämonischen Wesen, in korrupten sozialen Strukturen oder im Tod selbst zeigt. Gustav Aulens Buch „Christus Victor"[42] (Christus, der Sieger) vermittelt uns mit seinem Titel die am weitesten verbreitete Formulierung dieser Ansicht. Aulen behauptet, daß dies die in der frühen Christenheit vorherrschende Sicht war (daher die Bezeichnung „klassisch"). Sie entspricht auch den Vorstellungen der Befreiungstheologen heute. Der zentrale Ort der Aktivitäten Jesu Christi ist Galiläa, wo er Dämonen austrieb, und der Ostermorgen am Grab, wo er den Tod überwand. Hier liegt der Schwerpunkt nicht auf der Lossprechung von Schuld, sondern auf dem Besiegen der Mächte des Bösen. Christus tat das, indem er Dämonen austrieb, Kranke heilte, ungerechte gesellschaftliche Verhältnisse angriff und schließlich den Tod überwand.

Auch diese Theorie hat solide Wurzeln im Neuen Testament. 1. Joh 3,8 spricht sehr klar: „Dazu ist erschienen der Sohn Gottes, daß er die Werke des Teufels zerstöre." Im Hebräerbrief heißt es, daß der Sohn Fleisch wurde, „damit er durch seinen Tod die Macht nähme dem, der Gewalt über den Tod hatte, nämlich dem Teufel, und die erlöste, die durch Furcht vor dem Tod im ganzen Leben Knechte sein mußten" (Hebr 2,14f). Die Sicht des „Christus, der Sieger" geht über ein ausschließlich individualistisches Verständnis von Sünde und Rettung hinaus und weist auf die sozialen und kosmischen Aspekte der Erlösung hin. Und der Ort des Wirkens Jesu ist vor allem Galiläa und Jerusalem. Über allem aber stellt sie den Sieg Jesu am Ostermorgen heraus.

René Padilla unterstreicht die Bedeutung dieser Sichtweise:

„Die Kirche braucht heute dringend die Erfahrung, daß das Kreuz weit mehr ist als das kultische Symbol eines privatisierten Glaubens. Sie muß es als Gottes Sieg über die Mächte der

Finsternis erleben und deshalb als Basis der Herausforderung gegenüber allen entmenschlichenden Kräften, die das Leben in der modernen Welt zerstören, sei es Militarismus oder Konsumdenken, wirtschaftlicher Dirigismus oder Materialismus, Individualismus oder Hedonismus [Luststreben]."[43]

Doch bei Licht besehen, ist auch dieses Modell unzureichend. Es weist nämlich vor allem auf die bösen Mächte außerhalb des einzelnen Menschen hin, und so geschieht es leicht, daß Vertreter dieser Richtung die persönliche Seite von Sünde, Schuld und Verantwortlichkeit unterschätzen. Das ist ganz offensichtlich bei einigen Befreiungstheologen der Fall, wo Sünde sich vor allem in sozialen Strukturen äußert. Das Ergebnis besteht dann in utopischen Vorstellungen von der Schaffung eines neuen Menschen und einer neuen Gesellschaft – ohne die Erkenntnis, daß das radikal Böse im Menschen solche Träume von vornherein zum Scheitern verurteilt.

Ergänzen sich diese drei verschiedenen Vorstellungen von Versöhnung nun, oder widersprechen sie sich? Manche halten sie für unvereinbar. Doch ich sehe eigentlich keinen Grund, warum man *eine* biblische Perspektive ablehnen müßte, um eine *andere* zu bestätigen. Probleme bekommen wir nur, wenn wir eine einzige Sichtweise einseitig oder exklusiv betonen und hervorheben. Wir sollten uns vielmehr einmal näher ansehen, wie weit die drei Verstehensweisen einander ergänzen. Das wird leichter, wenn wir sie in den Zusammenhang der Theologie vom Reich Gottes bringen, den wir in den vorhergehenden Kapiteln darlegten.

Ein messianisches Modell von Versöhnung.[44] Dabei tritt Jesus abwechselnd als Lehrer, Sieger und Stellvertreter auf.

Als messianischer Verkündiger des Reiches Gottes lehrte er eine radikale Ethik. Er erschütterte die gesellschaftliche Situation seiner Zeit bis in die Tiefe. Von der Bergpredigt bis zum Tod am Kreuz lehrte und lebte er den Weg der Liebe, selbst gegenüber Feinden. Diese hohe Ethik zu leben ist allerdings nur möglich durch die Kraft des Heiligen Geistes – als Mensch, dem vergeben worden ist.

Als gewaltloser, messianischer Überwinder kämpfte Jesus mit Satan und allen Mächten des Bösen. Er überwand während seines öffentlichen Auftretens Krankheiten und Dämonen. Am Kreuz zerbrach er die Macht des Satans, und am Ostermorgen schließlich erhob er sich triumphierend selbst über den Tod. Danach versprach er zurückzukehren und seinen kosmischen Sieg zu vollenden – über alle Verwüstungen der guten Schöpfung durch Satan. Als seine Nachfolger sind wir in diesen Kampf gegen das Reich der Finsternis einbezogen. Dabei kennen wir seinen großen Plan und sind der Vergebung gewiß, wenn wir versagen.

Als Jesajas „leidender Gottesknecht" vergab Jesus den Menschen ihre Sünde und starb am Kreuz als ihr Stellvertreter. Einerlei wie schuldig und kaputt unser Leben ist, wie arm, wie eingeengt oder unterernährt wir sind – wir können unsere Sünde bereuen, göttliche Vergebung empfangen und in eine persönliche, lebendige Beziehung zu dem heiligen Schöpfer kommen. Gerade weil Jesus als Stellvertreter für unsere Sünden starb, können wir, selbst wenn wir Hungers sterben oder durch Unterdrückung oder kriegerische Ereignisse zugrunde gehen, die Freude einer versöhnten Beziehung zu dem allmächtigen Gott erleben und die Hoffnung auf ein ewiges Leben gewinnen. Als Kinder dieses Gottes, als Töchter und Söhne, denen vergeben wurde, empfangen wir die Kraft des Heiligen Geistes, um gemäß der Lehre Jesu zu leben und gegen alles Böse zu kämpfen, sei es persönlich, dämonisch oder struktureller Natur.

Und schließlich unterstreicht der messianische Ansatz für Versöhnung den gemeinschaftsbildenden Aspekt des Erlösungswerkes Jesu. Wie wir in den Kapiteln drei und vier sahen, *predigte* Jesus nicht nur das Evangelium vom Reich Gottes, sondern er begründete auch eine neue Gemeinschaft auf dem Boden dieser Herrschaft – eine Gemeinschaft, die aus Frauen und Männern, Prostituierten und königlichen Beamten, aus Steuereintreibern und angesehenen Leuten bestand. Vom Herausrufen Israels als eines erwählten Volkes, über den Kreis der Jünger, bis zur Gemeinschaft der frühen Kirche gehörte es zum Kern des göttlichen Erlösungsplanes, eine aus der Versöhnung lebende Gemeinde entstehen zu lassen.[45] Darum spricht Eph 3 davon, daß die neue ethnisch gemischte Kirche, daß die Gemeinde aus Juden und Heiden Bestandteil des Evangeliums ist. Darum heißt es in Tit 2,14 von Christus: „Der sich selbst für uns gegeben hat, damit er uns erlöste von aller Ungerechtigkeit und reinigte sich selbst ein Volk zum Eigentum."[46]

Das messianische Verständnis schließt die Einsichten der moralischen, der stellvertretenden und der klassischen Theorie von Versöhnung in sich. Das erlösende Werk Christi fand nicht nur am Kreuz statt, sondern auch bei seinem öffentlichen Auftreten in Galiläa und am Ostermorgen.[47] Unser Problem ist nicht nur unsere Schuld, sondern auch unser Unwissen und unsere Kraftlosigkeit. Wir brauchen einen erleuchteten Geist, Sieg über den Satan, neue Kraft, um das auszuleben, was wir erkannt haben, und geheilte Beziehungen zu unsern Nächsten – das alles brauchen wir ebenso wie göttliche Vergebung. Und in Jesus schenkt Gott es uns: Er vergibt uns, füllt uns mit der Kraft des Heiligen Geistes, besiegt den Satan und schafft neue Menschen. Jesus, unser Retter, ist gleichzeitig unser Lehrer und Vorbild, er ist der siegreiche Überwinder, der Stellvertreter, der uns vergibt und das Haupt einer neuen, erlösten Gemeinde. Halleluja! Welch einen Heiland haben wir!

Unsere Untersuchung des biblischen Begriffs von Erlösung und der Lehre von der Versöhnung hat gezeigt, daß Erlösung sowohl einen persönlichen als auch einen auf Gemeinschaft bezogenen Aspekt hat, einen individuellen und einen kollektiven.[48] Wir dürfen Erlösung nicht reduzieren auf verwandelte zwischenmenschliche Beziehungen zum Nächsten, weil gerade im Zentrum von Erlösung eine erneuerte Beziehung zu Gott steht. Christen sind Sünder, denen vergeben worden ist und die sich einer neuen Beziehung zu einem heiligen, lieben-den Gott erfreuen. Und wir dürfen Erlösung ebensowenig auf eine persönliche Beziehung zu Gott durch Rechtfertigung und Heiligung reduzieren, weil im Zentrum von Erlösung auch die neue Gemein-schaft der Glaubenden steht. Christen sind Glieder einer neuen, erlö-sten Gesellschaft, in der der Heilige Geist alle Beziehungen prägt, ob sie nun emotionaler, sozialer oder wirtschaftlicher Natur sind. Und wir dürfen auch unsere Hoffnung auf eine zukünftige Erlösung nicht reduzieren auf eine unsichtbare, nichtmaterielle Welt der Seelen, weil im Zentrum unserer Hoffnung Gottes Versprechen steht, alle Dinge neu werden zu lassen. Wir warten gespannt auf Gottes kosmische Erlösung. Wir werden mit neuen Leibern im „neuen Jerusalem" in der Herrlichkeit aller Völker und dem Glanz der Schöpfung schwelgen, die nun von den Ketten und der Korruption befreit sind, die unsere Sünde hineingebracht hat.

Wenn wir dieses umfassende biblische Bild von Erlösung verste-hen, können wir doch kaum anders, als uns mit leidenschaftlichem Engagement in die Arbeit des Evangelisierens *und* der sozialen Ak-tionen zu stürzen.

Kapitel 6

Bekehrung und ihre verwandelnde Kraft

In den heutigen Kirchen gibt es eine tragische Spaltung zwischen denen, die das Gewicht auf die Bekehrung legen, ihr Ziel dabei aber vergessen haben, und denen, die christliche soziale Aktionen betonen, aber die Notwendigkeit der Bekehrung vergessen haben.[1]

An einem Sonntag – während ich an diesem Buch schrieb – besuchte eine Gruppe junger Frauen vom „Teen Challenge" meine Gemeinde im sozialen Elendsviertel eines Innenstadtbereichs. Eine hübsche junge Frau erzählte eine bedrückende Geschichte von Inzest, körperlichem Mißbrauch und der schrecklichen Fessel von Drogenabhängigkeit. Regina fühlte sich völlig wertlos. Sie hatte tödliche Angst vor Gott, weil sie dachte, dieser würde sie auch nicht anders behandeln als alle Männer, denen sie begegnet war. Sie war ein absolutes Nichts. Nach einem elenden Leben mit acht Abtreibungen wollte sie jetzt nur noch sterben. Immer wieder unternahm sie Suizidversuche.

Dann begegnete sie Jesus. Sie hatte sich im „Teen Challenge" einem Drogenrehabilitationsprogramm unterzogen. In dieser vom Geist Gottes bestimmten Atmosphäre begann Gott, zu ihr zu reden. Er fügte nach und nach die Scherben ihres Lebens wieder zusammen, und nun fühlte sie sich plötzlich sauber – rein –, „unschuldiger als unmittelbar nach der Geburt".

Nachdem sie ihre Geschichte beendet hatte, sangen alle zusammen ein Lied, das von Veränderung und der neuen Würde sprach, die eine Umkehr mit sich bringt: „Nicht aufgrund dessen, was ich getan habe, sondern um dessentwillen, was ich bin. Ein König hat mich adoptiert."

Wenigstens einmal im Jahr bringt „Teen Challenge" eine Gruppe zu uns in die Gemeinde, damit sie berichten, was sie dort erlebten.

Wie meist bei den erschütternden Geschichten und der nun sichtbaren Freude über das verwandelte Leben kamen mir die Tränen.

Welch ein ehrfurchtgebietendes Geschenk ist eine Bekehrung. Natürlich wäre es naiv, zu glauben, daß Reginas Kämpfe mit einem Schlag beendet gewesen wären. Aber ihre Gottesbeziehung hatte ihr ein neues Gefühl von Würde, Wert und Hoffnung vermittelt. Auch ihre übrigen Beziehungen veränderten sich nach und nach.

Jim Wallis erzählt eine andere Geschichte. Er wuchs in einer frommen, evangelikalen Familie auf und nahm Christus schon in sehr jungen Jahren an. Aber sein Glaube und das Leben in dieser evangelikalen, gutsituierten Vorstadtgemeinde hatten keine erkennbare Beziehung zum Problem des Rassismus und der Notlage der schwarzen Amerikaner, die nur ein paar Meilen entfernt davon im Innenstadtgebiet von Detroit lebten. Als Teenager fühlte sich Jim zu diesen hingezogen und schloß Freundschaft mit schwarzen Jugendlichen, die er dort traf. Doch als er versuchte, seine Gemeinde für die Probleme dieser Leute und den Kampf gegen den Rassismus zu erwärmen, begegnete er kühlem Widerstand. „Möchtest du wirklich, daß deine Schwester einen von ihnen heiratet?" fragte man ihn. Die Verantwortlichen seiner Gemeinde sahen keinerlei Zusammenhang zwischen Bekehrung und sozialen Problemen wie Rassismus, wirtschaftlicher Unterdrückung und Militarismus.[2] Jim war so enttäuscht, daß er eine Zeitlang seinen Glauben an Christus verlor.

Für einen Teil der Christen von heute betrifft Bekehrung primär unsere vertikale Beziehung zu Gott. Sie bringt Vergebung der Sünden und die Gewißheit des ewigen Lebens mit sich. Für einen weitaus größeren Teil bedeutet sie eine einschneidende innere Veränderung des persönlichen Lebens. Gottes Gnade macht es möglich, vom Stehlen, vom Lügen und von sexueller Promiskuität zu lassen. Die persönlichen Maßstäbe und die familiären Beziehungen werden verwandelt. Jedoch hat Bekehrung – wie in der evangelikalen Gemeinde von Jim Wallis – wenig mit Fragen des Rassismus, wirtschaftlicher Unterdrückung, Umweltverschmutzung und mit Militarismus zu tun.

Im Gegensatz dazu gibt es viele Nichtchristen und einige säkularisierte Christen, die sich leidenschaftlich für Frieden und Gerechtigkeit in der Gesellschaft einsetzen, aber keinen Zusammenhang zwischen ihrem politischen Engagement und geistlicher Umkehr sehen. Wenn wir nur die sozialen Strukturen ändern und eine gute Erziehung fördern – so glauben sie –, können wir den neuen Menschen schaffen.

Ein sorgfältiger Blick auf das biblische Verständnis von Buße und Bekehrung zeigt, wie einseitig beide Sichtweisen sind. Im Neuen Testament schließt Bekehrung eine radikale Veränderung, eine vollständige Kehrtwendung ein. Christus annehmen bedeutet seine Herrschaft in allen Lebensbereichen anerkennen. Sie bedeutet, daß Jesus ebenso Herr über unsere politischen und wirtschaftlichen Belange ist wie über unseren Gottesdienstbesuch.

Das biblische Verständnis von Bekehrung zeigt mit unmißverständlicher Klarheit, wie naiv es ist anzunehmen, daß bloßes Wissen oder politische Veränderungen soziale Probleme lösen können. Soziale Ungerechtigkeit ist letztlich im menschlichen Egoismus und in der sündigen Auflehnung gegen den Schöpfer begründet. Wir alle brauchen Gottes umwandelnde Gnade, um das auszuleben, was Jesus lehrte. Ein biblisches Verständnis von Bekehrung ist entscheidend wichtig, wenn wir die komplexe Verknüpfung von Evangelisation und sozialer Aktion erfassen wollen.

Das biblische Verständnis von Bekehrung

Das Neue Testament benutzt drei Hauptwortgruppen, um über Buße und Bekehrung zu reden. „Epistrepho" bedeutet wörtlich „sich umwenden".[3] Hinter diesem griechischen Wort steht das hebräische „shub", das ungefähr 1050mal im Alten Testament erscheint. Genau wie „epistrepho" hat „shub" oft die einfache säkulare Bedeutung des physischen Sich-Umwendens. Aber in etwa 120 Fällen hat „shub" einen äußerst wichtigen theologischen Hintergrund. Es geht dabei um die Umkehr Israels von der sündigen Auflehnung gegen Jahwe hin zur totalen Unterwerfung unter Gottes Willen, wie er im Bund mit seinem Volk zum Ausdruck gekommen war.[4] Ähnlich hat „epistrepho" eine theologische Bedeutung und bezieht sich auf die Abkehr von den Wegen Satans hin zum Glauben an Christus und zur Unterwerfung unter ihn.[5]

„Metanoia" (häufig als Buße übersetzt) stellt einen zweiten wichtigen Wortstamm dar. Dieses griechische Wort bedeutet „Sinnesänderung".[6] Nach dem *Theological Dictionary of the New Testament* (Theologisches Wörterbuch zum NT) fordert Jesu Ruf zur *metanoia* eine „bedingungslose Hinwendung zu Gott" und eine „vorbehaltlose

Abkehr von allem, was gegen Gott ist".[7] „Es schließt die gesamte Lebensführung eines Menschen ein, der durch die göttliche Herrschaft beschlagnahmt ist".[8]

Der dritte (weniger gebräuchliche) Wortstamm heißt „metamelomai". Das meint: Seine Ansicht ändern oder etwas bedauern.[9]

Diese drei Wortstämme haben leicht unterschiedliche Bedeutungen. Doch für unsere Untersuchung können wir bei dem allgemeinen Sinn bleiben, auf den sie hinweisen. Sie alle beziehen sich auf eine radikale Veränderung der Gedanken und Handlungen (von der göttlichen Gnade herbeigeführt), die vor sich geht, wenn ein Mensch zum Glauben an Jesus kommt und ihn bedingungslos als Herrn anerkennt. Reue über begangene Sünden, die Erfahrung der Vergebung, Taufe und ein Leben in verbindlicher Nachfolge gehören alle zur biblischen Bekehrung.[10]

Der Ruf zur Buße und Umkehr steht sowohl bei Jesus als auch bei der Urgemeinde im Zentrum der Predigt. Markus verbindet Buße und Reich Gottes in seiner ersten Zusammenfassung der ganzen Botschaft Jesu: „Die Zeit ist erfüllt, und das Reich Gottes ist herbeigekommen. Tut Buße und glaubt an das Evangelium" (MK 1,15).[11] Jesus sagte, daß der Grund seines Kommens darin bestand, uns zur Buße zu rufen (Lk 5,32). Buße ist die einzig angemessene Antwort auf Jesu Verkündigung vom Reich Gottes. Im Bericht des Lukas vom großen Missionsbefehl gibt Jesus seinen Jüngern die Anweisung, in seinem Namen „Buße zur Vergebung der Sünden" zu predigen (Lk 24,47). Paulus predigte in Athen: „Gott [...] gebietet [...] den Menschen, daß alle an allen Enden Buße tun" (Apg 17,30). Den Korinthern sagt Paulus: „Die Traurigkeit nach Gottes Willen wirkt zur Seligkeit eine Reue, die niemanden reut" (2. Kor 7,10). Buße ist nach der Bibel ein wesentlicher Teil des Erlösungsprozesses.[12]

Biblische Buße und Bekehrung schließen eine radikale Umwandlung unserer Beziehungen zu Gott und zum Nächsten ein. Ganz gewiß gehört dazu echter Kummer wegen der Sünde gegen Gott. Wer wahrhaft Buße tut, erfreut sich dann der Aussöhnung in der Beziehung zu dem Heiligen.[13] Aber Buße schließt genauso gewiß – wie die Geschichte von Zachäus zeigt – eine radikale Veränderung im Verhältnis zum Nächsten ein. Für Zachäus, den ausbeuterischen Steuereintreiber, bedeutete Buße die Abkehr von seinen sozialen Verfehlungen, das Aufgeben ungerechter Bedrückung des Volkes. Erst dann verkündete Jesus, daß „diesem Haus Heil" widerfahren war (Lk 19,9).

Und so erklärte Paulus auch dem Agrippa, daß Bekehrung und „rechtschaffene Werke der Buße tun" zusammengehören (Apg 26,20).

Man kann es kaum besser sagen, als es René Padilla in seiner Ansprache im Plenum des Lausanner Kongresses getan hat: „Buße ist weit mehr als eine private Angelegenheit zwischen dem einzelnen und Gott. Es ist die vollständige Neuorientierung des Lebens in der Welt [...] als Antwort auf das Handeln Gottes in Christus Jesus."[14] (Übers. a. d. Engl.)

Wenn wir biblische Buße richtig verstehen und praktizieren, dann schaffen wir eine wichtige, untrennbare Verbindung zwischen Bekehrung und christlicher sozialer Verantwortung.[15] Biblische Buße schließt die Abkehr von aller Sünde ein – einschließlich sozialer Ungerechtigkeit.[16] Das bedeutet das Aufgeben rassistischen Verhaltens und der Vernachlässigung der Armen – all dessen, was die menschliche Gemeinschaft entstellt und zerstört. Die Tragödie so mancher modernen evangelistischen Bemühung liegt darin, daß man mit einer biblisch unzureichenden Sicht von Sünde gearbeitet hat, indem man nur ihre persönliche Seite betonte. Konsequenterweise hat man dadurch auch mit einem biblisch nicht adäquaten Verständnis von Buße und Bekehrung gearbeitet, bei dem es nur um die Abkehr von persönlicher Sünde und die Wiederherstellung einer vertikalen Gottesbeziehung ging.

Dieses einseitige, individualistische Verständnis von Buße trägt zu einem ebenso einseitigen, individualistischen Verständnis von Nachfolge bei, in der die Verknüpfung von Bekehrung und sozialer Gerechtigkeit übersehen wird.

Wenn Versöhnung mit Gott und Versöhnung mit dem Nächsten voneinander getrennt wird

Die ganzheitliche biblische Sicht von Buße und Bekehrung ist in der durchgängigen biblischen Lehre begründet, daß eine rechte Beziehung zu Gott untrennbar ist von einer guten Beziehung zum Nächsten. Das heißt nicht, daß beides identisch ist. Aber sie sind in einer solchen Weise unauflöslich miteinander verbunden, daß eine versöhnte Gottesbeziehung gleichzeitig einen gerechteren und liebevolleren Umgang mit den Schwestern und Brüdern in der Gemeinde und ebenfalls mit der großen Menschheitsfamilie einschließt. Am deutlichsten wird diese biblische Wahrheit in dem wiederholten Reden Jesu davon, daß Gott denen nicht vergibt, die sich weigern, anderen zu vergeben.

„Denn wenn ihr den Menschen ihre Verfehlungen vergebt, so wird euch euer himmlischer Vater auch vergeben. Wenn ihr aber den Menschen nicht vergebt, so wird euch euer Vater eure Verfehlungen auch nicht vergeben" (Mt 6,14f).

In diesem Gebet, das Jesus seinen Jüngern auf ihre Bitte hin ausdrücklich gab, sagte er, daß wir Gott bitten sollen: „Und vergib uns unsere Schuld, wie auch wir unseren Schuldigern vergeben haben (MT 6,12, NRSV). In dem erstaunlichen Gleichnis vom unbarmherzigen Beamten läßt der König voller Zorn den undankbaren Kerl ins Gefängnis werfen, weil er sich nicht an das Vorbild des gnädigen Königs gehalten hatte. Die Konsequenz, die Jesus daraus zog, gilt jedem, der Rechtfertigung ohne eigene Umkehr haben will: „So wird auch mein himmlischer Vater an euch tun, wenn ihr einander nicht von Herzen vergebt, ein jeder seinem Bruder" (Mt 18,35).[17]

Das Alte und das Neue Testament lehren eindeutig, daß Gott kennen und lieben untrennbar ist von der Fürsorge für andere, besonders für die Armen und Zertretenen.[18] In Jer 22,13f wird der tyrannische König Jojakim vom Propheten angeklagt, weil er sich unter Ausbeutung seiner Untergebenen einen prächtigen Palast bauen läßt. Dann spricht er von Jojakims Vater, dem guten König Josia, der sich der Armen und Bedürftigen annahm. „Er half den Elenden und Armen zum Recht, und es ging ihm gut. ‚Heißt dies nicht, mich recht erkennen?' spricht der Herr" (V. 16). Gott kennen ist untrennbar mit der gerechten Behandlung der Armen verbunden. In 1. Joh 3,17 finden wir fast die gleiche Aussage: „Wenn aber jemand dieser Welt Güter hat und sieht seinen Bruder darben und schließt sein Herz vor ihm zu, wie bleibt dann die Liebe Gottes in ihm?" Wenn wir behaupten, Gott zu lieben, unsern Nächsten aber übersehen oder verachten (nicht lieben), dann sind wir Lügner.

Selbst unsere Anbetung weckt nur Gottes Zorn, wenn wir dabei die Armen vernachlässigen oder es auf ihre Kosten tun. Als die Menschen in den Tagen des Amos mit liturgischen Bräuchen Gott zu gefallen suchten und gleichzeitig die Armen unterdrückten, ließ Gott ihnen sagen: „Ich bin euern Feiertagen gram und verachte sie und mag eure Versammlungen nicht riechen" (Am 5,21; s. auch Jes 1,10-15; 58,3-7). Jesus ging ebenso hart mit den Schriftgelehrten um: „Sie fressen die Häuser der Witwen und verrichten zum Schein lange Gebete" (Mk 12,40).

In Mt 25,31ff wird daraus der unausweichliche Schluß gezogen: Diejenigen, die es versäumen, die Hungrigen zu speisen und die Nackten zu kleiden, „werden hingehen [...] zur ewigen Strafe" (V. 46). Es ist unmöglich, eine ungestörte Gottesbeziehung zu haben, während man beständig am bedürftigen Nächsten vorbeigeht oder ihn unter Druck setzt.

Diese Texte lehren keine Werkgerechtigkeit. Wie wir in Kapitel 3 gesehen haben, macht Jesus es an anderen Stellen seiner Lehre sehr klar, daß das Reich Gottes eine Gabe ist. Wir können uns Gottes Vergebung nicht verdienen. In Lk 12,32 steht unmißverständlich: „Es hat eurem Vater wohlgefallen, euch das Reich zu *geben*." Doch schon der nächste Vers ist ein Gebot: „Verkauft, was ihr habt und gebt Almosen."

Paulus sagt das gleiche. Vergebung ist ein Geschenk Gottes, das im Glauben empfangen wird. Aber „wir sind sein Werk, geschaffen in Christus Jesus zu guten Werken" (Eph 2,10).[19]

Der Schöpfer hat uns als soziale Wesen geschaffen. Aus dem Grund lehnt Gott es ab, seine Gnade und Vergebung denen zu gewähren, die beständig die Gemeinschaft zerstören, indem sie ihre Schwestern und Brüder aus der großen Menschheitsfamilie vernachlässigen oder unterdrücken. J. Deotis Roberts hat recht, wenn er sagt, daß es keine Liebe zwischen Menschen und Gott gibt, die den Bruder nicht einschließt.[20]

Bei manchen Christen hat man den Eindruck, daß sie denken: Wenn nur die Christologie und die Lehre von der Versöhnung stimmt, dann ist alles andere zweitrangig. Ein solcher Standpunkt ist Häresie (Ketzerei). Douglas Webster sagt mit Recht:

„Früher habe ich manchmal gesagt, daß die übernatürliche Menschwerdung Jesu für moderne Männer und Frauen un- denkbar ist. Aber ist nicht verbindliche Nachfolge, die etwas kostet, für viele konservative Christen auch unannehmbar? Die Wendung, daß man um Christi willen sein Leben verlieren soll, ist für sie eine so symbolische und mystische Angelegenheit wie für liberale Christen die Jungfrauengeburt und das stellvertretende Opfer Jesu am Kreuz."[21]

Sechzehnmal nennt das Neue Testament Jesus den Retter – vierhundertzwanzigmal bezeichnet es ihn als Herrn.[22] Verbindlicher Gehorsam läßt sich von rettendem Glauben nicht trennen. Eine gute Beziehung zum Nächsten wächst nur aus einer geordneten Beziehung zum Schöpfer aller menschlichen Gemeinschaft. Unsere Lehre ist unbiblisch und unserm Leben fehlt der Gehorsam, wenn Buße und Bekehrung nicht zutiefst veränderte Beziehungen zum Nächsten, zu Geschäftspartnern, Angestellten, Vorgesetzten – kurz zu allen, mit denen wir es im täglichen Leben zu tun haben, einschließen.

Vernachlässigen wir diese Seite von Buße und Bekehrung, so ist das allerdings nur *eine* Art, wie wir uns in fundamentale Irrtümer verstricken können. Es ist ebenso möglich, daß man von Umkehr und einem neuen Lebensstil spricht, bei dem man Frieden und Gerechtigkeit anstrebt, und dabei die Gottesbeziehung vernachlässigt.[23] Auch das ist dann Häresie. Sünde ist zuerst und vor allem Schuld gegenüber dem heiligen Gott, wie es in Ps 51,6 so nachdrücklich heißt. Wir dürfen nicht vergessen, daß im Kern der Buße die schmerzliche Bitte um Vergebung und Aussöhnung mit dem allmächtigen Gott stehen muß.

Billige Gnade, überteuerte Gnade und Bekehrung

Ich werde niemals ein intensives nächtliches Streitgespräch mit Peter Wagner vergessen, dem bekannten Vertreter der Gemeindewachstumsbewegung. Es war 1977 in Atlanta. Peter war zu einer nationalen Konferenz gekommen, die sich mit der Aussöhnung der Rassengegensätze befassen wollte. Organisiert worden war das Treffen von evangelikalen sozialen Aktivisten, wie ich einer war. Peter Wagner war selbst an dieser Frage zutiefst interessiert, und außerdem wollte er unser Anliegen besser verstehen lernen. Niemanden überraschte es, daß wir sehr bald in eine heftige Diskussion über den ethischen Inhalt von Bekehrung gerieten. Wovon haben wir uns eigentlich bekehrt?

Viele warfen Donald McGavran, Peter Wagner und andern Vertretern der Gemeindewachstumsbewegung vor, daß sie billige Gnade verkünden. Sie sind, so sagt man, derart erfüllt vom Anliegen statistischen Wachstums, daß sie die verbindlichen Forderungen des Evangeliums abschwächen oder überhaupt übersehen, wenn nur die Mitgliederzahlen wachsen.[24] Außerdem, so sagt man, ist ihre Unterscheidung zwischen dem Ruf in die Nachfolge (Menschen zum erstenmal zum Glauben an Jesus zu führen) und dem Anstreben geistlicher Reife dieser Menschen (indem man Heiligung und ethisches Wachstum fördert) exegetisch und theologisch anfechtbar.

Im Gegenzug hat Peter Wagner sozialen Aktivisten wie mir vorgeworfen, daß wir „überteuerte Gnade" und „geistliche Ausbeutung" vertreten. Er sagte, daß wir das Evangelium manipulieren, um eine bestimmte politische Auffassung zu fördern, wenn wir Menschen, die neu zum Glauben finden, nahelegen, zuerst Militarismus oder Ungerechtigkeit in der Dritten Welt abzulehnen. Es sei unrecht, wenn soziale Aktivisten „die Buße als Vorspann für ihre besonderen Anliegen benutzen".[25]

Sie können sich vielleicht vorstellen, daß es in jener Nacht lebhaft und heftig hin und her ging. Ein Teil der Debatte drehte sich um die Bedeutung der Buße – meiner Erinnerung nach. Was muß einer, der zum Glauben findet, bereuen? Und wer definiert die Sünde, die er bekennen muß, oder wo ist dafür das Kriterium?

Peter betonte natürlich die Bedeutung der Nöte, die der Mensch selbst empfindet, als Ausgangspunkt, wenn dieser eine Beziehung zu Christus haben möchte. Jeder Mensch hat unterschiedliche notvolle Bedürfnisse, und der Verkündiger des Evangeliums muß dieses darbieten als Gute Nachricht, die den konkreten Zerbruch des Menschen heilt.

Ich stimmte dem zu, hatte aber eine andere Frage: „Was ist, wenn der Mensch gar kein Empfinden für die Sünde in einem weiten Gebiet hat, wozu sich die Bibel unmißverständlich äußert? Nehmen wir einmal an, daß ein Geschäftsmann, der mit stark repressiven Methoden arbeitet, sich schuldig fühlt wegen sexueller Affären im Büro. Wegen seiner ungerechten Praktiken, seiner rassistischen Vorurteile und dem Verhalten gegenüber seinen Arbeitnehmern empfindet er aber keine Schuld. Natürlich sollte ihm der Verkündiger des Evangeliums fröhlichen Herzens mitteilen, daß das Kommen Jesu Christi befreiende Vergebung für all seine sexuellen Verfehlungen bedeutet. „Aber" – darauf bestand ich – „der Evangelist muß ebenfalls deutlich machen, daß Gott Rassenvorurteile und ungerechte wirtschaftliche

Praktiken verabscheut. Deshalb bedeutet die Annahme Jesu Christi in diesem Fall auch das Bereuen der Sünden in gesellschaftlicher Hinsicht und die Unterwerfung des beruflichen Verhaltens unter die Herrschaft Christi."

Dem stimmte Peter nicht zu. Der Evangelist müsse bei den vom Menschen empfundenen Nöten bleiben und dem Heiligen Geist zutrauen, daß er das Gewissen des Betreffenden zu späterer Zeit sensibilisiert. „Heißt das nicht", so fragte ich, „daß man eher den schuldig gewordenen Menschen und eine verdorbene Gesellschaft definieren läßt, was Sünde ist, als die Bibel? Und ist es nicht ein grundlegendes Charakteristikum der Befreiungstheologie, das der Gesellschaft statt der Bibel zu überlassen?"

Ich kann mich nicht mehr an Peters Antwort erinnern, aber ich kann versichern, daß sie ziemlich heftig war. Vor und nach dieser freundschaftlichen, aber heftigen Debatte haben viele Theologen und Missiologen diese zentrale Frage erörtert. Inzwischen hat es dabei einen wirklichen Fortschritt und zunehmendes Verständnis gegeben.

Auf beiden Seiten herrscht nun Übereinstimmung an mindestens vier Punkten. Erstens glauben fast alle –, einschließlich der Vertreter der Gemeindewachstumsbewegung wie Peter Wagner und Donald McGavran – daß in die evangelistische Einladung ein wesentliches ethisches Element hineingehört. Es muß klar sein, daß der Glaube an Jesus Christus nicht nur bedeutet, von ihm die Vergebung seiner Sünden zu erwarten, sondern daß der Glaube auch die bedingungslose gehorsame Unterwerfung unter Christi Herrschaft einschließt.[26] Keiner, der neu zum Glauben kommt, versteht gleich alles, was zur gehorsamen Nachfolge gehört. Aber die Verkündigung des Evangeliums muß unmißverständlich klarmachen, daß Glaube Herrschaftswechsel heißt.

Zweitens sind wir uns alle einig, daß Bekehrung ein lebenslanger Prozeß ist. Keiner, der zu Jesus kommt, kann am Anfang wissen, welche ethischen Konsequenzen zur dauernden gehorsamen Nachfolge gehören. Darum muß unterschieden werden zwischen dem Anfang eines Weges mit Jesus und dem Ihm-ähnlich-Werden. Mit Christus zu leben heißt von Jahr zu Jahr besser lernen, was es bedeutet, in sein Bild umgestaltet zu werden „von einer Herrlichkeit zur anderen" (2. Kor 3,18).

Drittens: Die speziellen Nöte des einzelnen, den der Evangelist anspricht, sind wichtig. Es sollte darum ein ernstes Anliegen der

Verkündigung sein, das Evangelium als Gute Nachricht weiterzugeben, das den Frieden Gottes in den Bereich der besonderen Verletzungen dieses Menschen hineinbringt.

Viertens: Ein erheblich vertieftes Bewußtsein vom weit verbreiteten Einfluß westlicher Kultur hat die Wichtigkeit einer kontextorientierten Verkündigung deutlich werden lassen. Leslie Newbigin und viele andere haben zu Recht beklagt, daß Missionare aus der westlichen Welt manchmal ihre eigenen kulturellen Werte eher als Vorbedingung zur Taufe auferlegten als wesentliche Bestandteile biblischer Verkündigung.[27] Wir können die Tragödie der Männer nur bedauern, zu deren Kultur die Vielehe gehörte und die vor dem Empfang der Taufe gezwungen wurden, alle ihre Frauen mit Ausnahme der ersten fortzuschicken. (Die andern waren dann oft zur Armut und manchmal zur Prostitution verurteilt.)[28] Ein Evangelist, vor allem derjenige, der in anderen Kulturkreisen arbeitet, muß dem lebendigen Christus zutrauen, wie Newbigin sagt, daß er „durch die Heilige Schrift in einer solchen Weise unmittelbar zu den Neubekehrten redet, daß damit nicht nur eine Wiederholung der Worte des Missionars gegeben ist".[29] Es gibt keine allgemein anwendbare Liste von Sünden, deren Bereuen der Evangelist fordern muß, bevor er jemand zum rettenden Glauben an Christus einlädt.

In all dem oben Gesagten stimmen wir überein. Doch an einigen anderen wichtigen Punkten unterscheiden wir uns noch.

Erstens ist es exegetisch falsch und möglicherweise irreführend, den Ruf in die Nachfolge Jesu in Gegensatz zum geistlichen Wachsen, zum Vervollkommnen in ethischer Hinsicht zu bringen. Vertreter der Gemeindewachstumsbewegung haben ihre Einstellung an diesem Punkt mit Mt 28,19 begründet: „Darum gehet hin und machet zu Jüngern alle Völker: Taufet sie auf den Namen des Vaters und des Sohnes und des Heiligen Geistes, und lehret sie halten alles, was ich euch befohlen habe."[30] Ihre Begriffsbildung und Unterscheidung deckt sich nicht mit sorgfältiger Exegese.

Im Griechischen ist der Ausdruck: „Macht zu Jüngern" ein Imperativ. Die beiden Partizipien (taufend und lehrend) bezeichnen näher, was das „Zu-Jüngern-Machen" bedeutet. Die Menschen lehren, den Weisungen Christi zu gehorchen, gehört ebenso selbstverständlich zu dem „Zu-Jüngern-Machen" wie der erste Schritt des Sich-zu-Christus-Bekennens, wie die Taufe und der Eintritt in eine Gemeinde von Glaubenden.[31] Es gibt deshalb in diesem Text keine exegetische Basis dafür, den Ausdruck „Zu-Jüngern-Machen" nur für den ersten Bekehrungsschritt zu gebrauchen und vom ethischen Wachstum, der Heiligung, zu unterscheiden.

Noch schlimmer ist: Damit wird die entscheidende Wahrheit im Verständnis Jesu von „Jünger-Sein" nicht getroffen. Das *Theological Dictionary of the New Testament* (Theologisches Wörterbuch zum NT) sagt, daß das Wort „Jünger" (mathetes) immer die Existenz einer persönlichen Bindung impliziert, die das ganze Leben eines Menschen prägt, der sich „Jünger" nennt.[32] Der Kern der Lehre Jesu von der Nachfolge war, daß das „Jünger-Sein" totale, lebenslange, bedingungslose Unterwerfung unter ihn als Meister und Herrn bedeutete: „Will mir jemand nachfolgen, der verleugne sich selbst und nehme sein Kreuz auf sich und folge mir" (Mt 16,24). Jesus meint damit ein Leben des totalen Gehorsams, nicht eine Anfangsentscheidung.[33]

Das Wort „Zu-Jüngern-Machen" auf die allererste Annahme Christi zu beschränken bringt die Gefahr mit sich, das volle ethische Anliegen Jesu abzuschwächen oder ganz aus dem Auge zu verlieren.[34] Jeder Verkündiger des Evangeliums, der sich auf biblischem Boden bewegt, sollte vor allem daran interessiert sein, sich genau an die Weisungen Jesu zu halten – d. h. Menschen auf die Weise, die Jesus beschrieb, zu Jüngern zu machen. Das schließt ein, daß er die ethischen Maßstäbe Jesu vom Reich Gottes nachdrücklich vermittelt.[35] Die Unterscheidung zwischen erstem Bekehrungsschritt und einem lebenslangen Wachstum im ethischen Bewußtsein und im Gehorsam gegenüber dem Erkannten ist wichtig. Aber „Zu-Jüngern-Machen" und „Den-Weg-der-Heiligung-Gehen" sind die falschen Bezeichnungen für diese Unterscheidung.

Wir brauchen bestimmte Begriffe, um über den Unterschied zwischen der ersten Aufgabe, Menschen zum Glauben einzuladen, und dem lebenslangen Prozeß der Förderung wachsender Heiligung zu sprechen. Aber „Zu-Jüngern-Machen" und „vervollkommnen" sind irreführend. Es wäre besser, von der ersten Aufgabe, Nichtchristen mit dem Evangelium bekannt zu machen, zu reden und dann als zweite Aufgabe die Pflege der Glaubenden anzusehen, damit sie mehr und mehr in das Bild Christi hineingestaltet werden. Das Ergebnis des ersten Schrittes ist die Anfangsglaubensentscheidung in der Bekehrung, das Ergebnis der zweiten Bemühung ist wachsende Heiligung.

Ich empfinde noch ein anderes Problem. Vertreter der „Mega-Church"-Bewegung legen großen Wert darauf, „Menschen zu erreichen, wo sie sind", ohne sie mit problematischen ethischen Fragen zu belasten. Sie möchten, daß die Bedürfnisse des suchenden Menschen (sein Empfinden von den Dingen, die ihm Not machen) darüber entscheiden, was sie von Jesus erwarten. Sie sind glücklich, wenn Neubekehrte sich gut fühlen, weil Jesus „ihrer Not begegnet". Doch sie zögern, wenn es gilt, über das Schmerzliche zu reden, das eine Bekehrung auch mit sich bringen kann, über verborgene Sünden, die bekannt werden müssen, und über Nachfolge, die etwas kostet. Das könnte die Leute abstoßen und das Gemeindewachstum verlangsamen![36]

Wenn wir nicht an der zentralen Aussage göttlicher Offenbarung im Hinblick auf die Definition von Sünde festhalten – Sünde, die bei der Bekehrung bekannt werden muß –, verfallen wir in ethischen Relativismus und theologischen Liberalismus. Weiße Rassisten mögen niemals verstehen, daß Rassismus eine schreckliche Sünde ist, wenn lediglich ihre Bedürfnisse (die Dinge, die ihnen Not machen) definieren, was „Sünde" ist. Ein Geschäftsmann, der seine Leute ausbeutet, mag niemals anerkennen, daß gefühllose, ungerechte Behandlung der Arbeiter oder Angestellten Sünde ist, solange sein Empfinden darüber entscheidet. Der liberale Bürokrat wird vielleicht niemals verstehen, daß seine Arroganz seine Absichten bei Diensten in der Gemeinde Lügen straft. Nur dann, wenn wir die Heilige Schrift in der Frage, was Sünde ist, als maßgeblich ansehen, Sünde, die der Glaubende bereuen und von der er sich abwenden muß, können wir Liberalismus und billige Gnade vermeiden.

Ich übersehe keineswegs die Gefahr, die Verkündigung des Evangeliums als Vorspann für die eigenen politischen Ziele zu benutzen. Das muß natürlich vermieden werden. Und der knallharte Unternehmer, der offenkundige Rassist oder der liberale Bürokrat müssen auch nicht mit einemmal wissen, was alles zur Nachfolge Jesu gehört. Aber der Evangelist sollte ihnen von Anfang an reinen Wein darüber einschenken, daß Rassismus, wirtschaftliche Unterdrückung und Arroganz Sünden gegen den allmächtigen Gott sind. Sehen wir uns das Beispiel Jesu an. Der reiche junge Mann, der ihm zu Füßen fiel, dachte ernsthaft an Nachfolge (Mk 10,17ff). Jesus fragte ihn überhaupt nicht danach, *wo* er sich schuldig fühlte! Er erklärte einfach Gottes Wort – zuerst die Zehn Gebote und dann das nachdrückliche Prophetenwort über die Reichen, daß sie mit den Armen teilen sollten. Obwohl der Frager nichts in der Richtung erwähnt hatte, legte Jesus prompt den Finger auf die stärkste Bindung dieses speziellen Menschen: seinen materialistischen Götzen. Statt den Beitritt in den Kreis seiner Nachfolger zu erleichtern, erschwerte er ihn sogar noch.

Mit der Samaritanerin war Jesus freundlicher, aber er fragte sie doch auch ganz gezielt, und zwar nach ihrem Ehemann. Damit provozierte er bei ihr das Bekenntnis sexueller Sünde, obwohl sie eigentlich lieber über ethnische Differenzen gesprochen hätte (Joh 4,15-18). Und gerade, als das „Gemeindewachstum" begann, als die Menschen sich bei seiner Predigtreise durch Galiläa zu ihm drängten, gab er sich besondere Mühe, auf die Kosten der Nachfolge hinzuweisen.

> „Es ging aber eine große Menge mit ihm; und er wandte sich um und sprach zu ihnen: ‚Wenn jemand zu mir kommt und haßt nicht seinen Vater, Mutter, Frau, Kinder, Brüder, Schwestern und dazu sich selbst, der kann nicht mein Jünger sein. Und wer nicht sein Kreuz trägt und mir nachfolgt, der kann nicht mein Jünger sein. Doch wer ist unter euch, der einen Turm bauen will und setzt sich nicht zuvor hin und überschlägt die Kosten, ob er genug habe, um es auszuführen? [...] So auch jeder unter euch, der sich nicht lossagt von allem, was er hat, der kann nicht mein Jünger sein.'" (Lk 14,25-28, 33).

Der Pastor in den Elendsquartieren der Innenstadt muß einem jungen schwarzen Mann sagen, daß Nachfolge Jesu bedeutet, von jetzt an ein verantwortlicher Ehemann und Familienvater zu sein. Und der Pastor aus der wohlhabenden Vorstadtgemeinde muß den Anlageberatern seiner Gemeinde sagen, daß sie nicht solche Gesellschaften und Konzerne unterstützen dürfen, die die Armen unterdrücken und die Hilflosen ausbeuten.

In anderen Worten: Menschen dazu einladen, zu Jesus zu kommen, ohne ihnen offen zu sagen, was es kosten könnte, wird letztlich zu einer Kirche führen, die sich ethisch nicht mehr von der Welt unterscheidet. Oder, um es positiver auszudrücken: Den Menschen vor dem Schritt in die Nachfolge Jesu zu sagen, daß es große Bereiche des Lebens gibt, wo Nachfolge fundamentale Veränderungen verlangt, das wird eine Kirche entstehen lassen, die die Welt verändern könnte.

Das läßt die Frage nach der Kultur offen. Bis zu welchem Grad sollte ein Evangelist aus einem bestimmten kulturellen Bereich Änderungen unter Neubekehrten aus anderen Kulturen fordern? Das war schon immer eine heikle Frage für Missionare. Aber unsere multikulturelle Gesellschaft hat das Problem inzwischen in unsere eigenen Gemeinden hineingetragen. Es gibt da keine einfachen Regeln. Doch allgemein gesagt, brauchen wir eine Kombination aus dem Eingehen auf die Empfindungen und Bedürfnisse der einzelnen und der Beachtung der Heiligen Schrift. Wir müssen die Aufmerksamkeit der Angesprochenen auf solche Bibelstellen lenken, wo es um Sünden geht, die gerade für diese Neubekehrten von besonderer Wichtigkeit sind. Eine Missionarin, die in einem ihr fremden Kulturkreis arbeitet, weiß, daß ihr eigenes Verständnis der Bibel durch ihre eigene Kultur in einer Weise begrenzt ist, die sie selbst nicht durchschaut. Wir müssen dem Heiligen Geist zutrauen, daß er das Wort Gottes in dieser anderen Kultur auf offene Herzen treffen läßt. Kulturell gemischte Situationen erfordern besondere Vorsicht.

Innerhalb der eigenen Kultur ist die Gefahr des Mißverstehens bei der Betonung biblischer Ethik weniger groß. Doch auch da gibt es weitgehende Unterschiede in den Situationen.

Die Allgemeingültigkeit der Aussagen in den Predigten von Billy Graham ist für große und unterschiedliche Menschenmassen angemessen. Im Einzelgespräch mit einem alten Bekannten, der sich mit dem Thema Bekehrung beschäftigt, wäre sie unangebracht. Dabei liegt Billy Graham viel an dem Hinweis, daß die Bekehrung eine Abkehr von allen Sünden erforderlich macht.

In westlichen Ländern zumindest liegt die größere Gefahr heute in „billiger Gnade", nicht bei der zu teuren Gnade. Unsere Kirchen sind voll von Menschen, die irgendwie einmal eine Entscheidung für Christus getroffen haben oder auch in die Gemeinden eingetreten sind, ohne ein klares Verständnis von der Bedeutung dieses Schrittes oder von der Verpflichtung, ihr ganzes Leben Jesus als dem Herrn auszuliefern. Das Ergebnis ist eine materialistisch denkende, sexuell ungehorsame Gemeinde. Sie befindet sich so sehr im Einklang mit den in unserer Kultur herrschenden Wertmaßstäben von Hollywood und der Wall Street, daß man kaum einen Unterschied zwischen der Gemeinde und der übrigen Welt feststellen kann. Was wir in unserer Gesellschaft dringend brauchen, ist das schonungslose, überführende Wort Jesu an den jungen reichen Mann.

Die Macht der Bekehrung

Vinay und Colleen Samuel, die als Missionare in der Zweidrittelwelt arbeiten, gewähren uns einen Einblick in die umwandelnde Macht der Bekehrung.[37] Man nennt Vinay Samuel einen „Theologen der Menschenwürde". Vinays und Colleens Theologie und ihre missionarische Arbeit lassen auf fast unglaubliche Weise erkennen, wie der persönliche Glaube an Christus selbst die verachtetsten und am meisten unterdrückten Menschen Indiens verwandelt.

In diesem Land herrscht drückende Armut. Frauen leiden mehr als Männer. Die niedrigste Kaste leidet am meisten. Von ihrem hinduistischen Glauben gelehrt, daß Armut und Unterdrückung die Folge ihrer Sünden in einem früheren Leben sind, leiden diese Menschen, ohne sich dagegen zu wehren. Sie ertragen ihre Not in der Hoffnung, daß die Geduld, die sie in diesem Leben aufbringen, ihnen zu einer besseren Situation im nächsten Dasein verhilft.

Das sind die Menschen, denen das Ehepaar Vinay zu helfen und zu dienen versucht. In den ersten sieben Jahren nach Abschluß seines Studiums an der Universität in Cambridge war Vinay Pastor an der wohlhabenden, anglikanischen St. John's Kirche in Bangalore. Doch er und Colleen begannen sehr bald mit einer Arbeit in einem Slum mit dem Namen Lingarajapuram, am Rande der Stadt. 1983 zog Vinay mit seiner ganzen Familie in dieses Elendsviertel, um die wachsende Gemeinde als Pastor zu betreuen.

Ihr maßgeschneidertes Programm bietet mittellosen Frauen Arbeit an, die andernfalls zur Prostitution gezwungen wären. Ihre Schule vermittelt den ärmsten Kindern eine Erziehung. Ihre „Bridge Foundation" verschafft über hundert kleinen Geschäftsleuten Kredite und Management-Training. Alles, was sie tun, geschieht im Namen Jesu Christi und im Zusammenhang mit der christlichen Gemeinde. Daraus resultierten im letzten Jahrzehnt Hunderte von Bekehrungen. Gleichzeitig ergaben sich daraus aber auch wiederholte Anfragen an Colleen, für ein hohes politisches Amt zu kandidieren, einschließlich der Stelle des Bürgermeisters von Bangalore und der Mitgliedschaft im indischen Parlament (sie lehnte ab).

Als Vinay mich im letzten Jahr zu Hause besuchte, erfüllte ihn noch tiefe Freude über die mehr als fünfundzwanzig Menschen, die am Sonntag vorher nach vorn gekommen waren, um sich zu Christus zu bekennen. Während er mit den Augen die Menschen begleitet hatte, die diesen ersten Glaubensschritt taten, hatte er die Frau eines hohen indischen Beamten aus der Militärverwaltung neben einer Prostituierten knien sehen. Beide übergaben an diesem Morgen ihr Leben an Christus!

Den meisten von denen, die an diesem Morgen nach vorn gekommen waren, war durch ein zweijähriges Unterstützungsprogramm geholfen worden. Eine große Gruppe verarmter Leute, die aus ihren Elendsquartieren vertrieben worden waren, hatte daran teilgenommen. Der christliche Verein Divya Shanthi, den Vinay und Colleen gegründet hatten, half diesen Menschen, einen neuen Platz zu finden, an dem sie leben konnten. Lese- und Schreibklassen wurden eingerichtet und Kurse für Führungskräfte angeboten. Eine Anzahl von nichtchristlichen Führungskräften, die zu dieser Gruppe gehörten, wurden hier nun unter Gebet und Bibelstudium für ihren Beruf trainiert. Das war Hilfe im Namen Christi, bei der die Menschenwürde gewahrt wurde. Viele der Teilnehmer an diesem Führungstraining wurden Christen – einige an jenem Sonntagmorgen.

Vinays theologische Reflexionen über Menschenwürde sind geeignet, die Macht der Bekehrung deutlich zu machen. „Der Hindu aus der Gruppe der Ausgestoßenen (der Kastenlosen) weiß durch die Tradition, daß sein (oder ihr) Leben ein Gottesurteil ist. Die Sehnsucht nach der Würde eines von Gott Angenommenen kann aber nicht durch eine endlose Reihe von Wiedergeburten gestillt werden, sondern nur auf dem Weg einer Neugeburt durch Christus."[38] Samuel erklärt nachdrücklich, daß wirtschaftliche Entwicklung allein die Macht des Kastenwesens und das daraus resultierende Gefühl der Wertlosigkeit nicht brechen kann. Aber wenn Kastenlose Christus annehmen und dann zu seiner neuen Familie gehören, ändert sich alles. Jeder Mensch versteht sich dann als Sohn oder Tochter Gottes, nach seinem Bilde geschaffen und dazu berufen, Verwalter der Schöpfung Gottes zu sein. Dieser Gott steht gegen das Kastenwesen, gegen Unterdrückung und gegen Armut. Dieser Gott ruft die Unterdrückten selbst dazu auf, die Geschichte zu verändern. Wenn Frauen und Kastenlose durch den Glauben an Christus Vollmacht empfangen und – zusammen mit anderen „geachteten Leuten" – am Abendmahl teilnehmen, dann finden sie eine neue Würde und die Kraft zur Veränderung. Samuel glaubt, daß es gerade diese neue Würde und die verwandelnde Kraft Christi war, die am Anfang dieses Jahrhunderts die Massenbewegung der „Unberührbaren" zum Christentum hin auslöste. Sie konnten ihrem verachteten Status in der Hindugesell-schaft dadurch entgehen, daß sie Christen wurden, eine biblische Weltsicht annahmen und den Zugang in eine neue Gemeinschaft fanden, die sie mit Würde behandelte.[39]

Der anglikanische Missionar Stephen Neill denkt ähnlich darüber, wie der persönliche Glaube an Christus enorme Veränderungen unter den Indern der niedrigsten Kaste hervorgerufen hat:

> „Die Dinge ändern sich nicht, bis die Menschen zu glauben beginnen, daß sie sich ändern können. Die Christen, die einmal zu den Unberührbaren gehörten, hatten die Veränderung sicht-bar vor Augen, als sie und ihre Freunde mit dem Trinken aufhörten, als sie zu arbeiten anfingen und sich mehr um ihre Frauen und Kinder kümmerten, als sie erkannten, daß inner-halb der Grenzen eines ungerechten Systems große Verände-rungen möglich waren."[40]

Neill sagt nicht, daß der Ablauf überall in gleicher Weise erfolgen muß. Er weist aber darauf hin, daß die unmittelbare Verkündigung des Evangeliums zur Wiederentdeckung der menschlichen Würde führt. Diese bringt ihrerseits soziale und wirtschaftliche Veränderungen mit sich, die dann zu neuer Hoffnung und schließlich zu politischem Engagement führen.

Viele Leute, die über historische und kulturelle Zusammenhänge nachdenken, kommen zu dem gleichen Schluß. In einer Ansprache, die der lateinamerikanische Befreiungstheologe José Miguez Bonino 1991 in Atlanta hielt, sagte er, daß die verwandelnde Kraft der Bekehrung zu Christus vermutlich der wichtigste Beitrag sei, den die Evangelikalen zur wachsenden Demokratisierung in Lateinamerika leisten könnten:

> „Möglicherweise findet man die wichtigste Beziehung des Protestantismus zur Demokratie in Lateinamerika. Das ge-schieht durch die Verkündigung des Evangeliums, durch Ge-meindegründungen und den Dienst der Pastoren an der Basis. Der Ruf zur Umkehr fordert eine Entscheidung heraus, bei der arme Menschen (vielfach Entwurzelte und solche, die außer-halb der Grenzen von Gesetz und Ordnung leben) ihre Freiheit behaupten und die Richtung ihres Lebens selbst bestimmen.

Die Gemeinde, die ihnen fürsorglich gegenübersteht und sie anerkennt, vermittelt ihnen ein Gefühl von Wert und persönlicher Würde, was keine Erklärung der Menschenrechte fertigbringt. Aktive Mitgliedschaft in der Gemeinde öffnet die Möglichkeit der Beteiligung, eine Erfahrung von Selbstverwirklichung und demokratischer Entscheidungsfreiheit."[41]

Die afroamerikanischen Theologen J. Deotis Roberts und James Cone haben ähnliches über die Geschichte der afroamerikanischen Sklaven gesagt. „Der christliche Glaube gab dem schwarzen Mann das Empfinden, jemand zu sein, trotz der Umstände, die ihm das Gegenteil zu beweisen schienen."[42]

James Q. Wilson, Professor für Rechtswissenschaft an der Universität Harvard, behauptet, daß es eine Wechselbeziehung zwischen Perioden von Erweckungsbewegungen und dem Abnehmen von Kriminalität in Amerika gäbe. Er weist darauf hin, daß der wirtschaftliche und soziale Druck der schnellen Verstädterung, die sich in der Mitte des neunzehnten Jahrhunderts abspielte, normalerweise zu steigender Kriminalität hätte führen müssen. In Wirklichkeit fiel der Prozentsatz von dieser Zeit an bis etwa 1920. Doch während der wirtschaftlichen Blüte in den zwanziger Jahren stieg die Kriminalität wieder an. Seine Erklärung: Die weitverbreitete geistliche Erweckung, die in der Zeit vorher die Verbrechensrate hatte zurückgehen lassen, setzte sich in den zwanziger Jahren nicht fort.[43]

Selbst Meinungsumfragen auf Landesebene scheinen die verändernde Kraft eines tiefen, persönlichen Glaubens an Christus zu bestätigen. Eine Gallup-Umfrage fand heraus, daß Kirchenmitglieder im allgemeinen (37%) eher den Armen, Kranken und Alten beistehen als Nichtkirchenmitglieder (22%). Evangelikale Christen, die regelmäßig beten und in der Bibel lesen, sind eher bereit (42%), einen sozialen Dienst zu übernehmen als andere Christen (30%). Eine neuere Gallup-Umfrage stellte fest, daß Menschen, die geistlich verbindlich leben, doppelt soviel für Arme, Kranke und Alte tun als Menschen, die unverbindlich leben.[44] Bei einer großen Untersuchung, die unter den Gliedern der United Church of Christ angestellt wurde, waren die „frommen" (verbindlich orientierten) Glieder viel eher bereit, sich für Bürgerrechte usw. einzusetzen als andere.[45]

Die Bekehrung der einzelnen Menschen ist von zentraler Bedeutung für die christliche soziale Verantwortlichkeit. Weiter vorn habe ich die Geschichte meines Freundes James Dennis erzählt, der in meiner Gemeinde lebt und wirkt. Wegen eines schweren Verbrechens war er eines Tages ins Gefängnis gekommen. Es ist gefährlicher Unsinn, sich vorzustellen, daß in einem solchen Fall ein paar brillante politische Programme zu strukturellen Veränderungen die Probleme gelöst hätten. Dennis brauchte eine radikale Operation und eine Neuschöpfung im Kern seines Wesens. Er brauchte eine persönliche Begegnung mit dem lebendigen Gott in Jesus Christus und die erneuernde Kraft des Heiligen Geistes. Er brauchte jene echte biblische Bekehrung, die immer wieder weitreichende Veränderungen nicht nur im Leben einzelner, sondern in der ganzen Gesellschaft hervorgebracht hat.

Der Glaube an Christus ist jedoch keine Garantie dafür, daß wir großen Einfluß auf die Gesellschaft haben werden. Leider schwächen wir die verwandelnde Kraft einer echten Bekehrung oft ab – oder wir zerstören sie sogar –, indem wir auf die verschiedenste Art und Weise einseitig werden: Wir haben nur die vertikale (oder horizontale) Dimension im Auge. Wir vernachlässigen die soziale (oder persönliche) Seite der Sünde. Wir übersehen, daß die Liebe Gottes untrennbar ist von der Liebe zum Nächsten (aber nicht identisch mit ihr). Wir vernachlässigen Jesu Ruf zur bedingungslosen Auslieferung jedes einzelnen Lebensbereichs (nicht nur der privaten Sphäre) an seine Herrschaft. Wir versagen als Kirche darin, daß wir Jesu neue erlöste Gesellschaft darstellen sollen, in der wir die Verlorenen und Zerbrochenen annehmen und ihnen neuen Mut vermitteln, wenn sie bei uns Hilfe suchen.

Doch wenn eine Bekehrung sich wirklich auf biblischer Grundlage vollzieht, ist sie eine Realität, die wie Sprengstoff Personen, Familien und Völker verwandelt. Das kommt daher, weil sie verschiedene entscheidende Dinge *miteinander verbindet*. Das können alle bestätigen, die mit dieser göttlichen Gabe Erfahrungen machen.

Erstens bringt sie eine wiederhergestellte Beziehung zu dem Einen mit sich, der mich so geschaffen hat, daß mein Herz unruhig bleibt, bis daß es in ihm ruht.

Zweitens schafft sie eine wunderbare Freiheit von der lähmenden Macht von Scham und Schuld.

Drittens vermittelt sie eine neue übernatürliche Kraft von jenseits meines Ich, die mich in die Lage versetzt, mein egoistisches, destruktives Verhalten nach und nach abzulegen. Meine Verlorenheit ist so tief, daß ich mehr als ein paar gute Gedanken brauche. Ich brauche Hilfe.

Viertens schenkt sie ein starkes neues Gefühl für Würde und Wert. In der Bekehrung entdecke ich, daß der Schöpfer der Galaxien mich so sehr liebt, daß er bereit war, die Hölle einer römischen Kreuzigung über sich ergehen zu lassen – für mich. Und nun wünscht er sich eine lebendige, persönliche Beziehung zu mir, möchte in mir leben (Joh 14,23) und nennt mich Freund (Joh 15,15). Das vermittelt mir ein mächtiges neues Empfinden von Wert und Bedeutung.

Fünftens entdecke ich bei der Bekehrung, daß dieser liebende Erlöser auch ein Gott des Rechts ist. Ich erkenne, daß er Unterdrükkung, Ungerechtigkeit, Tyrannei, Rassismus und Umweltzerstörung verabscheut. Zu meiner Überraschung ruft mich dieser Gott, Verwalter seiner guten Schöpfung zu sein und mich mit ihm zu verbinden in dem Anliegen, bedrückende Strukturen und Systeme zu verändern, die seine Schöpfung entstellen und seine Menschen zertreten.

Und schließlich entdecke ich in der Bekehrung, daß der letzte Schrecken, der Tod selbst, nur einen Augenblick währen wird. In freudigem Erstaunen lerne ich – wie unzureichend ich die personale oder soziale Umwandlung jetzt auch erfahren mag –, daß ich dazu bestimmt bin, für immer in einer erlösten Welt in der Gegenwart des auferstandenen Herrn zu leben.

Teil IV

Geht hin – der biblische Missionsauftrag

Kapitel 7

Warum Verkündigung des Evangeliums?

Wehe mir, wenn ich das Evangelium nicht predigte!

1. Kor 9,16

Wenn ich auf die letzten drei Jahrzehnte meines Lebens zurückblicke, muß ich bekennen, daß ich mir wünschte, das Evangelium persönlich mehr weitergegeben zu haben. Ich wäre froh, wenn ich wenigstens einen Menschen im Jahr zu Jesus geführt hätte.

Das heißt nicht, daß ich der Meinung bin, meine zentrale Berufung verfehlt zu haben. Ich glaube, daß Gott mich dazu bestimmt hat, mich als evangelikaler Christ in sozialen Aktionen zu engagieren.

Nie werde ich ein Wochenende mit dem britischen Evangelisten David Watson vergessen, an dem dieser Ruf bestätigt wurde. Gegen Ende einer wunderschönen Woche mit David und seiner Frau Anne – es war im Jahr 1980 – sprach David mich persönlich an. Er glaubte, daß er dazu einen Auftrag vom Heiligen Geist hatte. Er sagte mir, daß Gott ihn dahin geführt hätte, jeden Tag um die Gabe einer geisterfüllten Evangeliumsverkündigung zu beten (und dieses Gebet hatte Gott beantwortet, indem er David dazu gebrauchte, Tausende von Menschen überall auf der Welt zu Christus zu führen). David hatte nun den Eindruck, daß er mich veranlassen sollte, in der gleichen Weise um die Gabe des geisterfüllten Einsatzes für Gerechtigkeit zu beten. Ich habe versucht, das zu tun. Und ich glaube, daß es meine besondere Berufung wurde, im Bereich biblisch orientierter sozialer Aktionen zu wirken.

Ich denke allerdings, daß bewußte Christen, die sich in sozialen Aktionen engagieren, außerdem nicht nur über die Wichtigkeit der Evangeliumsverkündigung reden, sondern ihr Anliegen auch in die Praxis umsetzen sollten. Ich möchte in den nächsten zwanzig Jahren die Gute Nachricht persönlich mehr weitergeben, als ich es in den letzten zwanzig getan habe.

Es war bei einer Konferenz des Weltkirchenrates. Anastasios von Androussa erzählte eine Geschichte, die mich in diesem Beschluß noch bestärkte. Bevor er als amtierender Erzbischof der Orthodoxen Kirche in Ostafrika eingesetzt wurde, führte ihn seine missionarische Arbeit in einen entfernten Winkel von West-Kenia. Eines Tages hatte er die traurige Aufgabe, ein hübsches zwölfjähriges Mädchen zu beerdigen, das an Malaria gestorben war.

In der Nacht trommelte der Regen auf die Bananenblätter und das Zinkdach des kleinen Schulhauses, wo der Erzbischof zu schlafen versuchte. Er quälte sich mit der Frage ab: „Was tue ich eigentlich hier?" Er dachte an Fragen der Erziehung und Ausbildung, der Zivilisation und der Entwicklung des Landes. Dann schien plötzlich ein Licht sein Inneres zu erhellen:

> „Was unsere Brüder und Schwestern in den abgelegenen Winkeln Afrikas und Asiens oder an der Peripherie unserer großen und reichen Städte ersehnen, wenn sie sich deprimiert und einsam fühlen, sind nicht billige Trostworte, ein bißchen materielle Hilfe oder was die reichen Länder ihnen an ‚zivilisatorischen Brocken' zukommen lassen. Sie sehnen sich, bewußt oder unbewußt, nach menschlicher Würde, nach Hoffnung über den Tod hinaus. Letztlich suchen sie nach dem lebendigen Christus, dem vollkommenen Gott-Menschen, dem Weg, der Wahrheit und dem Leben. Alle – welches Alter sie haben oder zu welcher Schicht sie auch gehören mögen, ob reich oder arm, unbekannt oder berühmt, ob sie Analphabeten oder Gebildete sind –, alle sehnen sich in der Tiefe ihres Herzens danach, die Auferstehung feiern zu können."[1]

Warum gibt es Menschen, die um die ganze Welt reisen, Krankheit und Tod nicht scheuen, Herzeleid und Kampf in Kauf nehmen, nur um das Evangelium denen zu bringen, die es noch nicht gehört haben? Warum machen sich Menschen auf den langen Weg aus den Vorstädten in die Slums der Innenstädte, um die uralte Geschichte weiterzusagen? Warum schieben gewöhnliche Christen die inneren Hemmungen und die Furcht beiseite und reden von ihrem Glauben bei den Nachbarn nebenan oder bei Kollegen im Büro?

Die Motive sind natürlich nicht immer rein und gut. Das hat einige dann auch nach dem Wert evangelistischer Bemühungen fragen lassen. Sie weisen dabei auf missionarische „Erfolge" hin, die nichts weiter sind als Versuche, die einheimischen Bevölkerungen auszubeuten und zu beherrschen. Sie meinen, es wäre besser, Hindus einfach nur zu ermutigen, bessere Hindus zu sein, und Animisten, bessere Animisten zu werden. Außerdem, so fragen manche, ist es nicht äußerst arrogant zu behaupten, der eigene Glaube sei besser als der anderer Leute?

Zu diesem Ergebnis kam allerdings weder Anastasios noch Paulus. In diesem Kapitel möchte ich die zentrale biblische Begründung für die Verkündigung des Evangeliums geben.

Gott liebt die Welt. Der wichtigste Grund für das Weitersagen der Guten Nachricht ist Gottes erstaunliche, überströmende Liebe zu einer verlorenen und heillosen Welt. Mission ist nicht zuerst unsere Angelegenheit. Sie ist Gottes Sache. Nur weil Gott die Welt so sehr liebte, folgen wir seinen Fußspuren und versuchen, diese Liebe weiterzugeben.

Karl Barth wurde auf einer Reise in die Vereinigten Staaten einmal gebeten, eine Zusammenfassung seiner gesamten Botschaft zu geben. Der große Theologe antwortete nicht mit einem komplizierten, halbheidnischen deutschen Satz, sondern sagte ganz schlicht: „Jesus loves me. This I know, for the Bible tells me so" (Jesus liebt mich. Das weiß ich, denn die Bibel sagt es mir). Die Aussage von Joh 3,16 ist ebenso eindeutig wie die einfachen Worte des Kinderliedes, das Barth zitierte: „Denn also hat Gott die Welt geliebt, daß er seinen eingeborenen Sohn gab, damit alle, die an ihn glauben, nicht verloren werden, sondern das ewige Leben haben. Denn Gott hat seinen Sohn nicht in die Welt gesandt, daß er die Welt richte, sondern daß die Welt durch ihn gerettet werde." (Joh 3,16f) Wir verkünden das Evangelium, um diese Botschaft von der Liebe Gottes weiterzusagen.

Durch die gesamte Heilige Schrift hindurch können wir erkennen, wie Gott sich nach uns sehnt, wie er sich leidenschaftlich darum müht, uns an sich zu ziehen (Jer 31,20f). Am Kreuz sehen wir nicht einen zornigen Gott, der ein menschliches Opfer zermalmt. Wir sehen vielmehr wie Gottvater leidet im Todeskampf seines einzigen Sohnes. „Gott aber erweist seine Liebe zu uns darin, daß Christus für uns gestorben ist, als wir noch Sünder waren" (Röm 5,8). Wenn wir die

Gute Nachricht weitergeben, schließen wir uns dem Liebesmühen des dreieinigen Gottes an, der nicht will, daß auch nur ein einziger Mensch verlorengeht (2. Petr 3,9).[2]

Wenn ein Mensch von dieser verwandelnden Liebe gesucht und gefunden wurde, wie könnte er es dann unterlassen, andere auf dieses Glück hinzuweisen?

Die Einzigartigkeit Christi. Anastasios weist auf eine zweite, extrem wichtige Begründung zur Verkündigung des Evangeliums hin: Jesus selbst ist der Grund. Christen glauben, daß der Zimmermann aus Nazareth mehr ist als ein großer ethischer Lehrer, mehr als ein radikaler Prophet der Gerechtigkeit. Er ist selbst das ewige Wort, der Herr des Universums, wahrer Gott und wahrer Mensch.

> „Nachdem Gott vorzeiten vielfach und auf vielerlei Weise geredet hat zu den Vätern durch die Propheten, hat er in diesen letzten Tagen zu uns geredet durch den Sohn, den er eingesetzt hat zum Erben über alles, durch den er auch die Welt gemacht hat. Er ist der Abglanz seiner Herrlichkeit und das Ebenbild seines Wesens und trägt alle Dinge mit seinem kräftigen Wort" (Hebr 1,1-3).

Der Wanderprediger von Nazareth ist es, von dem es heißt: „Es hat Gott wohlgefallen, daß in ihm alle Fülle wohnen sollte" (Kol 1,19). Der aus Galiläa stammende Fürsprecher der verachteten Frauen und Aussätzigen war das Ewige Wort, das am Anfang „bei Gott" war, „und Gott war das Wort" (Joh 1,1). Der angebliche Verbrecher, der da auf Golgatha sterbend am mittleren Kreuz hing, war der Eine, dem sich alle Knie einmal beugen werden, sei's im Himmel oder auf Erden (vgl. Phil 2, 5-11).

Es gibt heute viele Intellektuelle, viele Mitglieder christlicher Kirchen und selbst moderne Theologen oder Missionswissenschaftler, die das nicht mehr bekennen können.[3] Wenn Jesus nur einer der vielen weisen Lehrer ist, dann ist es auch weit weniger wichtig, ob man von ihm redet oder nicht.

Viele Jahrhunderte hindurch haben die Christen jedoch behauptet, daß Jesus von Nazareth sowohl wahrer Gott ist als auch wahrer Mensch und Prophet, der sich durchaus kritisch zur Situation der menschlichen Gesellschaft äußert. Wenn das Wahrheit ist und nicht nur eine tragische Täuschung, dann haben die Christen gar keine Wahl. In staunender Ehrfurcht und Freude müssen wir der ganzen Welt die Gute Nachricht bringen, daß der Schöpfer des Weltalls einst über die staubigen Pfade unseres kleinen Planeten wanderte, um uns Gottes Erlösung, sein Heil zu bringen.

Wenn man dieses zentrale Bekenntnis zu Christus nachvollziehen kann, an dem seine Nachfolger die Jahrhunderte hindurch festgehalten haben, wie könnte man dann davon schweigen?

Der einzige Weg zur Erlösung. Wie unpopulär das in einer Zeit des Relativismus auch ist, wie anstößig für säkulare soziale Aktivisten und Angehörige anderer Religionen – das Neue Testament lehrt ganz eindeutig, daß Jesus der letzte Versuch Gottes ist, sich den Menschen zu offenbaren, und daß er der einzige Weg zur Erlösung ist.[4] „Ich bin der Weg und die Wahrheit und das Leben", erklärt Jesus, „niemand kommt zum Vater denn durch mich" (Joh 14,6; vgl. 3,36). Zur Überraschung der religiösen Führerschaft in Jerusalem wagte Petrus unmittelbar nach der Kreuzigung Jesu zu verkünden, daß Erlösung nur durch den gekreuzigten und auferstandenen Nazarener zu haben sei: „In keinem anderen ist das Heil, auch ist kein anderer Name unter dem Himmel den Menschen gegeben, durch den wir sollen selig werden." (Apg 4,12).

Weil dieser Eine, der da Mensch geworden war, das ewige Wort war, konnte allein er Gott in angemessener Weise offenbar machen. „Niemand kennt den Vater als nur der Sohn und wem es der Sohn offenbaren will" (Mt 11,27). „Niemand hat Gott je gesehen; der Eingeborene, der Gott ist und in des Vaters Schoß ist, der hat ihn uns verkündigt" (Joh 1,18).

Weil uns Christen dieser kostbare Schatz der Offenbarung Gottes anvertraut ist, müssen wir die Botschaft weitersagen.[5] Wir können diese Wahrheit nicht für uns behalten.

Christus, der uns Gott offenbart wie niemand und nichts sonst, ist gleichzeitig auch der einzige Vermittler der Erlösung. „Denn es ist ein Gott und ein Mittler zwischen Gott und den Menschen, nämlich der Mensch Christus Jesus, der sich selbst gegeben hat für alle zur Erlösung" (1. Tim 2,5f; s. auch 1. Kor 8,5f).

Dieser einzigartige Offenbarer und Mittler ist nicht irgendein mystischer Begriff oder ein philosophisches Konzept. Aber er ist tatsächlich der Eine, der vor zweitausend Jahren im Leib eines äußerst überraschten jüdischen Mädchens menschliche Gestalt annahm. Und es ist eben dieser Eine, der herrschende Konventionen auf den Kopf stellte, der den Weg des Friedens lehrte und der an einem römischen Kreuz starb. Diese unverwechselbare historische Persönlichkeit ist der Eine, von dem wir bekennen: „Denn es hat Gott wohlgefallen, daß in ihm alle Fülle wohnen sollte und er durch ihn alles mit ihm versöhnte, es sei auf Erden oder im Himmel, indem er Frieden machte durch sein Blut am Kreuz" (Kol 1, 19f).

Jesus von Nazareth, das „Wort", das Gestalt angenommen hat, ist der einzige Weg zur Erlösung. Das ist von jeher die Aussage christlichen Glaubens. Im römisch-katholischen wie im evangelikalen Bereich bekennt man in gleicher Weise den gemeinsamen Glauben an die „absolute Einzigartigkeit Jesu Christi [...] des alleinigen Retters."[6]

Wenn du diese Wahrheit glaubst, die die allgemeine christliche Kirche jahrhundertelang bekannt hat, wie kannst du dann die Verkündigung des Evangeliums vernachlässigen?

Gehorsam seinem Befehl. Christen geben die Botschaft auch deshalb weiter, weil ihr Herr ihnen die Anweisung dazu gab.[7] Seine letzten Worte enthalten nach Matthäus einen nachdrücklichen missionarischen Auftrag.

> „Mir ist gegeben alle Gewalt im Himmel und auf Erden. Darum gehet hin und machet zu Jüngern alle Völker: Taufet sie auf den Namen des Vaters und des Sohnes und des Heiligen Geistes und lehret sie halten alles, was ich euch befohlen habe." (Mt 28,19-20; s. auch Lk 24,45-49; Joh 20,21-23; Apg 1,6-8).

Jesus begründet seinen Befehl mit seiner einzigartigen Autorität. Wenn er nur ein weiser Lehrer gewesen wäre oder ein brillanter Philosoph oder ein begabter sozialer Aktivist, könnten wir über den Sinn oder Unsinn seiner Aufforderung debattieren. Doch wenn wir glauben, daß er der Herr des Himmels und der Erde ist, dann können wir ihm nur fröhlichen Herzens gehorchen.

Paulus und die Urgemeinde taten genau das. Überall, wohin sie kamen, sprachen sie über das Evangelium.[8] Viele von ihnen mögen es so empfunden haben wie Paulus: „Wehe mir, wenn ich das Evangelium nicht predigte!" (1. Kor 9,16).

Allzu lange haben allzu viele Christen diesen Befehl ignoriert. Manche waren der Ansicht, daß die Anweisung nur für eine besondere Gruppe von Christen gelte. Andere glaubten, daß sich der Missionsbefehl nur auf die apostolische Zeit bezogen habe. Die meisten, die sich Christen nennen, füllen ihre Tage einfach mit anderen Dingen. Wir müssen uns wieder neu klarwerden über das, was William Carey, der große britische Pionier auf dem Missionsfeld, so gut verstanden hatte: Der evangelistische Auftrag ist ein göttlicher Imperativ.[9] Der auferstandene Herr erwartet es von uns – von uns allen –, die rettende Botschaft weiterzusagen.

Wenn wir wissen, wer er ist, wagen wir es dann, seine Anweisung zu überhören?

Nächstenliebe. Jesus Christus kennengelernt zu haben ist das Wunderbarste, was mir in meinem Leben geschehen ist. Die Lösung der Sinnfrage, ganzheitliches Heilsein, Hoffnung und Freude – das alles kam im Überfluß aus dieser lebendigen Beziehung zu Gott in Christus auf mich zu. Meine Erfahrung und das Versprechen Jesu geben mir die Gewißheit, daß ich nichts Besseres mit Menschen, die mir nahestehen, teilen könnte. Nichts, absolut nichts, gibt es, das auch nur annähernd soviel Freude und Segen ins Leben bringt wie dieses lebendige Wissen um meinen Herrn. Wenn ich meine Nachbarn liebe, drängt es mich dazu, ihnen vom größten Schatz, den ich habe, zu erzählen.

Der biblische Christus hat die Bedürfnisse des ganzen Menschen im Blick. Er bringt Sinn und Perspektive in ein Leben, wenn man entdeckt, wie sehr wir Menschen in Gottes atemberaubenden, kosmischen Plan hineinpassen. Wir sollen dabei mitwirken, wenn er die gesamte Schöpfungsordnung in Christus wiederherstellt. Christus bringt Vergebung und Befreiung von Schuld. Wir erfahren, daß Gott Sünder willkommen heißt und akzeptiert. Die einzige Voraussetzung ist, daß sie dem Mann am Kreuz vertrauen. Und dann bewirkt Christus eine ständig zunehmende persönliche Umwandlung der widerspenstigen und boshaften Persönlichkeiten, zu denen wir alle gehören. Er schafft eine liebende, befreite Gemeinschaft von glaubenden Schwestern und Brüdern, die nun ein gemeinsames neues Leben beginnen. Und in diesem Leben wird die soziale und wirtschaftliche Heillosigkeit der Welt überwunden. Christus bringt eine neue Kraft, neue Normen und eine neue Gemeinschaft, die bestrebt ist, Gerechtigkeit in die weltweite Gesellschaft hineinzutragen.[10] Christus bringt auch eine Antwort auf das schreckliche Fragezeichen am Ende unseres Lebens, den Tod selbst. Und Christus bringt eine wunderbare, kraftspendende Hoffnung, die uns aufrecht hält, wenn die soziale Gerechtigkeit schwindet und der natürliche Mensch versagt.

Ich möchte nicht übertreiben. Mein Glaube ist manchmal schwach, meine Heiligung erschreckend unvollkommen und die Gemeinde beschämend glaubenslos. Aber immer wieder, trotz allen Versagens, hat Christus Freude und überströmende Erfüllung ins Leben gebracht. Den einzig wahren Gott und Jesus, den er gesandt hat, kennen, bedeutet in Wahrheit ewiges Leben (Joh 17,3). Dieses reiche Leben beginnt in dem Augenblick, wo wir glauben. Und es hört niemals auf. Ich kann mir keine schönere Art zu leben vorstellen – jetzt und in alle Ewigkeit – als die ständige Beziehung zu diesem Freund, Erlöser und Herrn.

Kann man seinen Nächsten lieben und ihm diese große Freude vorenthalten?

Ohne Christus verloren. Ich würde gerne mit diesen *positiven* Gründen für die Verkündigung des Evangeliums das Thema abschließen. Doch das Neue Testament lehrt auch, daß Menschen ohne Christus verloren sind. Und Jesus selbst, der doch der Apostel der Liebe war, spricht mehr als irgend jemand sonst im Neuen Testament über die ewige Trennung von Gott. In unserer pluralistischen Welt sind das nicht gerade populäre Aussagen. Doch wir können sie nicht unter den Tisch fallen lassen, wenn die Heilige Schrift unser Lehrer und Jesus unser Herr ist.

Paulus erklärt sehr nachdrücklich, daß die gebildeten, religiösen Epheser vor ihrer Bekehrung nichts von Gott wußten und ohne Perspektive für die Zukunft lebten. „Denkt daran [...] daß ihr zu jener Zeit ohne Christus wart, ausgeschlossen vom Bürgerrecht Israels und Fremde außerhalb des Bundes der Verheißung; daher hattet ihr keine Hoffnung und wart ohne Gott in der Welt" (Eph 2,12). Als die Thessalonicher Christus akzeptierten, kehrten sie sich von den Götzen ab und wendeten sich zu dem wahren und lebendigen Gott. Das bedeutete ihre Rettung vor dem zukünftigen Zorn (1. Thess 1,9). Paulus versicherte den Christen in Kolossae: „Er [Gott] hat uns errettet von der Macht der Finsternis und hat uns versetzt in das Reich seines lieben Sohnes" (Kol 1,13).

Die Verlorenheit und Hoffnungslosigkeit ohne Christus bezieht sich auf jedes Gebiet des Lebens. Schuld- oder Schamgefühle belasten und erdrücken diejenigen, die nie von Gottes unvorstellbarer Gnade gehört haben. Frauen, Minderheiten und Arme werden oft unterdrückt. Die Wohlhabenden langweilen sich, und ihrem Leben fehlt es an Sinn und Perspektive. Wir alle rätseln am Geheimnis des Lebens herum und fragen uns, welchen Sinn die kurzen, vorüberhuschenden Tage unseres Daseins auf diesem Planet Erde haben. Sind sie nur ein bedeutungsloses Aufflackern in Milliarden von Jahren mit ihren Milliarden von sich ziellos drehenden Galaxien? Selbst ganz abgesehen von der Frage nach dem Zorn Gottes über die Sünde sind Menschen ohne Christus verloren.

Wenn ich aber weiß, daß diese Menschen verloren sind, wie kann ich es unterlassen, von der hoffnungsvollsten, zutiefst heilenden Wirklichkeit zu reden, der ich jemals begegnet bin?

Der Lohn der Sünde ist der Tod – ewiger Tod. Das ganze Neue Testament ist von einer immer wiederkehrenden Warnung durchzogen: Der heilige Schöpfer haßt die Sünde (jedoch nicht den Sünder). Es wird ein Tag des Gerichts kommen. Menschen, deren Sünden nicht vergeben wurden, werden Gottes schrecklichem Zorn gegenüberstehen.[11] „Denn wir müssen alle offenbar werden vor dem Richterstuhl Christi." Gerade weil Paulus das wußte und dem Herrn mit heiliger Furcht gegenüberstand, suchte er leidenschaftlich die Menschen zu bewegen, Christus anzunehmen (2. Kor 5,10f).

Die grundlegende Aussage von Röm 1-3 ist, daß alle Menschen Sünder sind und unter Gottes heiligem Verdammungsurteil stehen. „Denn Gottes Zorn wird vom Himmel her offenbart über alles gottlose Wesen und alle Ungerechtigkeit der Menschen" (Röm 1,18). Sowohl die Juden mit ihrer speziellen Offenbarung des Gesetzes als auch die Heiden, denen eine allgemeine Offenbarung in der Schöpfung zuteil geworden ist – beide haben nicht gemäß der Wahrheit gelebt, die ihnen gegeben war. „Sie sind allzumal Sünder und ermangeln des Ruhmes, den sie bei Gott haben sollten" (Röm 3,23; vgl. 3,10-18).

An vielen Stellen warnt das Neue Testament vor einem kommenden Gerichtstag. Und darum drängt Paulus auch die gebildeten und religiös interessierten Athener zur Umkehr auf dem von ihnen beschrittenen Weg: „Nun aber gebietet er [Gott] den Menschen, daß alle an allen Enden Buße tun. Denn er hat einen Tag festgesetzt, an dem er den Erdkreis richten will mit Gerechtigkeit durch einen Mann, den er dazu bestimmt hat" (Apg 17,30f); vgl. auch 2. Kor 5,10f). Jesus warnt in gleicher Weise: „Es kommt die Stunde, in der alle, die in den Gräbern sind, seine Stimme hören werden, und werden hervorgehen, die Gutes getan haben, zur Auferstehung des Lebens, die aber Böses getan haben, zur Auferstehung des Gerichts" (Joh 5,28f; vgl. Mt 16,27). Offb 20 malt ein erschreckendes Bild vom letzten Gericht vor dem Thron Gottes. Wessen Name nicht im Buch des Lebens gefunden wurde, konnte nicht in der Gegenwart des Gottes der Liebe bleiben (Offb 20,11-15).

Die Frage nach der ewigen Trennung von Gott ist zweifellos die schwierigste in der gesamten biblischen Lehre. Viele würden diese harte Wahrheit am liebsten ignorieren oder anderes interpretieren. Doch sie ist Bestandteil des göttlichen Wortes. Paulus warnt, daß Menschen, die an Sünde festhalten – sei es nun Ehebruch oder Habgier – „das Reich Gottes nicht erben werden" (Gal 5,21; 1. Kor 6,9f). Jesus redet nicht minder deutlich. Es ist im Gegenteil gerade Jesus, der Gestalt gewordene höchste Ausdruck der überströmenden Liebe Gottes zu den Sündern, der zu diesem schlimmen Thema das meiste sagt.

Im Gleichnis von den Schafen und den Böcken lehrt Jesus, daß jeder Mensch beim letzten Gericht vor ihm erscheinen muß. Die Gerechten erfreuen sich dann des ewigen Lebens in der Gegenwart Gottes, die anderen können nur voller Furcht auf die schrecklichen Worte warten: „Geht weg von mir, ihr Verfluchten, in das ewige Feuer, das bereitet ist dem Teufel und seinen Engeln!" (Mt 25,41). Als Jesus das Gleichnis vom Unkraut unter dem Weizen erzählte, sprach er ebenfalls vom Endgericht. Der Menschensohn (diesen Titel bevorzugte Jesus für sich selbst) wird alle, die jemand zur Sünde verführen oder selbst Böses tun, „in den Feuerofen werfen [lassen]; da wird Heulen und Zähneklappern sein" (Mt 13,41f; vgl. auch Mt 13,49f).

Es ist nicht ganz klar, was Jesus in Mk 3,28f meint mit Sünde, die nicht vergeben werden kann. Doch was es auch immer heißen soll – es schließt eindeutig die Möglichkeit einer ewigen Trennung von Gott ein. Die Realität eines solchen Für-immer-aus-der-Gegenwart-Gottes-verbannt-Sein ist so schrecklich, daß Jesus sagt, es sei besser, eine Hand oder einen Fuß abzuhacken, als in Ungehorsam und Sünde zu beharren. „Es ist besser für dich, daß du lahm oder verkrüppelt zum Leben eingehst, als daß du zwei Hände oder zwei Füße hast und wirst in das ewige Feuer geworfen" (Mt 18,8).[12]

Ein Maßstab biblischen Glaubens in unserer Zeit wird sein, ob wir es wagen, die Warnung im Hinblick auf das kommende Gericht und die Möglichkeit einer ewigen Trennung von Gott so deutlich auszusprechen, wie Jesus es tat. Natürlich sollte das nicht der dominierende Ton in unserer Verkündigung sein. Zuerst und zuletzt sollte dabei immer von Gottes erstaunlicher, überströmender Gnade die Rede sein – so wie es bei Jesus auch der Fall war. Doch wir sollten – seinem Beispiel gemäß – auch die Warnung nicht unterschlagen. Andernfalls gleichen wir dem Wächter aus dem Buch Hesekiel. Wenn er den Gottlosen nicht warnte, wollte Gott ihn verantwortlich machen für das Gericht, das über den sündigen Menschen ergehen würde (Hes 3,16-19).

Diese Bibelstellen lassen manche schwierigen Fragen aufkommen. Werden Sünder tatsächlich einem ewigen Feuer ausgesetzt sein? Hört Gottes Zorn nie auf? Äußert er sich in einer nie endenden Strafe? Und was wird aus den Milliarden von Menschen, die sterben, ohne je etwas von Jesus gehört zu haben?

Ich bezweifle, daß das wörtlich zu verstehen ist. C. S. Lewis meint, daß der Sinn des göttlichen Strafgerichts über Sünder darin liegt, daß Gott ihre freie Entscheidung der Auflehnung gegen die einzige Quelle der Güte und Liebe endgültig und für immer anerkennt. Damit haben sie selbst die Trennung von dem Einen gewählt, in dem allein sie Freude, Erfüllung und ewiges Leben haben könnten.[13] Offensichtlich geht die Interpretation von Lewis nur so weit. Das ist nicht unbedingt durch die Bibel so belegt. Aber er hat recht, wenn er betont, daß der Kern der biblischen Lehre vom ewigen Tod die ewige Trennung von der einzigen Quelle der Liebe und Güte im ganzen Universum bedeutet.

Hört das Gericht Gottes, seine Strafe, niemals auf? Auch gläubige Christen, die die volle Autorität der Heiligen Schrift anerkennen, sind sich darin nicht einig. Manche beantworten die Frage mit ja.[14] Andere sind nach sorgfältigem Studium der einschlägigen Stellen zu dem Ergebnis gekommen, daß diese Texte von einer völligen Vernichtung der Sünder sprechen, nicht aber von einer bewußten, ewigen Qual. John Stott, einer der Wortführer bei der Abfassung der Lausanner Verpflichtung, und der Evangelist Michael Green glauben, daß die

138

zweite Interpretation dem biblischen Text am ehesten gerecht wird.[15] Über diese Frage gab es im Mai 1989 beträchtliche Diskussionen anläßlich der „Consultation on Evangelical Affirmations". Das war damals eine von Carl Henry und Kenneth Kantzer zusammengerufene Versammlung, wo wichtige evangelikale Perspektiven festgelegt werden sollten. In der Schlußerklärung stimmten die Teilnehmer dafür, daß die Position von Stott und Green nicht ausgeschlossen werden sollte.[16]

Wie man diese Stellen auch auslegen mag, das Ergebnis ist etwas so Schreckliches, daß es uns alle auf die Knie treiben sollte, daß wir leidenschaftlich für diejenigen Fürbitte tun sollten, die sich von Christus abwenden. „Die werden Strafe erleiden, das ewige Verderben, vom Angesicht des Herrn her und von seiner herrlichen Macht (2. Thess 1,9). Was kann schrecklicher sein, als für alle Zeit aus der liebenden Gegenwart des lebendigen Gottes verbannt zu sein?

Sollte das das Schicksal all der Milliarden von Menschen heute und all die Jahrhunderte hindurch sein, die sterben oder gestorben sind, ohne die Botschaft von Christus gehört zu haben? Werden nur die Menschen gerettet, die sich bewußt in diesem Leben zu Christus bekennen? Auch hier sind bibelgläubige Christen unterschiedlicher Meinung.[17] Manche bejahen die Frage. Andere sind der Ansicht, man sollte die Möglichkeit nicht ausschließen, daß Christus vor oder nach dem Tod dieser Menschen sich denen offenbaren würde, die wahrhaft nach Gott suchten, auch wenn sie während ihres Erdenlebens nie etwas vom Evangelium gehört hätten. Wie weit läßt sich diese Position von der Bibel her belegen?

Einige Dinge sind meiner Ansicht nach unzweideutig klar. Der Universalismus (der Glaube, daß am Ende alle Menschen gerettet werden) hat die Bibel nicht für sich. Er widerspricht einfach den Aussagen, die wir gerade untersucht haben. Es gibt Menschen, die Christus ablehnen und in alle Ewigkeit von Gott getrennt bleiben. Und außerdem sind nicht alle Religionen mögliche Wege zur Erlösung. Jesus Christus, der Gott-Mensch, ist der einzige Weg zum Vater – alle, die gerettet sind, sind es durch ihn.

Ebenso klar und von großer Bedeutung ist die wunderbare Wahrheit, daß Gott die Rettung eines jeden Menschen leidenschaftlich wünscht. Der Herr ist geduldig „und will nicht, daß jemand verloren werde, sondern daß jedermann zur Buße finde" (2. Petr 3,9). Gott, unser Heiland, „will, daß allen Menschen geholfen werde und sie zur

Erkenntnis der Wahrheit kommen (1. Tim 2,4). Gott gleicht dem guten Hirten, der die neunundneunzig Schafe, die sich in Sicherheit befinden, verläßt und nach dem einen verlorenen sucht. „So ist's auch nicht der Wille bei eurem Vater im Himmel, daß auch nur eines von diesen Kleinen verloren werde" (Mt 18,14).

Doch was wird aus den Milliarden von Menschen, die nie etwas vom Evangelium gehört haben? Die Bibel gibt auf diese Frage keine ausdrückliche Antwort. Worüber sie klar spricht, ist, daß Gott die Menschen verantwortlich macht für das, was ihnen bewußt ist, nicht für Dinge, von denen sie nichts wissen. In Athen sagte Paulus im Hinblick auf die vielen Statuen griechischer Götter und Göttinnen, die er dort vorfand: „Gott hat über die Zeit der Unwissenheit hinweggesehen (Apg 17,29f; vgl. auch Apg 14,16f). Und als Paulus über die Zeit sprach, bevor Israel von Gott das Gesetz empfing, bestätigte er zwar die Gegenwart der Sünde, fügte aber hinzu: „Wo kein Gesetz ist, wird die Sünde nicht angerechnet" (Röm 5,13).

Weiter vorn im Brief redet Paulus ausführlich über die sündige Auflehnung des Menschen gegen Gott, deren sich sowohl Heiden wie Juden schuldig gemacht hatten. Dabei sagt er, daß die Schöpfung Gott in einem solchen Maß offenbart, daß es keine Entschuldigung gebe (Röm 1,18-20; Röm 2,12). Trotzdem werden die Menschen nur auf der Basis dessen gerichtet, was sie wissen: „Alle, die ohne Gesetz gesündigt haben, werden auch ohne Gesetz verlorengehen; und alle, die unter dem Gesetz gesündigt haben, werden durchs Gesetz verurteilt werden" (Röm 2,12). Doch dann gibt Paulus noch einen faszinierenden Kommentar ab. Obwohl die Heiden das Gesetz Israels nicht kennen, beweisen sie durch ihr Tun, „daß in ihr Herz geschrieben ist, was das Gesetz fordert, zumal ihr Gewissen es ihnen bezeugt, dazu auch die Gedanken, die einander anklagen oder auch entschuldigen" – am Tag des letzten Gerichts (Röm 2,15f). Haben also Menschen, die Gottes besondere Offenbarung in diesem Leben nicht erfahren haben, eine Entschuldigung im Hinblick auf ihr Tun aufgrund ihres Wissensstandes?

Auch im Johannesevangelium knüpft Jesus die Verantwortlichkeit an das Wissen um die Sünde.

> „Wenn ich nicht gekommen wäre und hätte es ihnen gesagt, so hätten sie keine Sünde; nun aber können sie nichts vorwenden, um ihre Sünde zu entschuldigen [...] Hätte ich nicht die Werke

getan unter ihnen, die kein anderer getan hat, so hätten sie keine Sünde" (Joh 15,22-24).

In einem früheren Gespräch über geistliche Blindheit fragen die Pharisäer Jesus ärgerlich, ob er sie auch für blind hielte. Jesus antwortet: „Wärt ihr blind, so hättet ihr keine Sünde; weil ihr aber sagt: Wir sind sehend, bleibt eure Sünde" (Joh 9,41).

Gott ist sowohl gerecht als auch barmherzig und heilig (Röm 2,6-10). Gott richtet uns aufgrund dessen, was wir wissen, nicht nach Maßstäben, die wir gar nicht kennen.

Manche ziehen folgenden Schluß: Weil 1. Gott will, daß alle Menschen gerettet werden, und 2. Gott die Menschen richtet aufgrund dessen, was sie wissen, und 3. Christus der einzige Weg zur Rettung ist, kann man daraus ableiten, daß manche Menschen auch nach dem Tod noch eine Möglichkeit haben, Christus zu begegnen und ihn im Glauben anzunehmen.[18] So sympathisch dieser Gedanke uns auch sein mag, eine klare biblische Basis für diese Lehre haben wir nicht.[19] Als Christ, der sein Denken der Autorität des Wortes Gottes unterstellen möchte, wage ich nicht, so zu lehren oder an einer solchen Gewißheit festzuhalten.

Gleichzeitig gibt es auch keine eindeutige biblische Aussage, die diese Möglichkeit ausschließt. Ich kenne keine Bibelstelle, die ausdrücklich besagt, daß Menschen, die das Evangelium nie gehört haben, keine Chance mehr hätten. Wenn Gott ihnen noch eine Begegnung mit Christus, dem einzigen Retter gewähren will, werde ich bestimmt keinen Einwand dagegen haben! Doch ich kann das nicht als Lehre weitergeben, weil ich keinen eindeutigen biblischen Anhaltspunkt dafür habe.

Was wir mit Sicherheit wissen, ist die Tatsache, daß Gott in diesem Leben allen Rettung und Erlösung anbietet, die an ihn glauben und auf ihrem Weg umkehren. „Jetzt ist der Tag des Heils" (2. Kor 6,2). So ist es also unsere Aufgabe, das Evangelium so unverzüglich wie möglich weiterzugeben an die, die noch nichts davon vernommen haben.

Am Ende muß ich bekennen, daß ich einfach nichts weiß über die, die sterben, ohne das Evangelium zu kennen. Ich weiß, daß Gott gerecht ist. Ich weiß, daß Gott das Heil für alle will. Und ich überlasse dies Geheimnis den Händen meines liebenden Retters, dessen Kreuz die tiefste Verknüpfung von Liebe und Gerechtigkeit darstellt.

Das mag nach einer ängstlichen Spitzfindigkeit aussehen.[20] Ich würde andrerseits sagen, daß es eher eine angemessene theologische Bescheidenheit zum Ausdruck bringt als Furcht. Immer und immer wieder hat es in der Kirchengeschichte Verwirrung gegeben und haben Spaltungen die Kirche bedroht, eben weil man über die eindeutige Lehre der Bibel hinausging. Die Bibel läßt manche interessanten und wichtigen Fragen unbeantwortet. Ein gründliches Nachdenken ist sicherlich berechtigt, aber wir dürfen nicht lehren, was die Bibel nicht klar zum Ausdruck bringt. Was uns aber in der Heiligen Schrift gesagt ist, reicht vollkommen aus, als glaubende Menschen heute in Treue unser Leben führen zu können. Darauf sollten wir uns konzentrieren, eindeutige Aufgaben und Lehren erfüllen und befolgen und bescheiden genug sein, dort in der Ungewißheit zu verharren, wo die Schrift keine klaren Aussagen macht. Das heißt, daß wir die Zukunft der Menschen, die, ohne das Evangelium zu kennen, sterben, in den Händen unseres Gottes belassen, der am Kreuz auf vollkommene Weise Gerechtigkeit und Gnade miteinander verbunden hat.

Eine solche Einstellung führt keinesfalls zu mangelndem Interesse an der Verkündigung des Evangeliums. Weil wir wissen, daß Sünder unter dem Zorn Gottes stehen, weil wir wissen, daß der Tag des Gerichts kommt, weil wir wissen, daß Gott den Menschen erlaubt, seine barmherzige Liebe abzuweisen und sich auf ewig von ihm zu trennen – weil die Bibel das alles klar und unmißverständlich lehrt, deshalb kehren wir immer wieder neu an die ehrfurchtgebietende Aufgabe zurück und bitten Menschen, Christus anzunehmen. Mit Paulus bekennen wir, daß wir alle vor dem Richterstuhl Christi erscheinen müssen, um den Lohn für unser Tun bei Lebzeiten zu empfangen, es sei gut oder böse. „Weil wir nun wissen, daß der Herr zu fürchten ist, suchen wir Menschen zu gewinnen" (2. Kor 5,10f).

Weil ich weiß, daß ich als Wächter zu denen gesandt bin, die sich in Gefahr befinden, wie könnte ich es wagen zu schweigen, statt mit Furcht und Zittern zu rufen: „Bitte, lieber Sohn, liebe Tochter, lieber Nachbar: Wende dich vom Weg des Todes ab, und kehre um zu unserm liebenden Erretter, der mit ausgestreckten Armen auf dich wartet!

Unsere eschatologische Hoffnung. Wir verkündigen das Evangelium, weil Gott durch Jesu Leben und Auferstehung einen Vorhang weggezogen und uns einen Blick in die Zukunft gewährt hat.[21] Wir wissen, daß es Gottes Absicht ist, daß sein Wille auf Erden wie im

Himmel geschieht. Er hat den entscheidenden Kampf mit dem Bösen am Kreuz ausgefochten. Die Auferstehung zeigt, daß das Königreich Christi schließlich im gesamten Universum die Herrschaft übernehmen wird. Die Reiche der Welt werden tatsächlich zu Reichen Christi werden (Offb 11,15). Dann, wenn Gottes Zeit gekommen ist, wenn Christus wiederkommt, wird die gesamte menschliche Zivilisation, auch die „seufzende Schöpfung", Gottes kosmische Erlösung erfahren.

Es klingt unglaublich, aber Gott benutzt unsere Bemühungen, das Evangelium weiterzusagen, um die Geschichte diesem Ziel entgegenzusteuern (Röm 10,14 und 21). Jesus hat es ausgesprochen, daß dieser herrliche, endgültige Sieg über das Böse nicht eher Wirklichkeit wird, bis das Evangelium vom Reich Gottes in der ganzen Welt verkündigt worden ist (Mt 24,14). Zutiefst beeindruckt vom Todeskampf dieser Welt, erfüllt von der Sehnsucht nach dem Tag, an dem Gott alle Tränen von unsern Augen abwischen wird, kehren wir an unsere Aufgabe zurück, die Gute Nachricht weiterzusagen. Das Vertrauen zu unserm Herrn erfüllt uns. Und doch können wir nur staunen darüber, daß wir durch unser unvollkommenes Wort dazu beitragen, die Welt dem kommenden Reich Gottes ein Stück näherzubringen.[22]

Wir kennen Gottes großartigen Plan. Wie könnten wir es unterlassen, andere Menschen einzuladen, an diesem Glanz teilzunehmen?

Die Herrlichkeit Gottes. Wir verkündigen die Gute Nachricht, so daß die ganze Welt von der Herrlichkeit Gottes erfüllt wird.[23] Paulus sehnte sich nach dem Tag, an dem „alle Zungen bekennen sollen, daß Jesus Christus der Herr ist, zur Ehre Gottes, des Vaters" (Phil 2,11). Er bat andere, für seine evangelistische Arbeit zu beten, so daß die Gute Nachricht bald verbreitet würde – zur Ehre Gottes (2. Thess 3,1). Am Kreuz ehrte der Sohn den Vater (Joh 12,20-36). Wenn Gott unsere evangelistische Arbeit dazu benutzt, durch das Kreuz andere Menschen in die rechte Beziehung zu ihm zu bringen, dann machen wir dem Schöpfer Ehre.

Wenn ich etwas vom süßen, ehrfurchterweckenden Glanz der Herrlichkeit Gottes geschmeckt habe, wie könnte ich dann zögern, meinen kleinen Beitrag zur Ausbreitung dieser Herrlichkeit in der ganzen Welt zu bringen?

Ich habe es am Anfang dieses Kapitels schon bekannt: Ich wünschte mir, ich hätte in den letzten dreißig Jahren mehr Zeit auf die

Weitergabe des Evangeliums verwandt. Ich bin zwar sicher, daß meine spezielle Berufung die eines evangelikalen sozialen Aktivisten ist. Andere haben die spezielle Berufung zum Verkündiger des Evangeliums. Doch Gott lädt jeden Christen dazu ein, seine wunderbare Botschaft weiterzusagen. Ich hoffe, es in Zukunft mit Gottes Gnade besser zu machen.

Während der „International Charismatic Consultation on World Evangelization" (Internationale Charismatische Konferenz für Weltevangelisation, Brighton 1991) nahm ich an einem Arbeitskreis teil, den ein Freund von mir leitete. Er war ein führender Anglikaner – James Wong aus Singapur. Er gab uns einen ganz simplen Rat, von dem seine Gemeinde die Erfahrung gemacht hatte, daß dadurch die evangelistischen Bemühungen wirksam gesteigert worden seien. Sie nannten das die 5-3-1 – Methode. Beim Beginn eines neuen Jahres bat jedes Gemeindeglied Gott, ihm oder ihr fünf Menschen zu zeigen, die Christus noch nicht kannten. Dann beteten sie regelmäßig um eine Gelegenheit, im Lauf des Jahres wenigstens drei von diesen fünfen mit dem Evangelium bekannt machen zu können. Und schließlich baten sie Gott darum, wenigstens einen von ihnen zu Christus führen zu können.

Ich beschloß, das in meinem eigenen Leben zur Anwendung zu bringen. Jetzt übe ich das gleiche mit meinen Studenten. Mit gespannter Erwartung empfinde ich jetzt schon die Freude darauf, wenn ich dann in den nächsten drei Jahrzehnten mehr Menschen für meinen Herrn gewinne als in den drei vergangenen.

Es gibt viele und starke Gründe für evangelistische Arbeit. Daß der Schöpfer des Weltalls uns Menschen überschwenglich liebt, ist der tiefste. Wir sagen die Geschichte des *ewigen Wortes* weiter, das, in dem der Zimmermann von Nazareth menschliche Gestalt annahm, um den einzig möglichen Weg zur Erlösung der ganzen Welt zu öffnen. Dieser sterbende und auferstandene Retter befiehlt es uns, seine Gute Nachricht weiterzugeben. Die größte Liebe zu unseren Nächsten besteht darin, daß wir sie zu unserem größten Schatz führen. Wenn wir ihren aussichtslosen, hilflosen Kampf sehen und an die Warnung Jesu denken, daß Sünde zum ewigen Tod führt, dann verstärkt das unsern Eifer, von diesem liebenden Erlöser zu erzählen. Und die biblische Hoffnung erinnert uns daran, daß alle, die mit Gott rechnen, eines Tages in einer erneuerten Schöpfung zur Ehre unseres Gottes der Liebe singen und tanzen werden.

Wenn ich das alles weiß, kann ich in den kommenden Jahren gar nicht anders, als noch treuer diese uralte Geschichte denen weiterzuerzählen, die sie noch nie gehört haben.

Kapitel 8

Warum soziale Aktion?

Es gibt keine größere Bedrohung der Kirche als einen wiedergeborenen Christen ohne soziales Gewissen.
Evangelist der methodistischen Kirche
Alan Walker, Südafrika, 1980.[1]

Der 13. August 1987 war einer der aufregendsten Tage meines Lebens. Wir machten eine lange Fahrt quer durch Kenia. Ich saß auf dem Rücksitz im Wagen des Bischofs Gitari. Der Bischof, Reverend Frank Chikane und ich sprachen über Evangelisation, Politik und Mission.

Reverend Chikane ist schwarzer Südafrikaner und Geistlicher in einer Pfingstgemeinde. Von einem weißen Diakon seiner eigenen Kirche war er gefoltert worden. Heute ist Chikane Generalsekretär des South Africa Council of Churches (Südafrikanischer Kirchenrat). Bischof Gitari ist evangelikaler, anglikanischer Bischof von Kenia. Seine Kritik an der undemokratischen Regierung führte zu wiederholten verbalen Angriffen auf ihn durch den Präsident von Kenia und schließlich zu einem Anschlag auf sein Leben. Während der letzten fünfzehn Jahre hat Gitaris Einsatz für evangelistische Bemühungen in seiner Diözese ein umfangreiches Gemeindewachstum bewirkt.

Die Erfahrungen, die Chikane und Gitari während dieses interessanten Gesprächs weitergaben, und was seitdem noch geschah, wecken die Frage des sozialen Anliegens und des politischen Engagements in faszinierender Weise. Sowohl die schwarzen politischen Führer Kenias als auch die weißen Vertreter der Apartheid in Südafrika rieten Gitari und Chikane, sich aufs Predigen zu beschränken. Beide lehnten ab.

Seit Bischof Gitari die Diözese Mt. Kenya East eingerichtet hatte, hatte er sowohl die evangelistische Arbeit als auch die wirtschaftliche und soziale Entwicklung seines Gebietes als Schwerpunkt seines

146

Wirkens betrachtet. Das Ergebnis war ein phantastisches Gemeinde-wachstum. Die Zahl neuer Christen war schneller gewachsen als die Einwohnerzahl in seiner Diözese, die (bis sie kürzlich geteilt wurde) zwei Fünftel von Kenia umfaßte. Jahrelang gründete Bischof Gitari in jedem Monat eine (manchmal zwei) neue Gemeinde(n).[2]

Bischof Gitaris Tätigkeit als Hirte seiner Gemeinden brachte ihn jedoch in politische Kontroversen hinein. Er hatte öffentlich politi-sche Morde, wirtschaftliche Ungerechtigkeit und undemokratische Politik verurteilt. Er wagte es, die Wahlpraxis anzugreifen, bei der der Wähler sich hinter dem Kandidaten, für den er stimmen wollte, aufstellen mußte! Nach einigen Jahren des Kampfes kündigte der Präsident von Kenia schließlich im Dezember 1990 die Rückkehr zur geheimen Wahl an.

Bischof Gitaris mutige Angriffe brachten die Spitzenpolitiker regelmäßig in Rage. Sie warnten ihn, „die Politik aus der Kirche zu lassen". Seine Weigerung trug ihm einige besondere Artikel in der *Kenya Weekly Review* (das ist etwa Kenias „Time") und schließlich einen Attentatsversuch ein. Im April 1989 überfiel eine große Bande um Mitternacht sein Haus mit der Absicht, ihn umzubringen. Gitari kletterte aufs Dach und begann laut zu rufen. Sein Schreien brachte sehr schnell eine große Zahl von ihm wohlgesinnten Nachbarn auf den Plan, und die Angreifer suchten das Weite.

War es richtig, daß Bischof Gitari das politische Unrecht gegeißelt hatte? Oder hätte er sich wirklich auf die Verkündigung des Evange-liums beschränken sollen? Manche evangelikalen Kirchen waren offensichtlich der Meinung, das wäre besser gewesen. Sie traten aus dem National Council of Churches of Kenya (dem nationalen Rat der Kirchen von Kenia) aus, als Bischof Gitari den Kampf um das geheime Wahlrecht führte.[3]

Die weißen Kirchenführer Südafrikas stellten sich Frank Chikane gegenüber auf den gleichen Standpunkt. In meinem Interview mit ihm erklärte Reverend Chikane, daß die weiße Führerschaft seiner Kirche alle Unterstützungsmaßnahmen für seine Gemeinde abgesagt hatte, weil er „in politische Dinge verwickelt sei".

Chikane war als evangelikaler Christ aufgewachsen und wurde Pastor einer Pfingstgemeinde. Schon während seiner Universitätsjah-re hatte er sich aktiv an der Verkündigung des Evangeliums beteiligt. Während er dann seine eigene Gemeinde betreute, gründete er gleich-zeitig noch zwei andere Gemeinden. Seine Tätigkeit als Gemeindehirte brachte ihn jedoch in Schwierigkeiten. Reverend Chikane gehörte, wie er mir sagte, zu keiner politischen Organisation. Doch er hielt es für seine Pflicht, Familien zu besuchen, deren Angehörige sich im Gefängnis befanden. Allein dieses Tun brachte ihm selbst Gefängnis und Folter ein. Während einer gräßlichen, sechswöchigen Feuerprobe wurde er in schrecklicher, blutiger Weise gefoltert. Ein weißer Diakon seiner eigenen Pfingstkirche überwachte die Tortur.[4] Mit knapper Not entging Reverend Chikane dem Tod. Nachdem man ihn seines Amtes enthoben hatte, wurde er in den Kampf gegen die Apartheid verwickelt. Als ich 1987 das Gespräch mit ihm führte, hatte man ihn kurz vorher zum Generalsekretär des Südafrikanischen Rates der Kirchen ernannt. Seitdem hat er eine erkennbare, wichtige Rolle beim Abbau der Apartheid gespielt.

Hatten Gitari und Chikane mit ihrer Einstellung recht oder nicht? Hätten sie sich auf Evangelisation und Gemeindegründung beschränken sollen? Oder hätten sie wenigstens die Politik meiden sollen? Das nächste Kapitel versucht, darauf eine Antwort zu geben, indem die biblische Basis für das soziale Anliegen untersucht wird.

Drei Arten von sozialem Engagement

Es ist hilfreich, wenn man dabei Unterstützung, Entwicklungshilfe und strukturelle Veränderung unterscheidet. Diese Kategorien sind nicht unangreifbar. An manchen Stellen überschneiden sie sich. Gewöhnlich jedoch ist es möglich und sinnvoll, diese drei Arten des sozialen Anliegens zu unterscheiden.

Wenn es um Unterstützung geht, gewähren wir Opfern von Naturkatastrophen oder sozialen Notfällen augenblickliche Hilfe. Wir versuchen unmittelbar mit Nahrungsmitteln, Unterkunft und andern unbedingt notwendigen Hilfsgütern das Überleben der Menschen zu sichern. Beispiele für diese Art von Unterstützung sind Lebensmittel- und Kleiderverteilaktionen an Bewohner von Elendsvierteln oder Katastrophenhilfe nach einer Überschwemmung, nach einem Erdbeben oder bei akuten Hungersituationen.

Mit der Entwicklungshilfe versuchen wir längerfristig, einzelnen Menschen oder Familien oder auch ganzen Dörfern und Städten zu helfen. Sie erhalten geeignete Werkzeuge, werden ausgebildet und geschult, so daß sie dann irgendwann für sich selbst sorgen können. Besseres Saatgut und Werkzeuge für die Landwirtschaft und das Graben von Brunnen, Darlehen für solche, die ein kleines Geschäft anfangen wollen – all das sind Beispiele für Entwicklungshilfe. Es gibt ein Sprichwort: Wenn man einem Menschen einen Fisch gibt, ernährt man ihn für einen Tag. Lehrt man ihn aber Fischen, ernährt man ihn ein Leben lang. Unterstützung verhindert das Verhungern „für einen Tag", d. h. kurzfristig. Entwicklungshilfe führt zur Selbsthilfe.

Das gilt zumindest im Prinzip – in einer idealen Welt. Doch wir leben in der realen Welt, wo viele Fischteiche Privateigentum sind oder von kleinen Gruppen von mächtigen Reichen kontrolliert werden. Sklaverei, Apartheid und die Diktatur der marxistischen Partei in kommunistischen Gesellschaften sind allesamt Beispiele für diese Art von Machtmißbrauch. Solche Eliten regen sich manchmal sehr auf, wenn arme Menschen (die ja oft Gelegenheitsarbeiter auf den großen Besitzungen der Reichen sind) plötzlich etwas lernen, neue Werkzeuge bekommen und sich eigenständig zu entwickeln beginnen. Ebenso problematisch ist, daß diese Eliten oft die meisten Produktionsquellen besitzen, so z. B. den Grund und Boden in einer landwirtschaftlichen Gesellschaft. Vorschläge, die Macht und die Produktionsmöglichkeiten mit denen zu teilen, die nichts besitzen, stoßen häufig auf intensive Feindschaft. Doch das muß irgendwie durch strukturelle Veränderungen erfolgen.[5] Wenn einer sein Leben lang fischen soll, muß er einen Anteil am Fischteich bekommen.

Strukturveränderungen im Großen geschehen durch Gesetze, die erlassen werden, durch Politik und durch das wirtschaftliche Leben. Die Politik ist einer der wichtigsten Wege, um die gesellschaftlichen Basisstrukturen zu verändern, mit dem Ziel, mehr Freiheit, mehr Demokratie, wirtschaftliche Gerechtigkeit und die Erhaltung der Umwelt zu bewirken.

Gibt es eine biblische Begründung für solche Unterstützungsmaßnahmen, für Entwicklungshilfe und strukturelle Veränderungen? Die Antwort ist ein eindeutiges Ja. Tatsächlich unterstützt und fordert die biblische Lehre an vielen Stellen das soziale Interesse und bestimmt die Art und Weise, die ihm gebührt.[6]

Theologische Grundaussagen und das soziale Anliegen

Gott. Der erste Artikel des christlichen Glaubensbekenntnisses ist ein unüberhörbarer Ruf zur Aufnahme des sozialen Anliegens. Die Bibel sagt uns, daß der heilige, liebende Gott, den wir anbeten, seine ganz besondere Aufmerksamkeit den Armen, Schwachen und Mittellosen widmet. Jeder, der diesen biblischen Gott liebt und ihm gehorchen will, muß sich diesem Anliegen anschließen.

Es gibt buchstäblich Hunderte von Bibelversen zu diesem Thema. „Cry Justice", ein Buch von 200 Seiten, das ich einmal veröffentlicht habe, enthält fast ausschließlich Bibelstellen, die sich auf Gottes Interesse an den Armen beziehen.[7] Der Psalmist feiert Gott als den Schöpfer und den Verteidiger der Unterdrückten (Ps 146,6-9). In Kapitel 4 sahen wir, daß freundliches Mitleid für die Armen und Ausgestoßenen für Jesus ein zentrales Anliegen und den Beweis dafür darstellte, daß er der Messias war.[8] Gott ließ erst Israel und dann auch das Reich Juda zerstören, weil sie die Armen unterdrückten.[9] Jeremia lehrte, daß wir Gott nicht wirklich kennen, wenn wir nicht Gerechtigkeit für die Armen anstreben (Jer 22,13-16). Wiederholt warnen die Propheten davor, daß Gott religiöse Rituale verabscheut, wenn sie von der Frage der Gerechtigkeit losgelöst werden.[10] Jesus sagt es sehr ungeschminkt: Wer die Hungrigen nicht speist und die Nackten nicht kleidet, findet sich in der Hölle wieder (Mt 25). Die Bibel spricht häufiger über Gottes Fürsorge für die Armen als über Gebet oder Versöhnung oder die Auferstehung Jesu.

Es handelt sich auch nicht nur um eine ethische Lehre. Vor allem anderen geht es hier um eine theologische Wahrheit, eine zentrale Aussage des Glaubensbekenntnisses, eine ständig wiederholte biblische Lehre von dem Gott, den wir anbeten. Das biblische Beharren auf Gottes Interesse an den Armen ist vor allem eine theologische Aussage über den Schöpfer und Herrn des Universums.

Im Licht dieser vielfach in Erscheinung tretenden biblischen Lehre ist es einfach unglaublich, daß so viele Christen, besonders Evangelikale, diese zentrale Wahrheit über Gott weithin ignoriert haben. Ich erinnere mich, daß ich vor fünfzehn Jahren mit einem prominenten Führer der Evangelikalen ein Gespräch führte. Er hatte gerade erst die Hunderte von Bibelstellen entdeckt, die vom Interesse Gottes an den Armen handeln. Wie war es nur möglich, so fragte er mich, daß er an einem evangelikalen Institut studiert hatte, das Abschlußdoku-

150

ment eines evangelikalen Seminars über sein Theologiestudium besaß, nun zum Lehrkörper einer evangelikalen Schule gehörte und doch niemals etwas über dieses besondere Thema gehört hatte?

Eigentlich kann man die Wichtigkeit dieser biblischen Lehre hinsichtlich der Armen kaum übertreiben – aber es geschieht tatsächlich! Einige Befreiungstheologen[11] und ein paar Aussagen vom Weltkirchenrat[12] machen *die* zentrale biblische Wahrheit daraus, *das* Kriterium biblischen Glaubens und biblischer Verkündigung. Auch das ist falsch.

Das heißt, einen entscheidenden Punkt überzubewerten. Die Sorge für die Armen ist nicht der einzige wichtige Aspekt für christliche soziale Betätigung oder für die Mission. Wir dürfen uns nicht so in diese Dinge hineinstürzen, daß alles andere daneben zweitrangig wird.

Andrerseits darf unser Interesse an den Armen auch nicht zur zweitrangigen Sache werden, an die wir uns nur erinnern, wenn wir gerade mal Zeit und Geld übrig haben. Gottes Interesse an den Armen gehört zu seinem ureigensten Wesen. Wir kennen ihn nicht wirklich, wenn wir dieses Anliegen nicht mit ihm teilen. Wie der Weltkirchenrat hinsichtlich Mission und Evangelisation sehr richtig sagt, bedeutet die Verkündigung der Guten Nachricht für die Armen ein „vorrangiges Kriterium, an dem sich die Gültigkeit unseres missionarischen Engagements heute ablesen läßt."[13] Der zweite Lausanner Kongreß für Weltevangelisation legte ebenfalls großen Wert auf die Betonung von Gottes Fürsorge für die Armen. Das Schlußdokument hält daran fest, daß „das Gesetz, die Propheten, die Sprüche Salomos und die Lehren und Taten Jesu allesamt Gottes Interesse an den materiell Armen herausstellen und daß es demnach unsere Pflicht ist, diese Menschen zu verteidigen und uns für sie einzusetzen".[14] Das christliche Gottesverständnis stellt unsere erste Begründung für das biblische soziale Interesse dar.

Schöpfung. Der Schöpfer entschloß sich zu schaffen und bezeichnete das Ergebnis als sehr gut. Selbst wenn sich die Menschen gegen Gott auflehnen, gewährt er weiterhin die Gaben seiner Schöpfung wie Sonne und Regen den Guten und den Bösen (Mt 5,45). Die schöpfungsmäßig geschenkte Gabe eines heilen, fröhlichen menschlichen Lebens ist von einer solchen Qualität, daß Jesus die Heilung selbst denen nicht vorenthielt, die es ablehnten, seine Nachfolger zu werden.

Ebenso erstaunlich ist die biblische Aussage, daß die Menschen nach dem Bild Gottes gemacht sind und daß ihnen die Haushalterschaft über die Erde anvertraut worden ist (1. Mose 1,27-30). Wir sind auch dazu berufen, füreinander zu sorgen und aufeinander zu achten. Die Menschen haben ein Schöpfungsmandat, die Erde zu bewahren (1. Mose 2,15) und menschliche Gemeinschaften zu pflegen, deren Glieder etwas von der Ganzheitlichkeit erfahren können, die der Schöpfer für die Menschen gewollt hat.

Wenn das soziale Anliegen schöpfungsmäßig begründet ist, dann heißt das, daß es nicht nur eine Vorfeldarbeit für die Verkündigung des Evangeliums darstellt. Es stimmt zwar, daß Partnerschaft mit den Armen im Kampf für Gerechtigkeit und Entwicklung eines Landes oft einen starken evangelistischen Impuls mit sich bringt. Wir freuen uns, wenn das geschieht (solange psychologische Manipulation und heuchlerisches „Reis-Christentum" dabei vermieden werden). Aber das soziale Anliegen muß nicht evangelistische Vorfeldarbeit sein, um sich zu legitimieren. Unsere Lehre von der Schöpfung sagt uns, daß es für alle Menschen gut ist, die Freigebigkeit des Schöpfers in ihrem Leben zu genießen. Gewiß liegt uns auch daran, daß sie unsern Herrn kennen- und liebenlernen. Aber wenn Gott nicht aufhört, die guten Gaben der Schöpfung auf alle herabregnen zu lassen, unabhängig von ihrem Glauben oder Unglauben, dann sollten wir zum Wohl aller mitwirken – auf physischem, sozialem, wirtschaftlichem und politischem Gebiet. Schon allein auf der Basis der Schöpfungsordnung haben diese Aufgaben ihre Gültigkeit und Bedeutung.

Eine biblische Sicht vom Menschen. Jeder Mensch, so sagt John Stott, ist eine „Leib-Seele-Einheit".[15] Menschen sind nicht nur Körper oder nur Seelen. Und wir sind auch keine Einzelkämpfer.

Jedes Verständnis des Menschen, bei dem wir vor allem oder ausschließlich auf „Körper" oder „Seele" reduziert werden, ist grundsätzlich falsch. Da wir keine rein materiellen Wesen sind, kann auch nichts in der materiellen Welt uns letztlich befriedigen. Materieller Reichtum, Sex, politische Macht – reichen letztendlich nicht aus. Wir sind zur Gemeinschaft mit Gott geschaffen und dazu eingeladen, für immer in seiner Gegenwart zu leben. Deshalb ist jede Lösung der menschlichen Probleme, die vor allem auf wirtschaftlicher Entwicklung oder struktureller Veränderung auf politischem Wege basiert, zum Scheitern verurteilt.

Andrerseits sind unsere Körper auch nicht bloß zufällig entstanden. Der Schöpfer machte uns zu Leib-Seele-Einheiten. Selbst als Paulus sich sehnte, seinen Leib zu verlassen und beim Herrn zu sein, hielt er daran fest, daß der endgültige Plan Gottes die leibliche Auferstehung ist – die Ganzheit der Leib-Seele-Einheit, wie der Schöpfer sie ursprünglich gewollt hatte (2. Kor 5,1-4; 1. Kor 15,35ff). Wenn der Leib so gut ist, daß der Schöpfer Fleisch wurde, leiblich auferstand und versprach, die ganze Schöpfungsordnung, einschließlich unserer Körper, wiederherzustellen, dann ist jede Sicht menschlicher Not, die die physischen Bedürfnisse ignoriert oder vernachlässigt, einfach ketzerisch.

Der schwarze Evangelist und soziale Aktivist John Perkins unterstreicht diesen Punkt. Er arbeitete mitten in einem von weißem Rassisimus geprägten Gebiet. Als er dort seinen Dienst in der Fürsorge für andere tat, bekam er von Weißen oft zu hören: „John, ich liebe deine Seele." Sie wünschten die Gemeinschaft in Christus mit ihm, aber ohne gegen rassische (und damit verbundene wirtschaftliche) Unterdrückung zu kämpfen. Perkins Antwort war durchaus biblisch: „Meine Seele steckt in einem schwarzen Körper. Und wenn du wirklich an meine Seele herankommen willst, mußt du dich zuerst mit diesem Körper befassen."[16]

Und wir sind auch nicht dazu da, um als Einsiedler auf dieser Welt zu leben. Nach dem Bild des dreieinigen Gottes geschaffen, der eine Gemeinschaft zwischen Vater, Sohn und Heiligem Geist darstellt, sind wir so veranlagt, daß wir nur in der Gemeinschaft das werden, was der Schöpfer mit uns beabsichtigte. Wir brauchen die Familie, die Gemeinde, die Gesellschaft, um uns zu all dem zu entfalten, was wir werden sollten. Und wo die Strukturen der Gemeinschaft eher einengen und zerstören, statt zu pflegen und zu unterstützen, da fordert uns das biblische Verständnis vom Menschen dazu auf, repressive Systeme zu verändern. Ob durch unmittelbare Unterstützung, langfristige Entwicklungshilfe oder strukturelle Veränderung – wir versuchen, es allen Menschen möglich zu machen, als voneinander abhängige Partner in einer sich gegenseitig helfenden Gemeinschaft zu leben, in der einer dem andern Nächster ist.

Sünde. Unsere stolze Auflehnung gegen Gott hat die offene Beziehung zu ihm zerstört und die Schöpfungsordnung verwüstet. Die biblische Lehre von der Sünde sagt uns, daß nicht nur unser Körper,

153

sondern unser ganzes Wesen gefallen ist. Unser verdorbener Geist produziert die glänzendsten rationalen Erklärungen für unsern eigenen Vorteil – ob es um Rassismus, Sexualität oder wirtschaftliche Ausbeutung geht. Leider – aber auch unvermeidlich, weil wir soziale Wesen sind – hat die menschliche Sünde unsere gesellschaftlichen Strukturen und Institutionen in einem solchen Maß durchdrungen, daß sie immer und überall eine tragische Mischung von gut und böse darstellen.

Christen sind der Sünde jedoch nicht mehr verfallen. Sie wissen, daß Gott dabei ist, den Satan zu überwinden und seine teuflischen Einbrüche in die gute Schöpfung Gottes zurückzudrängen. Deshalb nehmen sie nun teil an diesem Kampf, um die schlimmen Folgen der Sünde wieder zu beseitigen. Christen sind aufgerufen, die Werke der Finsternis aufzudecken (Eph 5,11). Da wir soziale Wesen sind – zur Gemeinschaft berufen – können wir nicht davon ausgehen, die Probleme lösen zu können, indem wir nur den einzelnen Menschen ändern. Böse soziale Systeme müssen aufgedeckt und verändert werden. Da die Wurzel unseres Problems aber die ständige Auflehnung gegen Gott ist, dürfen wir genausowenig glauben, daß bloße Umweltveränderungen gänzlich neue, heile Menschen schaffen können. Verwandelnde göttliche Gnade ist unumgänglich notwendig. Doch wissen wir auch, daß die Sünde bis zur Wiederkunft Christi in der Welt existieren wird. Das bedeutet eine Absage an utopische Träume von vollkommenen Menschen, Familien und Gesellschaften in der Gegenwart, auch wenn wir hart dafür kämpfen, Zeichen jener kommenden Ganzheitlichkeit, des Heilseins jetzt schon aufzurichten. Erst am Ende wird Christus alle Tränen abwischen und alles Böse überwinden.

Christologie. Die biblische Lehre über die Person und das Wirken Christi fordert uns ebenfalls zu tatkräftigem sozialem Einsatz auf.

In Kapitel 4 sahen wir, wie Jesus sich kritisch zu dem äußerte, was im Status quo böse war. Er deckte die „Werke der Finsternis" auf, kritisierte die Gesellschaft, wo sie böse war. Indem er sich mit den Armen, den Randsiedlern und Ausgestoßenen identifizierte, rief er das ganze jüdische Volk auf, nach den Maßstäben des heraufziehenden Gottesreiches zu leben. Wer Jesus begegnet, fühlt einen mächtigen Anstoß, gegen alle Ungerechtigkeit in der Gesellschaft anzugehen. Als Matthäus das Wirken Jesu zusammenfaßte, wies er darauf hin, daß es dabei immer um den ganzen Menschen gegangen war: „Und Jesus ging ringsum in alle Städte und Dörfer, lehrte in ihren Synagogen und predigte das Evangelium von dem Reich und heilte alle Krankheiten und alle Gebrechen. Und als er das Volk sah, jammerte es ihn; denn sie waren verschmachtet und zerstreut wie die Schafe, die keinen Hirten haben (Mt 9,35f; vgl. auch fast gleichlautend Mt 4,23). Zu predigen und sich der physischen Nöte anzunehmen gehörte beides ganz zentral zum Leben und Wirken Jesu. Er verkündigte das Evangelium und heilte. Er tat kranken Herzen und kranken Leibern wohl. In den Evangelien nehmen Berichte über äußere Fürsorge einen breiten Raum ein. Der ins Fleisch gekommene Gott dachte nicht nur ans Predigen. Er war offensichtlich der Meinung, daß er einen großen Teil seiner Zeit auch verwenden konnte – oder mußte –, um die physischen Bedürfnisse der Menschen zu stillen. Sollten wir seinem Beispiel nicht folgen?

Und Jesus heilte auch nicht nur, um ein Zeichen seiner Göttlichkeit oder den Beweis zu erbringen, daß das messianische Reich angebrochen war. Natürlich war das *ein* wichtiger Grund für seine Wunder (vgl. Joh 20,30f). Aber immer wieder zeigen uns die Texte der Evangelien, daß Jesus der physischen Not begegnete, weil er Mitleid mit den Menschen hatte und die Leidenden bedauerte.[17] In Mt 14,14 heißt es: „Und Jesus stieg aus und sah die große Menge; und sie jammerten ihn, und er heilte ihre Kranken."[18] Lk 7,13 spricht vom Mitleid Jesu für eine Witwe, die gerade ihren einzigen Sohn verloren hatte: „Und als sie der Herr sah, jammerte sie ihn, und er sprach zu ihr: ‚Weine nicht!'" Es bedeutete für Jesus eine ganze Menge, wenn er Männern und Frauen zu einem glücklichen, erfüllten menschlichen Leben verhelfen konnte.

Für die Nachfolger Jesu, die bekennen, daß er ihr oberster Herr ist, hat sein Beispiel ganz wesentliche Bedeutung. Jesus ist ja wirklich das *einzige* vollkommene Vorbild für Christen. Was die Urgemeinde tat, ist interessant, und wir sollten ihren Versuchen, Jesus nachzufolgen, mit tiefstem Respekt begegnen. Aber Praxis und Beispiel der frühen Kirche sind nicht normativ für Christen – im Gegensatz zu den kanonischen Schriften, die sie uns hinterließ. Die Urgemeinde hat ganz sicher auch Fehler gemacht. Sie mag sogar einseitig gewesen sein im Hinblick auf die Schwerpunkte, die sie setzte. Doch das Vorbild Jesu ist vollkommen, weil er zugleich wahrer Mensch und wahrer Gott war.

Jesu Lehre ist ebenso klar und durchsichtig wie sein Leben. Als er in der Synagoge von Nazareth seinen Auftrag bekanntgab, trug dieser eine starke soziale Komponente. Er sei gesandt, so sagte er, um die Blinden zu heilen, die Gefangenen loszumachen und die Unterdrückten zu befreien (Lk 4,18f). Er wies seine Jünger darauf hin, daß religiöse Heuchler, die sich nach außen hin fromm gaben und gleichzeitig die Häuser der Witwen an sich brachten, ein hartes Urteil empfangen würden (Mk 12,38-40).

Jesu Lehre läßt im Gleichnis vom großen Weltgericht (Mt 25) an erschreckender Deutlichkeit nichts zu wünschen übrig. Die unterlassene Hilfeleistung gegenüber dem Nächsten würde nicht nur als Untreue angesehen, sondern die Verdammnis nach sich ziehen. Dieses Gleichnis zeigt den Christozentrismus des sozialen Anliegens der Bibel. Jesus erinnert uns daran, daß, wenn wir „diesen Geringsten" helfen, wir ihm dienen.[19] Hinter der bekümmerten indischen Mutter, der das Herz blutet, während sie ihr hungerndes Kind zärtlich wiegt, steht unser Herr. Hinter dem schwarzen Mann, dessen Selbstwertgefühl und Lebensmut durch endlose eintönige und schlecht bezahlte Arbeit und tausend rassistische Verunglimpfungen zerstört worden ist, steht unser Herr. Christus identifiziert sich sehr stark mit den Armen, den Mißhandelten und den Unterdrückten. Wir begegnen also unserm Herrn, wenn wir unserm in Not befindlichen Nächsten dienen.

Doch das ist noch nicht alles! Eben weil der auferstandene Herr jetzt in uns lebt und uns verwandelt, haben wir die geistliche Kraft, uns für andere dahinzugeben. Christus in uns drängt uns dazu, uns aus unseren bequemen, wohlhabenden Gemeinden hinauszubegeben. Da können wir uns dann der Situation stellen und mit ihm zusammen unter den mißhandelten Massen, die sich nach Freiheit sehnen, weinen und wirken. Geistliche Erneuerung verbindet die „Gerechtigkeit allein durch den Glauben" mit dem Engagiertsein für soziale Gerechtigkeit. Wenn wir dazu beitragen, Institutionen zu verändern, durch die Arme unterdrückt werden, dienen wir dem, der für unsere Sünden gelitten hat. Wohin wir auch schauen, wir sehen Christus. Christus vergibt uns. Christus lebt in uns. Und Christus begegnet uns in den Gesichtern der Unterdrückten.

Die Lehre von der Erlösung. In Kapitel 4 und 5 sahen wir, daß ein umfassendes biblisches Verständnis Erlösung nicht vom sozialen Anliegen trennen kann. Natürlich, wenn wir Erlösung auf die Vergebung der Sünde und ein ewiges Leben in einem platonischen Himmel reduzieren, dann gibt es da wenig Berührungspunkte zwischen Erlösung und sozialem Anliegen. Doch das ist eine verkürzte Sicht von dem, was in der Bibel Erlösung bedeutet.

Das neutestamentliche Verständnis von Versöhnung sieht Christus als Vorbild und Überwinder der Mächte des Bösen, aber ebenso auch als stellvertretendes Opfer für unsere Sünden. Und die Erlösung, deren wir uns nun erfreuen, schließt die erlöste Gemeinschaft verwandelter Nachfolger ein, die den verdorbenen Status quo im Namen des auferstandenen Überwinders angreift. Und selbst wenn die wütenden Mächte der Finsternis vorübergehende Siege gewinnen, so wissen wir doch, daß der Tag der kosmischen Erlösung ganz gewiß kommen wird, wenn die Reiche dieser Welt unserm Herrn gehören werden und selbst die seufzende Schöpfung Frieden haben wird. Mit einer solchen Hoffnung im Herzen können wir nicht anders, als in der gesamten Schöpfung Zeichen dieser kommenden Erlösung aufrichten.

Heute sind sich fast alle Christen darin einig, daß der biblische Glaube von uns verlangt, den physischen, materiellen Nöten der Menschen zu steuern – zumindest durch unmittelbare Nothilfe und durch Entwicklungshilfe. Doch wie sieht es aus mit strukturellen Veränderungen auf politischem Wege?

Jesus organisierte unter seinen Nachfolgern keine Lobby für soziale Aktionen, um den römischen Senat zu beeinflussen. Heißt das, daß wir so etwas auch nicht tun sollen?

Sollen wir uns politisch betätigen?

Es gibt zumindest drei *praktische* Gründe, um den Versuch zu machen, das Böse durch Veränderung der Strukturen zu bekämpfen, statt sich ausschließlich auf individuelle, persönliche Fürsorge zu beschränken:

Effektivität. Ich werde nie eine Geschichte vergessen, die ich 1980 von einem indischen Bischof in Bangalore hörte.

Es gab in Indien früher einmal eine psychiatrische Einrichtung, die eine interessante Art und Weise hatte, darüber zu entscheiden, ob Insassen so gesund waren, daß sie entlassen werden konnten. Man brachte einen Patienten vor einen Wasserhahn, stellte einen großen Eimer darunter und ließ das Wasser einlaufen. Ohne den Hahn abzudrehen, gab man dem Patienten einen Löffel in die Hand und sagte: „Mach den Eimer damit leer!" Wer das befolgte, ohne auf den Gedanken zu kommen, den Hahn zuzudrehen, war eindeutig immer noch geistig gestört!

Der indische Bischof wies dann darauf hin, daß Christen oft soziale Probleme ganz ähnlich in einer individualistischen Weise angehen – immer einen Löffel nach dem anderen – und die vielschichtigen sozialen Systeme dabei übersehen. Er behauptet, Strukturveränderungen würden viel effektiver sein.

In Sri Lanka gab es früher schreckliche Malariaprobleme. Millionen starben daran. Da Moskitos die Krankheit verbreiteten, beschloß man, die Sümpfe, wo sie brüteten, mit einem Mittel zu besprühen. Innerhalb von drei Jahren wurde durch diese vorbeugende medizinische Maßnahme die Sterblichkeitsrate in einem Maß reduziert, wie es in Westeuropa nur im Laufe von 300 Jahren gelungen war.[20] War diese strukturelle Veränderung nicht viel effektiver und außerdem entschieden christlicher, als für die einzelnen Kranken zu beten oder mehr Krankenhäuser für die Opfer zu bauen?[21]

Würde. Strukturelle Veränderungen sind oft nicht nur effektiver, sondern auch moralisch besser. Sie fördern die Würde der Menschen. Persönliche Fürsorge und Menschenfreundlichkeit erlauben dem reichen Spender immer noch Gefühle der Überlegenheit. Dem Empfänger vermitteln sie häufig ein Empfinden von Minderwertigkeit und Abhängigkeit. Institutionelle Veränderungen geben andrerseits den Armen und den Randgruppen neue Gelegenheiten, ihre Zukunft selbst zu gestalten. Zu einer Gewerkschaft zu gehören ist eine viel bessere Sache, als ein gut behandelter Sklave zu sein – besser für die Selbstachtung des Arbeiters und besser für die Einstellung des Arbeitgebers zu seinem Arbeiter.

Weniger Planlosigkeit. Strukturelle Veränderungen sind oft weniger willkürlich. Persönliche Fürsorge geschieht meist zu sehr aufs Geratewohl. Sie ist abhängig von der Laune und den Gefühlen der Wohlhabenden. Und viele bedürftige Menschen begegnen keinem, der ihnen helfen könnte. Angemessene strukturelle Veränderungen unterstützen automatisch ganze Menschengruppen.

Zusammenfassend kann man sagen, daß strukturelle Veränderungen tatsächlich oft effektiver, in der moralischen Auswirkung günstiger und insgesamt planvoller sind. „Aber das sind keine biblischen Argumente", mag jemand einwenden. Gibt es einen biblischen Beleg für solche strukturellen Veränderungen?

Setzt sich die Bibel mit dem Begriff „soziale Sünde" auseinander? Mit der Realität ungerechter Strukturen und repressiver Systeme? Die Antwort ist ein klares Ja – sowohl im Alten als auch im Neuen Testament.[22]

Gesellschaft und Anthropologie. Bevor wir uns diesbezügliche Textstellen ansehen, müssen wir über einen wichtigen Punkt der biblischen Sicht vom Menschen nachdenken. Gott schuf uns als begrenzte soziale Wesen. Endliche Personen, zur Gemeinschaft bestimmt und mit der Haushalterschaft über Gottes Garten betraut, schaffen unvermeidlich soziale Systeme und Institutionen. Als soziale Wesen, die ihre Erfüllung nur in der Gemeinschaft mit anderen erreichen, entwerfen wir notwendigerweise Schablonen der Beziehungen und Wertvorstellungen, um soziale Verhaltensmuster zu regeln. Da wir dazu bestimmt sind, Gottes Mitarbeiter zu sein in der sorgfältigen Pflege seines großartigen Gartens, entwickeln wir zwangsläufig auch Werkzeuge und Arbeitsmethoden für die Gestaltung dieser Erde. Und da wir sterbliche Menschen sind, die nur ein paar kurze Jahre hier auf der Erde verbringen, entwickeln wir dann konsequenterweise auch Erziehungssysteme und Gemeinschaftsformen, um das, was wir gelernt haben, an zukünftige Generationen weiterzugeben.

Die daraus entstehenden Sozialsysteme (der Familie, der Wirtschaft, der Politik, und die ethisch-religiösen Vorstellungen, die ihnen zugrunde liegen) verselbständigen sich mit der Zeit. Natürlich sind es Menschen, die solche sozialen Systeme schaffen, aber die sozialen Systeme sind älter als die augenblicklich lebenden Menschen. Wir alle übernehmen häufig die in unserer Gesellschaft geltenden Systeme und Maßstäbe ohne bewußte eigene Entscheidung.[23] Soweit die sozialen Systeme und die sie tragenden Wertvorstellungen gut sind (z. B. wenn sie eine lebenslange Partnerschaft in der Ehe befürworten), wirken sie in Richtung auf ganzheitliches Heilsein. Soweit die Wertvorstellungen aber schlecht sind (z. B. wenn sie ethischen Relativismus, sexuelle Promiskuität und gesetzliche Strukturen sowie wirtschaftliche Schablonen fördern, die sich gegen den Bestand der Ehe auswirken), sind die Systeme in sich selbst böse.

Da wir soziale Wesen und zur Gemeinschaft geschaffen sind, können wir gar nicht ausleben, was Gott in unserm Leben wünscht, wenn wir in bösen sozialen Systemen leben. Dabei darf nicht vergessen werden, daß auch ein Mensch, der unter drückendsten Bedingungen lebt, Christus annehmen und sich auf dem Weg zum ewigen Leben befinden kann. Aber ein Sklave, ein ausgebeuteter Arbeiter oder eine unterernährte Frau kann sich einfach der Würde, der Freiheit und des Heilseins nicht so erfreuen, wie es der Schöpfer gewollt hat.

Man braucht sich nur an die Geschichte der modernen Sklaverei zu erinnern, um zu wissen, wie mächtig und unterdrückend böse soziale Strukturen sein können. Annähernd fünfundvierzig Millionen „heidnische" Afrikaner starben an Vergewaltigung, am Hunger, an Torturen und durch Haie auf dem Weg zur herrlichen neuen Welt der „Christen". Die „glücklichen" fünfzehn Millionen, die die Reise überlebten, wurden ausgepeitscht, gezüchtet wie Tiere, und fast alle Traditionen, die sie von ihren Vorfahren übernommen hatten, wurden systematisch zerstört. All das galt als legal. Die meisten Sklavenhalter waren Christen, die ohne viel Nachdenken die rationalistischen Begründungen dieser systematischen Unterdrückung übernahmen. Selbst diejenigen, die versuchten, freundlich zu einzelnen Sklaven zu sein, fanden es äußerst schwierig, die Haltung und selbstverständliche Voraussetzung der weißen Überlegenheit abzulegen. Das System formte, verdarb und entstellte sowohl den Sklaven als auch den Herrn. Seine enorme Kraft ließ erst allmählich nach unglaublichen Kämpfen und viel Blutvergießen nach.

Die Sozialwissenschaft unsrer Zeit hilft uns, die Vielschichtigkeit und Macht sozialer Systeme zu verstehen. Aber die Menschen kannten die Realität sozialer Systeme, lange bevor die moderne Soziologie aufkam. Die Bibel spricht sehr deutlich von der Wichtigkeit sozialer Strukturen, die unser Leben formen. Und sie macht gleichzeitig klar, daß diese Strukturen einerseits notwendig und gut sind, auf der anderen Seite aber auch verdorben und unterdrückend.

Das Alte Testament und die soziale Sünde. Die Propheten haben regelmäßig sowohl soziale als auch persönliche Sünde angeprangert. Am 2,6f ist da ein klassisches Beispiel.

160

„So spricht der Herr: Um drei, ja um vier Frevel willen derer von Israel will ich sie nicht schonen, weil sie die Unschuldigen für Geld und die Armen für ein Paar Schuhe verkaufen. Sie treten den Kopf der Armen in den Staub und drängen die Elenden vom Wege. Sohn und Vater gehen zu demselben Mädchen, um meinen heiligen Namen zu entheiligen."

Die meisten dieser Stellen klagen wirtschaftliche Unterdrückung an. Theologen weisen darauf hin, daß die „Unschuldigen", die für Geld oder ein paar Schuhe verkauft werden, Arme sind, die ein berechtigtes juristisches Anliegen haben,[24] bei dem aber die Reichen und Mächtigen die Richter bestechen und dadurch gewinnen. Korrupte Rechtssysteme bringen schreiende wirtschaftliche Ungerechtigkeit hervor. Die beiden letzten Zeilen dieser Verse verurteilen dann sexuelles Fehlverhalten (vielleicht kultische Prostitution). Gott verabscheut beides – sexuelle Sünde und wirtschaftliche Unterdrückung.[25]

In Kapitel 5,10-12 fährt Amos fort mit seinen Angriffen auf ungerechte Strukturen – in diesem Fall gegen ein korruptes Rechtssystem, das unterdrückerische wirtschaftliche Strukturen unterstützt:

„Sie sind dem gram, der sie im Tor zurechtweist, und verabscheuen den, der ihnen die Wahrheit sagt. Darum, weil ihr die Armen unterdrückt und nehmt von ihnen hohe Abgaben an Korn, so sollt ihr in den Häusern nicht wohnen, die ihr von den Quadersteinen gebaut habt."

Jesaja wettert gegen die Gesetzgeber und Schreiber, die repressive Gesetze erlassen und durchsetzen (Jes 10,1-4). Und der Psalmist betont, daß Gott die Menschen ausrotten wird, „die das Gesetz mißbrauchen und [so] Unheil schaffen" (Ps 94,20).[26]

Am 4,1f zeigt, daß wir gegen Gott und den Nächsten sündigen, wenn wir uns freiwillig an ungerechten Systemen beteiligen.[27] Amos klagt die reichen Frauen seiner Tage an, weil sie hinter den unterdrückenden wirtschaftlichen und juristischen Strukturen stehen, die ihnen zu ihrem Reichtum verholfen haben.

„Höret dies Wort, ihr fetten Kühe, die ihr auf dem Berge Samarias seid und den Geringen Gewalt antut und schindet die Armen und sprecht zu euren Herren: Bringt her, laßt uns saufen! Gott der Herr hat geschworen bei seiner Heiligkeit: Siehe, es kommt die Zeit über euch, daß man euch herausziehen wird mit Angeln und, was von euch übrigbleibt, mit Fischhaken."

Amos sagt voraus, daß eine fremde Nation Israel erobern, seine Städte niederreißen und die reichen Frauen an einem Nasenring wegführen wird. Weil sie freiwillig an repressiven Strukturen teilhatten und Vorteile daraus zogen, brachte Gott ein schreckliches Strafgericht über diese wohlhabenden Damen.

Das soziale Böse im Neuen Testament. Im Neuen Testament vermittelt das Wort „Kosmos" (Welt) häufig die Vorstellung von strukturell Bösem.[28] Im griechischen Denken bezieht sich „Kosmos" auf die Strukturen bürgerlichen Lebens, besonders auf das Modell des griechischen Stadtstaates, das man im wesentlichen als gut ansah.[29] Doch die Schreiber der biblischen Schriften wußten, daß die Sünde in die Strukturen und Maßstäbe der Gesellschaft eingedrungen war und sie verzerrt hatte.

Darum benutzt das Neue Testament häufig den Ausdruck „Kosmos", um damit „die menschliche Gesellschaft insoweit, als sie nach falschen Prinzipien organisiert ist"[30] zu bezeichnen (nach C. H. Dodd). „Wenn Paulus von 'Welt' im moralischen Sinn sprach, dachte er an die gesamte Menschheit, an alle sozialen Systeme, Wertvorstellungen und Traditionen in ihrem Gegensatz zu Gott und seinen Plänen zur Erlösung."[31] Vor ihrer Bekehrung folgten Christen den Maßstäben und Verhaltensmustern einer gefallenen sozialen Ordnung: „Ihr wart tot durch eure Übertretungen und Sünden, in denen ihr früher gelebt habt nach der Art dieser Welt" (Eph 2,1f). Paulus und Johannes drängen die Christen, sich nicht den Maßstäben dieser Welt im Hinblick auf ihre bösen Systeme und Gedanken anzupassen (Röm 12,1f).

„Habt nicht lieb die Welt noch was in der Welt ist. Wenn jemand die Welt liebhat, in dem ist nicht die Liebe des Vaters. Denn alles, was in der Welt ist, des Fleisches Lust und der Augen Lust und hoffärtiges Leben, ist nicht vom Vater, sondern von der Welt. Und die Welt vergeht mit ihrer Lust; wer aber den Willen Gottes tut, der bleibt in Ewigkeit" (1. Joh 2,15-17).

Hinter den verzerrten sozialen Strukturen unserer Welt existieren nach Paulus gefallene übernatürliche Mächte, die unter der unmittelbaren Herrschaft Satans stehen. Als er sagt, daß die Epheser vor ihrer Bekehrung tot waren „durch eure Übertretungen und Sünden, in denen ihr früher gelebt habt nach der Art dieser Welt", fügt er hinzu: „Unter dem Mächtigen, der in der Luft herrscht, nämlich dem Geist, der zu dieser Zeit am Werk ist in den Kindern des Ungehorsams" (Eph 2,2). Paulus spricht dann noch eine Warnung aus: „Denn wir haben nicht mit Fleisch und Blut zu kämpfen, sondern mit Mächtigen und Gewaltigen, nämlich mit den Herren der Welt, die in dieser Finsternis herrschen, mit den bösen Geistern unter dem Himmel" (Eph, 6,12).

In den Tagen des Paulus waren Juden und Griechen davon überzeugt, daß gute und böse übernatürliche Kräfte hinter sozialen und politischen Strukturen standen und einen mächtigen Einfluß darauf ausübten.[32] Für moderne Menschen mag das schwer zu glauben sein. Aber wenn ich mir das wahrhaft Dämonische an gesellschaftlichen Systemen wie dem Nationalsozialismus, der Apartheid, dem Kommunismus ansehe oder auch den vielschichtigen Wirrwarr von Rassismus, Arbeitslosigkeit, sexueller Promiskuität, Drogenmißbrauch und brutaler Polizeigewalt in den amerikanischen Slums, dann habe ich keinerlei Schwierigkeiten zu glauben, daß Satan und seine Mitarbeiter eifrigst dabei sind, repressive Strukturen zu züchten und Gottes gute Schöpfung, soweit es eben möglich ist, zu zerstören.[33]

Diese gefallenen übernatürlichen Mächte sind bestrebt, die gesellschaftlichen Systeme, die wir als soziale Wesen brauchen, um im Leben zurechtzukommen, zu entstellen und kaputtzumachen. Sie verführen uns zu vielen falschen Entscheidungen, die dann schlechte Systeme schaffen. Sie wirken allen Versuchen entgegen, repressive Systeme zu überwinden. Und manchmal verleiten sie Politiker und andere einflußreiche Persönlichkeiten dazu, sich dem Okkultismus zuzuwenden.[34] Solche dämonischen Mächte prägen heute unsere Welt. Das Böse ist viel komplexer als falsche individuelle Entscheidungen. Es liegt sowohl außerhalb von uns in mächtigen unterdrückenden sozialen Systemen als auch in dämonischen Mächten, die ihre Freude daran haben, sich Gott zu widersetzen. Sie korrumpieren die sozialen Systeme, die wir Menschen, die wir doch Ebenbilder Gottes sein sollen, brauchen.

Papst Johannes Paul II hat recht, wenn er darauf beharrt, daß böse soziale Strukturen ihre Wurzeln in persönlicher Sünde haben. Soziales Böses rührt aus unserer Auflehnung gegen Gott und der sich daraus ergebenden Selbstsucht gegenüber unseren Nächsten. Doch die Ansammlung und Konzentration vieler *persönlicher Sünden* schafft böse soziale Strukturen, die die Menschen unterdrücken und die schwer zu verändern sind.[35] Wenn wir uns dazu entschließen, an bösen sozialen Systemen teilzuhaben und unsern Nutzen daraus zu ziehen, dann sündigen wir ebenso, wie die reichen Frauen zur Zeit des Amos gegen Gott und ihre Nächsten sündigten.

Diejenigen, gegen die gesündigt wurde. Wenn wir die Natur sozialer Sünde wirklich verstehen, sehen wir die Unterdrückten als diejenigen, gegen die Unrecht begangen wurde.[36] Raymond Fung sagte einmal, daß wir diese Menschen als Opfer ansehen müssen, als die, denen durch ungerechte wirtschaftliche und politische Strukturen Unrecht geschah, wenn wir in irgendeiner Weise mit ihnen zusammenarbeiten wollen. Nähern wir uns ihnen von dieser Seite her, dann können wir uns besser in ihre Situation der Unterdrückung hineinversetzen. Es macht uns auch Mut zur Kritik an denen, die die Unterdrückung ausüben, und Mut, der Ungerechtigkeit entgegenzutreten.

Dabei müssen wir allerdings auch sorgfältig darauf bedacht sein, eine Reihe möglicher Fehler zu vermeiden. Wir dürfen nicht vergessen, daß die Unterdrückten ebenfalls Sünder sind, die ihre *eigenen Sünden* zu bereuen haben, wenn das auch andere sind als die ihrer Unterdrücker. Weiterhin dürfen wir die Unterdrücker nicht in der Weise angreifen, daß wir sie nicht mehr als Menschen behandeln. Im Gegensatz zum Marxismus, der danach ruft, alle Unterdrücker auszulöschen, sieht das Christentum sie als sündige Menschen, die Gott so sehr liebt, daß er sie von ihrer Sünde freimachen möchte.

Es muß vor allem klar werden, daß Unterdrücker und Unterdrückte mehr brauchen als nur neue und bessere soziale Systeme. Die Sünde reicht tiefer als selbst die schlimmsten sozialen Systeme. Aus diesem Grunde brauchen die Menschen sowohl bessere gesellschaftliche Systeme als auch eine neue, lebendige Beziehung zu Christus, die im Kern ihrer Persönlichkeit Veränderung schafft.[37]

Jesus und die Politik

Die Heilige Schrift verurteilt soziale Sünde. Ungerechte soziale Systeme verstümmeln und zerstören den Menschen. Strukturelle Veränderungen sind oft besser als individuelle Akte der Fürsorge.

Doch damit ist die Frage, wie Jesus zur Politik stand, noch nicht beantwortet. Weiter vorn in diesem Buch habe ich bereits gesagt, daß Jesus keine Lobby für soziale Aktionen gründete, um mit seinen Nachfolgern den Senat von Rom zu beeinflussen. Sollten wir deshalb auch nichts derartiges tun? Wir müssen die besondere politische Situation verstehen, in der Jesus sich befand. Er war Einwohner einer römischen Kolonie, die von einer totalitären, imperialistischen Diktatur beherscht wurde.[38] Er selbst besaß das römische Bürgerrecht nicht, also auch keine politischen Rechte.

Selbst in Palästina hatten die drei politischen Hauptrichtungen zur Zeit Jesu mit den für sein anbrechendes Reich geltenden Maßstäben nichts „am Hut". Herodes und seine Anhänger und die Sadduzäer arbeiteten mit den unterdrückenden Römern zusammen, um ihre privilegierte, ungerechte Lebensweise abzusichern und noch auszubauen. Diese politische Richtung stellte für Jesus niemals eine Versuchung dar. Die Essener dagegen zogen sich in die Wüste zurück. Sie bildeten dort eine isolierte Gemeinschaft, die passiv auf den kommenden Messias wartete. Schweigender Rückzug war auch nicht Jesu Art. Die dritte politische Position, die von seinen Zeitgenossen eingenommen wurde, war die der revolutionären Zeloten. Sie griffen zum Schwert, um die römische Besatzungsmacht zu vertreiben. Jesus aber sagte seinen Nachfolgern, daß sie ihre Feinde lieben sollten, auch ihre römischen Unterdrücker. In der Situation Jesu gab es nur eine „politische" Option für ihn. Er forderte die gesamte Gesellschaft auf, sich zu ändern. Und dann schuf er eine neue Gemeinschaft. Diese sollte zum Kern der Gesellschaft werden und alle auffangen, die bereit waren, den Status quo so nicht bestehen zu lassen. Das war es, was Jesus tat. Das war ein „politischer" Weg – tatsächlich der einzige zuverlässige in diesem Zusammenhang.

Ich finde, daß noch etwas anderes bedacht werden muß: Jesus war von Gott zu den Juden gesandt worden, nicht zum ganzen römischen Reich. Er kam als der jüdische Messias und forderte das ganze jüdische Volk auf, seinen Messias anzunehmen und ihm zu folgen. Wir haben gesehen, daß er seine Botschaft nicht nur auf religiöse

Führer beschränkte und auch nicht auf „innere, geistliche" Themen. Die Kritik an ungerechten Wirtschaftspraktiken und sozialen Vorurteilen gegen die Armen und die Randsiedler war in gleichem Maß ein Bestandteil seiner Lehre vom Reich Gottes wie seine Anweisungen hinsichtlich des Gebetes und des Gottesdienstes. Wenn man sagt, daß Jesu messianische Sendung an die jüdische Nation keine „politische" gewesen wäre, heißt das, das ganze Evangelium vom Reich Gottes zu vergeistigen und damit mißzuverstehen.

Natürlich war seine Botschaft nicht ausschließlich oder auch nur vorrangig politischer Natur. Die wunderbare Proklamation der freien Gnade Gottes bildete den Kern der Guten Nachricht. Die Rolle des Richters lehnte er ab. Und er wies auch die gängige Messiasvorstellung vom militärischem Eroberer, der die gewaltsame Revolution gegen die Römer anführen würde, mit Nachdruck zurück.

Aber er erklärte, daß Gottes messianische Herrschaft in seiner Person und seinem Wirken in die Geschichte eingebrochen sei. Er rief die gesamte jüdische Volksgemeinschaft auf, die Maßstäbe seines Reiches im Hinblick auf Wirtschaft, Ehe, Rolle der Frauen, Führerschaft, Feinde – in allen Bereichen – zu akzeptieren. Alle, die Jesu Aufforderung annahmen, wurden nach seinem Tod und seiner Auferstehung Teil einer Bewegung, die von Gott ausgegangen war und die nun die Botschaft von der messianischen Erlösung ausbreiten sollte. Ein Jude in Jerusalem hatte sie bewirkt, und sie galt der ganzen Welt.

Doch während seiner Lebzeiten war Jesus zum jüdischen Volk gesandt. Gott schickte ihn nicht nach Athen oder Rom. Es stimmt zwar, daß er nicht eine politische Partei ins Leben rief, um den römischen Senat zu beeinflussen. Aber er gründete auch keine „Gesellschaft für Auslandsmission", um den Römern das Evangelium zu bringen. Er war zu den Juden gesandt. Wenn die Tatsache, daß Jesus keine politische Bewegung ins Leben rief, um die imperialistische Politik zu beeinflussen, heißt, daß wir es auch nicht tun sollten, dann sollten wir auch andern Völkern das Evangelium nicht bringen. Das tat Jesus nämlich auch nicht.

Nach seiner Auferstehung sandte Jesus seine Jünger in die Welt hinaus. Sie sollten die Menschen zum Glauben führen und sie alles lehren, was er sie gelehrt hatte. Das heißt: „zu Jüngern machen", zu Nachfolgern, die alle Bereiche ihres Lebens ihm unterordnen würden. Das schließt wirtschaftliche Dinge ebenso ein wie den Gottesdienst, das politische Leben ebenso wie das persönliche Gebetsleben.

Aber auch in Palästina tat Jesus nicht gerade das, was wir im allgemeinen unter politischer Betätigung verstehen. Er trat nicht ins Kabinett des Herodes ein und organisierte auch keine fanatische politische Partei. Wir haben gesehen, daß die drei anerkannten politischen Hauptrichtungen sich für Jesus in seiner eigenen Situation als unvereinbar mit den Maßstäben seines Reiches darstellten. Eine neue soziale Ordnung zu gestalten schien zu jener Zeit in der jüdischen Kolonie eines undemokratischen Reiches die einzige zuverlässige politische Möglichkeit zu sein.

Nicht alle politischen Verhältnisse unserer Zeit gleichen denen aus dem ersten Jahrhundert, obwohl einige von ihnen verblüffende Ähnlichkeiten aufweisen. Christen unter dem sowjetischen und chinesischen Kommunismus hatten vermutlich weniger Freiheit zu politischen Aktivitäten als die Juden zur Zeit Jesu unter römischer Herrschaft. Wo die Situation ähnlich ist, ist auch eine ähnliche Reaktion angemessen.

Oft haben wir jedoch viele politische Möglichkeiten, uns für Gerechtigkeit, Frieden, Demokratie und Freiheit einzusetzen. Daß Jesus weder Radio noch Fernsehen benutzen konnte, heißt nicht, daß wir es auch nicht dürfen. Ähnliches gilt für seine politischen Möglichkeiten. Daß er weniger hatte als wir, heißt nicht, daß wir den politischen Prozeß nicht nutzen sollten, um strukturelle Veränderungen herbeizuführen, wenn es irgend möglich ist.

Biblischer Glaube fordert die Glaubenden zu aktiver sozialer Betätigung auf. Unter manchen Bedingungen werden wir uns zu unmittelbarer Hilfeleistung entschließen, um eine Katastrophe abzuwenden. Bei anderer Gelegenheit werden wir langfristige Entwicklungshilfe durch die Gemeinden anlaufen lassen. Und in wieder anderen Fällen werden wir uns politisch betätigen, um soziale, wirtschaftliche und politische Strukturen zu verbessern. Immer wird dabei unser Ziel sein, Gott zu gehorchen und ihn zu verherrlichen, der in der Bibel als der Eine offenbart ist, der für alle Menschen ein ganzheitliches Heil will.

In Kapitel 7 sahen wir, wie nachdrücklich die Bibel die Christen zur Verkündigung des Evangeliums aufruft. Dieses Kapitel nun hat Hunderte von Textstellen aufgezeigt, die den Christen das soziale Anliegen nahebringen. Die beiden nächsten Kapitel werden ein neues Modell vorstellen, wie man diese beiden biblischen Aufforderungen miteinander verknüpft.

Teil V

Sichtbar werdendes Reich Gottes

Kapitel 9

Der Unterschied zwischen Evangelisation und sozialer Aktion

Denn was hülfe es dem Menschen, wenn er die ganze Welt gewönne und nähme an seiner Seele Schaden?

Mk 8,36

Selbst durchs Telefon hörte man noch, wie Raleigh Washingtons Stimme vor Freude vibrierte. Ich hatte ihn angerufen und gefragt, ob er sich der Kommission führender Evangelikaler für soziale Aktionen anschließen könnte (er tat es). Aber zuerst wollte er mir noch von den 225 Leuten berichten, die in der vergangenen Woche in seiner Gemeinde den Weg zu Christus gefunden hatten.

Raleigh Washington ist Afroamerikaner und Pastor der „Rock of Our Salvation Church" (Evangelical Free Church) – einer rassisch gemischten Innenstadtgemeinde im Westen von Chicago. Eng verbunden mit dieser Gemeinde ist „Circle Urban Ministries", ein ganzheitliches Gemeinde- und Lebenszentrum. Es wird von Glen Kehrein geleitet, einem weißen Farmerssohn aus Wisconsin. „Circle" hat ein medizinisches Institut mit sieben vollzeitlichen Ärzten, eine juristische Beratungsstelle mit zwei vollzeitlich angestellten Rechtsanwälten, ein Sozialwohnungsprogramm für Arme, bei dem Millionen Dollar in Hausrenovierungen gesteckt wurden, und Arbeitsbeschaffungsprogramme, um in diesem Innenstadtbereich eine wirtschaftliche Basis für die Bewohner zu bilden.

Das erstaunliche evangelistische Ergebnis dieser Woche zeigte sich nicht im luftleeren Raum. Die notleidenden Bewohner dieses Bezirks wußten, daß die Leute, die sie zu Jesus einluden, die gleichen waren, die ihnen eine wesentliche Gesundheitsfürsorge, bezahlbare Wohnungen und Hilfe bei der Arbeitssuche oder bei der Ausbildung zuteil werden ließen. Und die Leitung des Lebenszentrums wußte ebensogut, daß sie mehr als nur eine hervorragende medizinische Versorgung oder juristische Beratung anbieten mußten. Im andern Fall würden sie niemals bis zum Kern der Probleme vorstoßen und bleibende Veränderungen bewirken.

Eine Zeitlang kam es dahin, daß „Circle Urban Ministries" das evangelistische Ziel weitgehend aus dem Auge verlor. Theoretisch hielt man zwar an beidem fest: der evangelistischen Arbeit und den sozialen Aktionen. Aber letzteren widmete man mehr an Aufmerksamkeit. Als Raleigh Washington 1983 im Herzen des Lebenszentrums eine Gemeindegründungsarbeit begann, war das Gleichgewicht zur ganzheitlichen Arbeit wieder hergestellt. Wenn jetzt die Ärzte oder Juristen den Eindruck einer geistlichen Not gewinnen, reden sie mit den Betreffenden ganz offen von Christus. Oder sie machen ihnen Mut, ein Gespräch mit einem der drei Kaplane zu suchen, die sowohl im Lebenszentrum als auch in der Gemeinde ihre Tätigkeit entfalten. Aus diesen Bemühungen ist eine rapid wachsende Innenstadtgemeinde mit über 300 Mitgliedern geworden.

Das ist die Art von ganzheitlicher Mission, die biblisch und effektiv ist. Es ist auch die Art von geistlicher Tätigkeit, die ein fünftes Modell der Beziehung zwischen der Verkündigung des Evangeliums und sozialem Anliegen darstellt.

In Kapitel 2 habe ich vier vorherrschende Modelle aufgezeigt. Alle hatten größere Schwachpunkte. Nachdem ich nun das Evangelium vom Reich Gottes, von Erlösung und Bekehrung untersucht und biblische Begründungen für evangelistische Arbeit und soziales Anliegen entfaltet habe, möchte ich ein fünftes Modell entwickeln. Dies ist, wie ich glaube, voll durch die vorhergehenden biblischen Studien belegt. Außerdem verbindet es die Stärken und vermeidet die Schwächen der vier anderen Modelle.

Wie können wir Evangelisation und Mission definieren?

Was ist Evangelisation?

Das neutestamentliche Wort „evangelisieren" ist einfach die Verbform von dem Substantiv „Evangelium" = Gute Nachricht. Evangelisieren heißt demnach, das Evangelium verkündigen. Wenn noch ein anderes Verb in diesem Zusammenhang im Neuen Testament verwandt wird, ist es häufig das Wort „predigen". Und in den meisten Beispielen, die wir im Neuen Testament finden, richtet sich nach C. H. Dodd die Predigt an Nichtchristen.[1] Verbale Verkündigung der Guten Nachricht an Nichtchristen mit der Intention und der Hoffnung, daß sie auf ihrem Weg umkehren, Christus annehmen und in die neue Gemeinschaft unter seiner Herrschaft hineinfinden – das ist das zentrale Anliegen der evangelistischen Arbeit.

Es ist wichtig zu sehen, daß die verbale Verkündigung eine wesentliche Komponente der evangelistischen Tätigkeit ist. Aber sie ist auch nicht der einzige Weg, die Gute Nachricht weiterzusagen. Jesus ist das beste Beispiel dafür, wie man die Gute Nachricht an andere vermittelt. Wenn etwas in seinem Leben klargeworden ist, dann, daß er das Reich Gottes durch Wort und Tat verkündigte. Der ins Fleisch gekommene Gott (die vollkommenste Verbindung von Wort und Tat) brachte die Gute Nachricht durch verbale Verkündigung und durch sichtbare Demonstration zu den Menschen.

Damit erhebt sich eine wichtige Frage. Wenn wir mit Wort und Tat das Evangelium verkündigen, heißt das, daß soziale Aktion ein Teil der evangelistischen Tätigkeit ist? Ist das Graben eines Brunnens in einer Hindugesellschaft oder der politische Einsatz zur Beendigung ungerechter Strukturen evangelistische Arbeit? Wenn ja, können wir soziale Strukturen, multinationale Konzerne und ganze Völker durch das Evangelium beeinflussen?

Viele unserer christlichen Zeitgenossen sind der Ansicht, daß diese Frage mit „ja" zu beantworten sei. Der Weltkirchenrat sagt in „Mission und Evangelisation", daß der Ruf zur Umkehr an „Völker, Gruppen und Familien gerichtet sei".[2] David Lowes Watson erklärt, daß „Gemeinschaften, Städte, Nationen, zusammengewürfelte Ansammlungen nicht nur als sündig erkannt werden, sondern auch zur Umkehr aufgerufen werden müssen. Und daß von ihnen auch die Umkehr erwartet werden kann. Ihre Erlösung muß zusammen mit der Erlösung einzelner Menschen angestrebt werden."[3]

Wie sollen wir eine solche Aussage bewerten?

Ich glaube ganz gewiß, daß wir uns politisch betätigen sollten, um ungerechte Strukturen zu verändern. Aber es ist *verwirrend und irreführend, wenn man das als evangelistische Arbeit bezeichnet.* Es gibt verschiedene schwerwiegende Gründe dafür, daß wir Evangelisation so definieren sollten, daß sie sich eindeutig von sozialen

Aktionen unterscheidet (wenn auch mit Sicherheit eine Verknüpfung zwischen ihnen besteht).

Vor allem aber ist es verwirrender Unsinn, bei Nationen und Wirtschaftsgesellschaften von Buße und Umkehr zu sprechen. Konzerne können ihre Politik ändern (und Aussagen machen, in denen sie Unrecht zugeben). Aber General Motors oder die Regierung der USA können Jesus Christus nicht als ihren persönlichen Erlöser und Herrn annehmen und sich der Taufe unterziehen (auch wenn sie nur ein paar Wassertropfen dabei sprühen würden). Sie können nicht aktive Mitglieder einer örtlichen Gemeinde werden, am Abendmahl teilnehmen, täglich persönliche Gemeinschaft mit dem Heiligen Geist erleben und in der Zukunft bei der Wiederkunft Christi eine leibliche Auferstehung erwarten. Das können nur *Personen*. M. M. Thomas sagte anläßlich der 5. Generalversammlung des Weltkirchenrates in Nairobi: „Es können nur Personen angesprochen werden, und nur Personen können darauf antworten"[4] (Übers. a. d. Engl.).

Damit soll nichts gesagt werden gegen das, was Donald McGavran „people movements"[5] oder David Gitari „community evangelism"[6] nennt. In Gesellschaften, die weniger individualistische Prägung haben, sondern mehr durch Gemeinwesen bestimmt sind, kann vielleicht ein ganzes Dorf gemeinsam erwägen und darüber entscheiden, ob sie Christus annehmen wollen. Vinay Samuel besteht zu Recht darauf, daß wir häufiger in Evangelisationen die ganze Person innerhalb der Gemeinschaft ansprechen sollten statt isolierte Individuen.[7] Aber wenn Buße und Bekehrung in einer solchen „Massenevangelisation" echt sein sollen, muß jeder Teilnehmer eine *persönliche* Entscheidung fällen und in eine *persönliche* (wie auch gemeinschaftliche) Beziehung zu dem lebendigen Gott eintreten. Im Kern biblischen Glaubens finden wir die unumstößliche Wahrheit, daß Gott jeden einzelnen Menschen auffordert, auf die Einladung Christi zu antworten.[8] Bei der Verkündigung des Evangeliums sprechen wir nur Personen, nicht soziale Strukturen an, weil nur einzelne Menschen Nachfolger Christi werden können.[9]

Ein zweiter Grund, weshalb wir darauf bestehen müssen, Evangelisation und soziale Aktion zu unterscheiden, ist, daß sie zu verschiedenen Ergebnissen führen. Soziale Aktion kann zu saubererem Wasser, zu mehr Demokratie oder mehr wirtschaftlicher Gerechtigkeit führen. Aber diese durchaus zu schätzenden Güter zu besitzen ist einfach nicht das gleiche wie die Gewißheit der Sündenvergebung, die Freude über eine persönliche Beziehung zu Jesus Christus und die Erwartung, daß man einmal in alle Ewigkeit in der Gegenwart des auferstandenen Herrn leben darf. Diese Schätze zu besitzen ist nur möglich, wenn ein Mensch das Evangelium hört und Jesus Christus annimmt. Man kann alle Güter materiellen Wohlstandes und gerechter Sozialstrukturen besitzen, die die besten sozialen Aktionen hervorbringen können, und trotzdem in aktiver Auflehnung gegen Gott leben und auf dem Weg zur ewigen Trennung von Gott sein. Andrerseits kann eine völlig unterernährte, unterdrückte Frau, die vor dem Hungertod steht, eine lebendige Beziehung zu Christus erfahren und auf dem Weg zum ewigen Leben in der Gegenwart ihres Erlösers sein.

Dieser zweite Punkt (das unterschiedliche Ergebnis) heißt aber nicht, daß es keine Verbindung zwischen Evangelisation und sozialer Aktion gibt. In Kapitel zehn werden wir sehen, wie sie tatsächlich in vielfacher Weise unauflöslich miteinander verknüpft sind. Doch sie sind eben nicht identisch – zum Teil, weil entscheidende Aspekte der Ergebnisse der Evangelisation einerseits und der Ergebnisse sozialer Aktionen andererseits sich weitgehend unterscheiden.

Die Geschichte meines Freundes James in Südafrika unterstreicht diesen Punkt. Ich hätte mich mit ihm zusammentun und jahrelang mit ihm arbeiten können, um die ungerechten Strukturen der Apartheid zu beseitigen. Das wäre sicher auch nach der Bibel Aufgabe eines wiedergeborenen Christen gewesen! Aber selbst wenn wir beide nach einem Jahrzehnt unmenschlicher Anstrengungen einen entscheidenden Beitrag zum Abbau der Apartheid hätten leisten können, hätte das nicht unbedingt die persönliche Bekehrung von James eingeschlossen. Er wäre möglicherweise nach wie vor in Rebellion gegen Gott gewesen. Erst als James das Angebot der Gnade Christi annahm, wurde er ein Nachfolger Jesu Christi auf dem Weg zum ewigen Leben in der Gegenwart des Herrn.

Ein dritter Punkt: Ebenso wie die Ergebnisse von Evangelisation und sozialer Aktion sich unterscheiden, so sieht es auch bei der Intention der Menschen aus, die sich diesen Anliegen widmen. Bei der Evangelisation besteht die zentrale Absicht darin, Nichtchristen dahin zu führen, daß sie Christus akzeptieren und seine Nachfolger werden. Bei der sozialen Aktion besteht das Anliegen darin, die sozioökonomischen oder psychologischen Umstände zu verbessern, unter denen die Menschen ihr Leben hier auf der Erde führen.

Viertens: Wir sollten auch deshalb zwischen Evangelisation und sozialer Aktion unterscheiden, damit die Integrität der sozialen Aktion gewahrt bleibt! In Kapitel 8 habe ich dargelegt, daß Christen einfach schon von der Schöpfung her eine angemessene theologische Begründung haben, für erträgliche Lebensverhältnisse in der menschlichen Gesellschaft zu sorgen. Soziale Aktivitäten müssen nicht als evangelistische Vorfeldarbeit oder mit einer evangelistischen Absicht ausgeführt werden, damit sie legitimiert sind. Die Hungernden zu speisen, gegen die Sklaverei anzugehen und sie aufzuheben, und politische Freiheit und wirtschaftliche Gerechtigkeit zu fördern, das alles hat seine eigene biblisch begründete Berechtigung, unabhängig davon, ob die Nutznießer jemals Christen werden. Wenn jedoch Evangelisation und soziale Aktion identisch sind, dann ist jeder soziale Akt auch evangelistische Verkündigung. Das hieße aber auch, daß verbale Verkündigung und die Absicht, Nichtchristen zu Christus zu führen, zentrale Komponente eines jeden Tuns aus sozialer Verantwortlichkeit heraus wäre.

Fünftens: Die Gleichsetzung von Evangelisation und sozialer Aktion gefährdet die Integrität und die Praxis der Verkündigung des Evangeliums. Wenn alles, wozu die Christen in die Welt gesandt sind, evangelistisches Tun ist, dann geht die spezielle Aufgabe der Verbreitung des Evangeliums an Nichtchristen mit der Hoffnung, daß sie Christus annehmen, leicht unter. Und genau das ist geschehen in vielen Kreisen, die Evangelisation und soziale Aktion gleichsetzen. Das Schwergewicht des Einsatzes (Zeit, Kraft und Geld) bleibt auf der sozialen Aktion mit dem Ziel verbesserter sozioökonomischer Lebensumstände liegen. Der verbalen Verkündigung und andern Aktivitäten mit dem Ziel, Nichtchristen einzuladen, zu Jesus zu kommen, wird wenig oder gar keine Aufmerksamkeit geschenkt.

Wenn soziale Aktion und Evangelisation gleichgesetzt werden, kann man außerdem nicht einmal über dieses Manko sprechen. Man kann niemandem die Vernachlässigung der Verkündigung des Evangeliums zur Last legen – auch wenn die Vertreter dieser Sicht niemals jemanden zu Christus eingeladen haben –, wenn sie in sozialen Aktionen engagiert sind und diese dasselbe sind wie Evangelisation. Man kann nicht einmal danach fragen, ob Zeit, Geld und persönlicher Einsatz korrekt zwischen Evangelisation und sozialer Aktion aufgeteilt werden. Bei dieser Begriffsbestimmung kann man sogar behaupten, daß eine Kirche oder Missionsgesellschaft stark im Bereich der Evangelisation engagiert ist, auch wenn dort niemals ein Groschen oder eine Minute darauf verwandt wird, Menschen zu Christus zu führen.

Die Unterscheidung zwischen Evangelisation und sozialer Aktion abzulehnen ist in doppelter Weise gefährlich. Häufig führt es zu einer Vernachlässigung eines zentralen Teils dessen, was das Neue Testament unter Evangelisation versteht. Und dann verhindert die gleiche Begriffsbestimmung, daß man auf diese einseitige häretische Vernachlässigung aufmerksam machen kann.

Sechstens: Evangelisation und soziale Aktion sind deshalb zu unterscheiden, weil man zwar das letztere, nicht aber das erste ohne irgendeine verbale Verkündigung tun kann. Man kann wertvollen sozialen Einsatz leisten, ohne jemals von Jesus und seinem anbrechenden Königreich gesprochen zu haben. Fromme Christen können mit Muslimen, Hindus, säkularen Humanisten und Anhängern der New-Age-Bewegung zusammenarbeiten, um eine Regierung zu veranlassen, mehr für die Bewahrung der Umwelt zu tun. Und gelegentlich wird die Zusammenarbeit auch durchaus angemessen sein, um dieses Ziel zu verfolgen – ohne ein Wort über Jesu Tod und Auferstehung und das Reich Gottes zu verlieren. Es stimmt ja auch: Wenn diese Kollegen in der sozialen Aktion wissen, daß Sie ein Christ sind und die Umwelt schützen wollen, weil sie den Schöpfer lieben, dann ist Ihr Handeln auch ein Zeugnis für Christus. Aber ohne ein Wort von Christus sind unsere sozialen Aktionen in sich selbst kein Zeugnis für etwas, außer für uns selbst und unsere ehrenhaften Anliegen.

Im Gegensatz zur sozialen Aktion ist Evangelisation total unmöglich, ohne daß die Botschaft des Evangeliums verkündet wird und Menschen zum Glauben eingeladen werden. Michael Nazir sagt: „Evangelisation redet nicht davon, wie gut *wir* sind oder selbst unsere Kirche ist, sondern wie gut Gott ist."[10] Im Gegensatz zur sozialen Aktion ist Evangelisation unmöglich, solange die Botschaft nicht verkündet wird.

Evangelisation und soziale Aktion sind also nicht identisch. Sie müssen unterschieden werden, obwohl es sich um eng miteinander verknüpfte Aktivitäten handelt.[11]

Auf einer Unterscheidung zwischen Evangelisation und sozialer Aktion zu beharren heißt jedoch nicht, dabei nur die verbale Verkündigung der sichtbaren Demonstration gegenüberzustellen.[12] Jesu Taten und seine Worte waren zentral mit der Ankündigung vom Reich Gottes verknüpft. Paulus sagt ausdrücklich, daß er die Heiden „durch

Worte und Taten" zum Glauben führte (Röm 15,18-20). Eine reiche, gleichgültige Kirche, die den Hungernden nur mit Worten begegnet, wird natürlich in ihrem Bemühen scheitern. Ihr Leben verleugnet einfach ihre Botschaft. John Stott sagte in Lausanne vor der Vollversammlung: „Wir können mit den Worten unseres Mundes evangelisieren [...] durch gedruckte Botschaft, durch Bilder und Filme, durch Anspiele [...] durch gute Werke der Liebe, durch ein Heim, in dem Christus der Mittelpunkt ist, und durch ein verwandeltes Leben."[13] (Übers. a. d. Engl.) Worte und Taten gehören zusammen.

Der angemessenste Weg zur Unterscheidung von Evangelisation und sozialer Aktion ergibt sich, wenn wir nach der Intention fragen. Evangelisation umfaßt diejenigen Aktivitäten, die vor allem Nichtchristen die Botschaft vom Reich Gottes nahebringen sollen. Man will sie einladen, an Jesus Christus als ihren persönlichen Herrn und Erlöser zu glauben und sich seiner neuen, erlösten Gemeinschaft anzuschließen.[14]

Soziale Aktion umfaßt diejenigen Aktivitäten, deren vorrangiges Ziel darin besteht, die physischen, sozioökonomischen und politischen Lebensumstände der Menschen durch Notmaßnahmen, Entwicklungshilfe und strukturelle Veränderungen zu verbessern.

Im praktischen Leben sind diese beiden Programme selten, wenn überhaupt jemals, sauber und scharf voneinander getrennt. Menschen, die Jesus lieben, betätigen sich auch sozial – oft ausdrücklich im Namen Jesu. Häufig bieten die gleichen Leute in den gleichen Programmen sowohl sofortige Notmaßnahmen und Entwicklungshilfe an als auch die Einladung an Nichtchristen, Christus anzunehmen. Außerdem – das werde ich weiter unten noch belegen – ist diese enge Verbindung gewöhnlich äußerst wünschenswert. Aber die Tatsache, daß diese enge Verbindung besteht, bedeutet eben nicht, daß Evangelisation und soziale Aktion identisch sind.

Es ist auch hilfreich, die vorrangige *Intention* von anderen, ebenfalls damit verknüpften *Dimensionen* der gleichen Aktivität zu unterscheiden. In seinem letzten Werk, das erst nach seinem Tode veröffentlicht wurde, spricht Orlando Costas eindrücklich davon, daß es in jeder Aufgabe, die die Kirche übernimmt, eine evangelistische *Dimension* gebe.[15] Die primäre Intention des Gottesdienstes besteht darin, Gott zu preisen. Aber die Anbetung, wie sie vor allem die Orthodoxe Kirche praktiziert, kann eine mächtige evangelistische Dimension haben.[16] Die Grundintention der Teilhabe am Leib Christi ist einfach das Darstellen von Jesu neuer erlöster Gemeinschaft. Aber gegenseitige Liebe und Fürsorge in der Gemeinde haben häufig auch eine bedeutsame evangelistische Dimension, da das Erfreuliche und die Güte einer echten christlichen Gemeinschaft eine verlorene Welt anzieht.

Die primäre Intention der sozialen Aktion ist der Kampf gegen den Hunger, die Unterstützung der Armen und die Verbesserung der sozialen Strukturen. Menschen, die nach Gottes Ebenbild geschaffen sind, sollen sich mehr dessen erfreuen, was der Schöpfer ihnen in ihrem Leben zugedacht hatte. Auch wenn sie sich niemals Jesus zuwenden, sind die ganzheitlich besseren Lebensverhältnisse ein Gut, das der Schöpfer gewollt hat. Es hat seinen eigenen Wert und Sinn, unabhängig von jeder evangelistischen Dimension. Christen wissen, daß sich dieser Schöpfer danach sehnt, mit allen Menschen in ewiger Gemeinschaft zu leben. Sie freuen sich deshalb natürlich auch, daß solche sozialen Aktionen, die im Namen Jesu Christi geschehen, oft eine klare evangelistische Dimension gewinnen. Trotzdem ist das nicht der erste (oder einzige geltende) Grund für das Angebot von Brot und Gerechtigkeit.

Ich denke, daß Orlando Costas recht hat:

„Nicht alles, was die Kirche tut, ist Verkündigung des Evangeliums. Die Kirche ist dazu gerufen, verschiedene missionarische Aufgaben zu übernehmen. Doch alles, was die Kirche ist und wozu sie gesandt ist, hat eine evangelistische Dimension [...] Man sollte nicht Evangelisation mit den mancherlei missionarischen Aufgaben der Kirche verwechseln. Trotzdem sollten wir das evangelistische Potential aller dieser Aufgaben erkennen."[17]

Costas benutzt die gleichen Unterscheidungsmerkmale, wie sie im Grand Rapids Report für Evangelisation und soziale Verantwortlichkeit (GRESR) von der WEF (weltweiten Evangelischen Allianz) und vom Lausanner Komitee für Weltevangelisation herausgegeben wurden: „Evangelisation, selbst wenn sie primär keine soziale *Intention* hat, besitzt trotzdem eine soziale *Dimension*, während soziale Verantwortlichkeit, auch wenn sie nicht primär eine evangelistische *Intention* hat, trotzdem eine evangelistische *Dimension* hat"[18] (Übers. a. d. Engl.).

Weil Evangelisation nicht identisch ist mit sozialer Aktion, Christen aber zu beidem aufgerufen sind, brauchen wir eine Begriffserweiterung, wenn wir von beidem sprechen. Ich stimme John Sott zu, daß das Wort „Mission" (Sendung, Auftrag) vielleicht am ehesten weiterhilft.

Mission bezieht sich nicht auf alles, was Gott tut, oder auf alles, was die Kirche tut. Der Schöpfergott erhält die Welt auf eine Weise, wie wir es nicht können. Die göttliche Aktivität ist nicht Teil des Auftrages der Kirche. Die Kirche hat außerdem viele wichtige interne Aufgaben wie Gottesdienst, christliche Erziehung und die Pflege der christlichen Gemeinschaft. Das alles ist wichtig und hat auch eine bedeutsame Dimension, die sich auf Evangelisation und soziale Aktion bezieht. Aber vorrangig geht es dabei um das innere Leben der Gemeinde und nicht um Mission in der Welt.

Mission bezieht sich auf „alles, wozu die Kirche in die Welt gesandt ist, um es zu tun".[19] Jesus sagt in Joh 20,21: „Wie mich der Vater gesandt hat, so sende ich euch."[20] Wenn etwas klar ist, dann, daß Jesus predigte *und* heilte. Jesus sagte ausdrücklich, daß er kam, um das Evangelium zu verkündigen und zu dienen (Mk 10,45).[21] Wenn wir in gleicher Weise wie Jesus gesandt sind, dann schließt unser Auftrag in der Welt auch beides ein: Evangelisation und soziale Verantwortlichkeit.[22]

Aber was ist wichtiger?

In welchem Sinn hat die Verkündigung des Evangeliums den Vorrang?

Die Lausanner Verpflichtung und der Grand Rapids Report (GRESR) beharren darauf, daß Evangelisation an erster Stelle steht – obwohl Evangelisation und soziales Anliegen beides wichtige Aspkete des christlichen Auftrages in der Welt sind. Wenn das wirklich stimmt, in welchem Sinn gilt das?

Während der lebhaften Debatten in Grand Rapids im Jahr 1982 wurde mir erstmals klar, daß die Frage der Vorrangigkeit mindestens fünf Unterfragen beinhaltet: 1. Eine logische Frage: Gibt es christliche soziale Verantwortlichkeit, ohne daß es zuerst Christen gibt? 2. Eine ontologische Frage: Ist irgend etwas (oder tatsächlich alles andere) in der Welt so wichtig wie eine lebendige Beziehung zu Gott, die ins ewige Leben führt? 3. Eine Frage der Begabung: Gibt es nicht unterschiedliche Christen mit unterschiedlichen Gaben und Berufungen, und verwenden sie demzufolge ihre Zeit nicht sehr unterschiedlich? 4. Eine zeitliche Frage: Beeinflussen nicht die augenblicklichen Umstände (z. B. eine Flutkatastrophe) das, was man in einer besonderen Situation zuerst tut? 5. Eine Frage nach den Mitteln: Wie teilen wir knappe Mittel an Zeit, Personen und Geld ein? Wenn man sorgfältig über die Frage der Vorrangigkeit der Evangelisation nachdenkt, muß jede einzelne dieser Fragen geprüft werden.

Die logische Frage. Gibt es christliche Verantwortlichkeit, ohne daß zuerst Christen da sind? Dieser Punkt ist so einfach und offensichtlich zu klären, daß es banal erscheint, darüber überhaupt zu reden. Aber eins ist gewiß: Wenn wir *christliche* soziale Verantwortlichkeit wollen, dann brauchen wir zuerst die Verkündigung des Evangeliums – Gottes Weg, um Menschen zu Christen werden zu lassen. In diesem Sinn also ist die Bekehrung eines Menschen logisch und zeitlich früher anzusetzen als die Möglichkeit seiner Übernahme *christlicher* sozialer Verantwortung.[23]

Die ontologische Frage. Gibt es etwas in der Welt – wirklich an allem anderen gemessen –, das so wichtig ist wie das ewige Leben? Damit sind wir beim Kern der Frage nach der Vorrangigkeit.

Diese Frage mit nein zu beantworten, zu sagen, daß es besser wäre, die ganze Welt zu verlieren als das ewige Leben, heißt nicht, daß die Seele gut ist und der Leib böse. Es heißt nicht, die enorme Bedeutung zu übersehen, die nach dem Willen des Schöpfers Gesundheit, Nahrungsmittel und Gerechtigkeit in der Geschichte haben. Aber es heißt das, was die christlichen Märtyrer aller Zeiten mit ihrem Leben bezeugt haben: Gott gehorchen und in alle Ewigkeit bei ihm zu sein ist wichtiger als Nahrung, Gesundheit und das Leben selbst mit seinen siebzig oder achtzig Jahren.

Das ist ganz sicher das, was Jesus uns lehren wollte mit der wichtigen Aussage in Mk 8,34-38:

> „Wer mir nachfolgen will, der verleugne sich selbst und nehme sein Kreuz auf sich und folge mir nach. Denn wer sein Leben erhalten will, der wird's verlieren; und wer sein Leben verliert

um meinetwillen und um des Evangeliums willen, der wird's erhalten. Denn was hülfe es dem Menschen, wenn er die ganze Welt gewönne und nähme an seiner Seele Schaden? Denn was kann der Mensch geben, womit er seine Seele auslöse? Wer sich aber meiner und meiner Worte schämt, unter diesem abtrünnigen und sündigen Geschlecht, dessen wird sich auch der Menschensohn schämen, wenn er kommen wird in der Herrlichkeit seines Vaters mit seinen heiligen Engeln."

Jesus warnt uns, ihn und sein Evangelium aufzugeben, um die Dinge dieser Welt zu gewinnen: Geld, Ruhm oder Macht. „Und fürchtet euch nicht vor denen, die den Leib töten, doch die Seele nicht töten können; fürchtet euch aber vielmehr vor dem, der Leib und Seele verderben kann in der Hölle" (Mt 10,28). Auch wenn wir alles bekommen würden, was es in der Welt zu gewinnen gibt, uns aber von Christus abwenden würden, wäre es das Höchstmaß an Dummheit, weil Jesus als der Menschensohn im Jüngsten Gericht uns den Rücken kehren würde.

Nichts in der Welt ist von solcher Wichtigkeit wie das ewige Leben. Ich möchte lieber an Hunger oder durch Folter sterben, als ewig von Gott getrennt sein, der die einzige Quelle der Liebe und Güte im gesamten Universum ist (2. Kor 4,16-18). Ich weiß, daß es für wohlgenährte, bequeme Menschen der westlichen Hemisphäre relativ leicht ist, das zu sagen. Und jedesmal, wenn wir so etwas sagen, sollte das von neuem unsere Hingabe bestärken, mit der wir uns für die Beendigung von Hunger und Ungerechtigkeit einsetzen. Trotzdem stimmt die Aussage. Soziale Aktionen, wie gut und umfangreich sie auch sein mögen, können nicht aus sich heraus Menschen auf den Weg des ewigen Lebens bringen. Nur in der Verkündigung des Evangeliums ist das möglich, bei der wir die Menschen einladen, Christus anzunehmen.

Allerdings gibt es eine wesentliche Aussage, nach der soziale Aktionen auch ewige Konsequenzen haben.[24] In Mt 25 werden wir davor gewarnt, die Hungrigen zu übersehen. Andernfalls würde unser Weg in der Hölle enden. Es ist kaum anzunehmen, daß Jesus hier einer krassen Werkgerechtigkeit das Wort redet, bei der soziale Aktionen für die Armen automatisch zum ewigen Leben führen würden. Wir können unsern Glauben durch solche Aktionen demonstrieren. Aber das ewige Leben erhalten wir nur aufgrund unseres Vertrauens auf

Jesus Christus. Es ist eine Gabe, nicht etwas, das wir uns verdienen könnten, und sei es auch durch eine außergewöhnliche soziale Tat.[25]

Die Frage der Begabung und Berufung. Wieviel von seiner Zeit sollte ein Christ der Verkündigung des Evangeliums und sozialen Aktionen widmen? Christen haben viele unterschiedliche Berufe: Es gibt Mediziner, Politiker, Pastoren, Erzieher, Hauswirtschaftlerinnen, Geschäftsleute, Evangelisten und viele andere. Nicht jeder ist in jedem Beruf verpflichtet, für alles die gleiche Zeit aufzubringen. Spezialisierung ist eine legitime Sache. Das heißt aber nicht, daß ein Christ – sei es Mann oder Frau – davon ausgehen sollte, daß ihm oder ihr nur die Verkündigung des Evangeliums oder nur die soziale Aktion am Herzen liegen sollte. Jeder Christ sollte sich beidem nicht entziehen. Doch das Neue Testament macht in seiner Aussage über die verschiedenen Gaben Mut zur Spezialisierung (Eph 4,11-12).[26] Wer die geistliche Gabe zur Verwaltung hat, sollte sich darauf konzentrieren, und diejenigen, die die Gabe zur Evangeliumsverkündigung haben, sollten rechtmäßig die meiste Zeit in diesem Bereich einsetzen.[27]

Dabei sollte jeder die Wichtigkeit der Berufung des anderen bekräftigen. Wenn entweder der Evangelist oder aber der soziale Aktivist behauptet, daß seine Tätigkeit wichtiger sei, bedeutet das Spaltung und Zerstörung.[28] Wenn beide die Bedeutung der Arbeit des anderen betonen, wird die Gemeinde gesegnet und zusammengehalten.

Die zeitliche Frage. Müssen wir immer erst das Evangelium anbieten, bevor wir uns dringender materieller Not zuwenden? Diese Frage wird heute kaum noch jemand mit ja beantworten. In Notzeiten ist es ganz selbstverständlich, daß die Hungernden gespeist und die Nackten gekleidet werden, ohne daß ein Wort von Christus gesagt wird. Zu anderer Zeit mag es ebenso angemessen sein, zuerst die Menschen zu unserm Herrn einzuladen, bevor eine soziale Aktion gestartet wird. Das hängt jeweils von den Umständen ab.[29]

Die Frage der Mittel. Wenn Verkündigung des Evangeliums und soziale Aktion nicht identisch sind, dann müssen wir entscheiden, wie wir unsere begrenzten Mittel an Zeit, Geld und personalem Einsatz richtig einteilen. Welcher von beiden Bereichen soll mehr erhalten?

Manche haben gesagt, daß es da nichts zu wählen gibt, weil wir beides tun können: „Selten oder nie stehen wir vor der Wahl, ob wir physischen oder geistlichen Hunger stillen wollen, ob wir Körper heilen oder Seelen retten wollen, weil die aufrichtige Liebe zu unserm Nächsten uns dahin führen wird, ihm ganzheitlich zu dienen."[30] Leider ist das eine zu oberflächliche Antwort, die nicht ausreicht. Wenn wir unbegrenzte Mittel hätten, oder jedes Programm, das Unterstützung verdiente, die Verkündigung des Evangeliums wirklich mit der sozialen Aktion verbinden würde, dann könnte man das sagen.

Viele gute evangelistische Programme (z. B. die Studentenmission oder die Feldzüge Billy Grahams) schließen sehr wenig direkte soziale Tätigkeit ein. Andrerseits haben viele sehr gute soziale Programme (z. B. „Brot für die Welt" und sein hervorragendes politisches Bemühen um die Armen) wenig direkte evangelistische Intention. Diese Programme sind nicht falsch, weil sie nicht beides berücksichtigen. Aber weil sie es nicht tun, stehen wir vor der Wahl. Und unsere Mittel sind leider sehr begrenzt. Bei der letzten Nachprüfung ergab sich, daß sowohl das Budget meiner Familie als auch das meiner Gemeinde restlos ausgeschöpft war. So mußte ich mich entscheiden, ob ich einen kleinen Betrag ganz für die Studentenarbeit oder ganz für politische Zwecke zur Stärkung der Position der armen Bevölkerung geben sollte oder jeder Seite einen Bruchteil davon.

Wie entscheide ich mich in einem solchen Fall? Manche sagen: Gott benutzt die Verkündigung des Evangeliums, um Menschen zum Glauben an Jesus Christus zu bringen und damit zum ewigen Leben. Soziale Aktionen verbessern lediglich das Leben auf dieser Erde. Also haben evangelistische Bestrebungen den Vorrang. Nichts, absolut nichts ist so wichtig wie das Leben bei Gott in alle Ewigkeit. Darum, so sagen sie, müßten wir den größten Teil unserer Mittel für die Verkündigung des Evangeliums ausgeben.

Doch gerade, wenn mich dieses Argument zu überzeugen beginnt, muß ich an Jesus denken. Ganz sicher kannte er die Wichtigkeit des ewigen Lebens besser als wir. Und trotzdem beschloß er, einen großen Teil seiner Zeit, in der er hätte predigen können, der Heilung von kranken Körpern zu widmen. Und dabei wußte er, daß sie bald dahinsiechen und verfallen und vermodern würden – vielleicht schon in einem Jahr oder in zehn oder spätestens in fünfzig Jahren. Man kann sich die Evangelien daraufhin anschauen, wieviel Raum darin das Predigen und das Heilen Jesu jeweils einnimmt. Es gibt da keinerlei Anhaltspunkte dafür, daß Jesus der Meinung war, daß das meiste an Zeit und Mitteln der Evangelisation vorbehalten bleiben und nur das, was übrig sei, für die äußeren menschlichen Nöte zur Verfügung stehen sollte. Jesus kümmerte sich immer um den ganzen Menschen. Er bot Gottes Vergebung und physische Heilung in gleichem Maß reichlich an. Natürlich lehrte er klar, daß das ewige Leben wichtiger sei als alle Güter der Welt. Aber weder seine Worte noch sein Beispiel geben einen Hinweis darauf, daß deshalb die Aufgabe der Evangeliumsverkündigung im Hinblick auf die uns zur Verfügung stehenden Mittel bevorzugt behandelt werden müßte und die Aufgabe, uns um die materiellen Nöte der Menschen zu kümmern, eine zweitrangige Sache sei. Jesus verwandte viel Zeit und Kraft auf beides. Und Jesus ist unser einziges vollkommenes Vorbild. Wenn der fleischgewordene Gott dachte, daß er viel Zeit, die er zum Predigen hätte verwenden können, fürs Heilen der kranken Körper verwenden dürfte – nicht *müßte* –, dann sind wir keine echten Nachfolger, wenn wir nicht in seinen Spuren hinter ihm hergehen.

Vielleicht kam Jesus der Frage nach der Priorität am nächsten, als ein Schriftgelehrter ihn fragte, welches das größte Gebot sei (Mk 12,28-34; Mt 22,34-40). Das erste Gebot, so lautete die Antwort Jesu, sei es, Gott zu lieben von ganzem Herzen. Und das zweite sei es, seinen Nächsten zu lieben. „Es ist kein anderes Gebot größer *als diese*" (Mk 12,31). Jesus war nicht der Ansicht, daß die rechte Beziehung zu Gott so wichtig sei, daß die Liebe zum Nächsten darüber vernachlässigt werden dürfte. Nach dem Bericht des Matthäus sagt Jesus sogar, daß das zweite Gebot dem ersten gleich sei (homoios), das heißt gleichbedeutend.[31] Jesus wußte aus dem Alten Testament, daß die Liebe zu Gott untrennbar war von der Liebe zum Nächsten. So heißt seine Antwort auf die Frage nach dem größten Gebot, daß das doppelte, in Wechselbeziehung stehende Gebot der Liebe zu Gott und der Liebe zum Nächsten höher stehe als alle anderen Gebote. „In diesen beiden Geboten hängt das ganze Gesetz und die Propheten" (Mt 22,40).

Wenn es um die Mittel geht, die uns an Zeit, personalem Einsatz und Geld zur Verfügung stehen, weist uns das Beispiel Jesu dahin, annähernd den gleichen Betrag für Evangelisation und für soziale Aktionen zu geben. Das ist natürlich keine eiserne Regel, die starr angewandt werden müßte. Besondere Umstände verlangen auch besondere Reaktionen.[32] Aber auf lange Sicht sollten Gemeinden und Kirchen, die dem Beispiel Jesu folgen wollen, erhebliche Mittel sowohl für evangelistische Zwecke als auch für soziale Aktionen bereitstellen.[33] Wenn einer das Empfinden hat, daß er an der einen oder anderen Stelle etwas mehr tun sollte, will ich dem nicht widersprechen – solange er sich an *beiden* Stellen weitgehend einsetzt, statt nur die eigene Gemeinde zu erhalten! Aber die Nachfolge Jesu bedeutet sicherlich Buße und Aufgeben der tragischen Einseitigkeit der vergangenen Jahrzehnte, in denen manche Gruppen sich fast vollständig auf Evangelisation beschränkten und andere fast ausschließlich mit sozialen Aktionen befaßt waren.

Es bedeutet auch eine Ablehnung des Vorschlags von Donald McGavran – des Führers der Gemeindewachstumsbewegung. Er meint, daß wir die Gewichtung von sozialem Anliegen und Evangelisation so abstimmen sollten, „daß ein maximales Ergebnis gewährleistet ist".[34] Jesus ist die Norm, nicht eine Kalkulation, wie das Gemeindewachstum am schnellsten gesteigert werden könnte. Es mag sein, daß kurzfristig unter besonderen Umständen mehr weiße Rassisten zur Gemeinde kommen würden, wenn wir nicht sagen und demonstrieren würden, daß Rassismus Sünde ist. Es könnte sein, daß mehr Brahmanen in Indien kurzfristig Christus akzeptieren würden, wenn ein Evangelist nicht lehren und anschaulich machen würde, daß Gott sich ganz besonders für die Randsiedler, wie z. B. die Unberührbaren, interessiert. Und Jesus hätte vermutlich eine weit größere Zahl von Anhängern gehabt, wenn er die Kosten der Nachfolge weniger hoch veranschlagt hätte. Statt dessen bestand er gerade, als seine Popularität wuchs, auf dem hohen Preis: Jeder, der sein Nachfolger sein wollte, mußte bereit sein, alles zu verlassen (Lk 14,25-28).

Kurzfristiger Erfolg, der oberflächliche Christen produziert, führt unweigerlich zu langfristigem Desaster. Treue zur biblischen Lehre und das Beispiel des fleischgewordenen Gottes – nicht ein kalkuliertes kurzfristiges Gemeindewachstum – sollte für uns die Balance zwischen Evangelisation und sozialem Anliegen bestimmen.

Evangelisation hat, wie wir sahen, eine logische Priorität vor der christlichen sozialen Aktion. Weit wichtiger noch: Ihr Ergebnis – ewiges Leben – ist so bedeutsam, daß nichts in der Welt damit verglichen werden kann. Das heißt aber nicht, daß jeder, unabhängig von seinem Beruf oder seiner Berufung, mindestens einundfünfzig Prozent seiner Zeit der reinen Verkündigung des Evangeliums widmen muß. Und es heißt auch nicht, daß wir die Hungernden, bevor wir ihnen Lebensmittel zukommen lassen, auffordern müssen, Jesus anzunehmen. Aber wenn christliche Gemeinden und Kirchen wirklich Jesus folgen, dann werden sie sich intensiv und mit viel Zeit und Geld für beides einsetzen.

Kapitel 10

Eine untrennbare Partnerschaft

Die Gute Nachricht und gute Taten sind untrennbar.

Manila-Manifest

Es gehört zu den besonderen Segnungen meines Lebens, daß ich John und Vera Mae Perkins kennenlernen durfte. Sie haben ein Leben der gestaltgewordenen Gottesherrschaft geführt, für das ich in diesem Buch werben möchte.[1]

John Perkins floh als junger Mann vor dem Rassismus, wie er sich im ländlichen Bereich des Staates Mississippi äußerte. Doch nach ihrer Bekehrung gingen John und Vera Mae zurück in die kleine Stadt Mendenhall, um dort zu leben und das Evangelium zu verkündigen. In Mendenhall herrschte scharfe Rassentrennung. Zuerst eröffneten die beiden missionarische Bibelkreise in den Oberschulen. Als sie sahen, wie sehr die schwarzen Studenten auf Hilfe angewiesen waren, begannen sie mit einer Tätigkeit als Privatlehrer. Aus der Zuwendung zu den Menschen, denen sie das Evangelium weitersagten, ergaben sich Vermittlungen von Wohngemeinschaften, Maßnahmen der Gesundheitsfürsorge und kollektive geschäftliche Aktionen – ja sogar politisches Engagement.

Durch all diese verschiedenen Aktivitäten führten John und Vera Mae Menschen zu Christus. Sie schulten eine neue Generation von bekehrten verantwortlichen Leitern ihrer Einrichtungen und bauten eine Gemeinde auf. Für sie waren die Verkündigung des Evangeliums und soziale Aktionen untrennbare Partner.

Evangelisation und soziale Aktion sind weit mehr sowohl vom Konzept her als auch im praktischen Leben miteinander verbunden, als ich es im letzten Kapitel darlegen konnte. Mit der Aussage, daß sie nicht identisch seien, wollte ich vor allem ihre Unterschiedlichkeit betonen.

Jetzt möchte ich darlegen, wie unauflöslich sie miteinander verknüpft sind. Im praktischen Leben sieht das oft so aus wie in der ganzheitlichen Arbeit von John und Vera Mae Perkins und bei den Rock/Circle Ministries in Chicago. Wenn auch bestimmte Organisationen das eine oder das andere mehr betonen, gibt es doch zahlreiche Querverbindungen. „Die Gute Nachricht und gute Taten sind untrennbar", sagt das Manila-Manifest.[2]

Ich möchte jetzt fünf besondere Bereiche der wechselseitigen Beziehung darlegen.

Der theologische Rahmen biblischer Verkündigung des Evangeliums. Echte biblische Verkündigung läßt einen theologischen Hintergrund erkennen, der die Untrennbarkeit von Evangelisation und sozialer Aktion deutlich macht. Das zeigt sich, wenn der Evangelist über Sünde spricht und die Menschen einlädt, Jesus als Herrn anzunehmen, und dabei vom Beispiel Jesu ausgeht, wie es im Zusammenhang des Wortes Gottes Gestalt gewinnt.

Biblische Verkündigung ruft die Menschen zur Buße auf – zum Bekennen aller Sünde, nicht nur einer Liste persönlicher Sünden aus dem privaten Bereich. Ein bibelgebundener Evangelist wird auch mit den Menschen über die Zugehörigkeit zu ungerechten sozialen Strukturen sprechen. Charles Finney bestand zu seiner Zeit darauf, daß Christen sich bei der Bekehrung bewußt von der sozialen Sünde der Sklaverei lossagten.[3] Rassismus, sexuelle Freizügigkeit und wirtschaftliche Unterdrückung sind eine Beleidigung Gottes.[4] Deshalb bleibt dem Evangelisten gar nichts anderes übrig: Wenn er in biblischem Sinn über Sünde predigen will, muß er auch ungerechte Strukturen beim Namen nennen. Allein dadurch, daß er in gleicher Weise von persönlicher wie auch von sozialer Sünde spricht, stellt er bereits eine starke Verbindung zur sozialen Aktion her.

Der Evangelist, der Jesus nicht nur als Erlöser, sondern auch als Herrn darstellt, schafft ebenfalls eine theologische Basis, auf der sich die soziale Aktion entfalten kann. Die Herrschaft Jesu ist Teil des Evangeliums (2. Kor 4,3-5).[5] Ihn als Herrn anzunehmen bedeutet, ihm jeden Winkel des eigenen Lebens auszuliefern, nicht nur sonntags morgens und in der Familie. Ein bibelgebundener Verkündiger wird sagen müssen, daß die Herrschaft Jesu sich ebenso auf den Sitzungssaal wie auf das Schlafzimmer erstreckt.

Echte Verkündigung des Evangeliums wird den Textzusammenhang Gestalt gewinnen lassen und lebensnah sein. Die Botschaft gehört in den gesamten Lebensraum des Menschen hinein, der angesprochen wird. Jesus hat seine Worte den Sündern nicht von weitem zugeworfen. Er lebte unter ihnen und machte anschaulich, wie die Gute Nachricht vom Reich Gottes eine radikale Umwandlung der bestehenden Verhältnisse mit sich bringen würde. Der Evangelist bleibt ein harmloser Hausierer und ist kein treuer Verkündiger des Evangeliums, solange er nicht darlegt, wie das Evangelium Männer und Frauen „in ihrem gesamten Lebenszusammenhang" herausfordert.[6] So sagen es Vinay Samuel und Chris Sugden. Ist es nicht erstaunlich, daß im Internationalen Jahr des Kindes einundzwanzig ausländische Missionsgesellschaften in Indien Kinderevangelisationen durchführten, ohne daß über das Übel der Kinderarbeit gesprochen wurde, das doch vierzig Millionen indischer Kinder hart bedrückt?[7]

Evangelistische Tätigkeit fördert die soziale Aktion. Biblische Evangeliumsverkündigung zielt auf soziale Aktion und hat sie auch zum Ergebnis.[8] Daß soziale Aktionen in einem spezifischen Sinn das Ergebnis von Evangeliumsverkündigung sind, ist in der Geschichte immer wieder deutlich geworden. Neubekehrte Christen wurden durch die Kraft des Heiligen Geistes in mächtiger Weise verwandelt und griffen dann ihrerseits verändernd in die Geschichte ein.[9] Vom einzelnen Beispiel meines guten Freundes James Dennis bis zu den Hunderttausenden aus der Erweckungsbewegung, die von John Wesley ausging, und bis zu den Millionen fatalistischer Unberührbarer, die durchs Evangelium zu selbstbewußten Gliedern des modernen Indiens wurden, liegt der Beweis auf der Hand.[10] Das Evangelium schafft neue Menschen, deren veränderte Haltung die Welt verwandelt.

Letztlich wurzeln die Probleme dieser Welt in der sündigen Auflehnung gegen Gott. Wenn Drogenabhängige oder sexuell unverantwortliche Menschen sich bekehren, wird die Gesellschaft gebessert. Wenn Unterdrücker sich vom Rassismus und von wirtschaftlicher Ungerechtigkeit abwenden, wird die Gesellschaft gebessert. Neue Menschen schaffen bessere Gesellschaften.

Doch leider geschieht nichts Derartiges automatisch. Solange Christen nicht über die sozialen Auswirkungen des Evangeliums belehrt werden, werden sie in dieser Hinsicht auch keinen positiven

Einfluß auf die Gesellschaft ausüben. Es ist naiver Unsinn zu glauben, daß neubekehrte Christen automatisch anfangen, soziale Ungerechtigkeit anzugreifen.

Delos Milos, ein Evangelist der Southern Baptists, belegt das durch Beispiele. Ein prominentes Mitglied einer Gemeinde leitete eine Bank, die es ablehnte, armen Leuten Darlehen zu gewähren.[11] Ein anderes Mitglied dieser Gemeinde führte ein Kreditinstitut, in dem zwar Darlehen an Arme gegeben wurden, aber zu weit überhöhten Zinssätzen! Ich möchte gerne wissen, ob diese „wiedergeborenen" Säulen der Gemeinde die Armen wohl als besonders faul und träge angesehen haben. Beide Männer machten die Aussage, daß sie sich um die Armen kümmerten. Sie sahen ihr eigenes Handeln auch nicht als unterdrückend an. Ein bibelgebundener Verkündiger wird in einem solchen Fall deutlich machen, daß das Christsein einen vom Evangelium bestimmten Lebensstil und dementsprechende Geschäftspraktiken einschließt.

Bedauerlicherweise haben es Missionare allzuoft versäumt, Neubekehrte mit diesen biblischen Wahrheiten zu konfrontieren. Vor kurzem hatte ich eine äußerst lebhafte Debatte mit einem Wyclif-Bibelübersetzer. Ich hatte erwähnt, daß wir bereits ein Reihe von Römerbriefübersetzungen hätten, aber keine einzige vom Propheten Amos.[12] Wenn wir Neubekehrten unter den Armen die Wahrheit im Hinblick auf das Recht ebenso vermitteln wie die Wahrheit über die Rechtfertigung, dann werden sie sich sehr bald fragen, wie das auf ihre unterdrückenden Strukturen angewendet werden könnte. Nichts wirkt befreiender auf arme, unterdrückte Menschen als die volle biblische Botschaft, daß der Eine, der für ihre Sünden starb, der Gott der Armen ist, der ungerechte Strukturen verabscheut. Wenn alles auf biblischer Grundlage geschieht, dann schafft das Evangelium neue Menschen, die sich von der Sünde abwenden, ein neues Leben führen und neue Würde und ein neues Wertgefühl empfangen. Sie werden infolgedessen repressive Strukturen im Namen des biblischen Gottes angreifen, von dem sie wissen, daß er in ihren Herzen lebt und die Welt regiert. Soziale Aktionen ergeben sich aus der Evangeliumsverkündigung.

Soziale Aktion ist gleichzeitig auch ein Ziel der Evangeliumsverkündigung. Christus hat uns auch deshalb erlöst, um sich ein Volk zu schaffen, „das eifrig wäre zu guten Werken" (Tit 2,14). „Wir sind sein Werk, geschaffen in Christus Jesus zu guten Werken" (Eph 2,10).

Evangeliumsverkündigung hat die soziale Aktion als Ergebnis und als Ziel.

Das gemeinsame Leben in der Gemeinde formt die Gesellschaft. Wenn die Kirche wirklich das vorlebt, was sie predigt – wenn sie tatsächlich die sündigen Barrieren des Rassismus, der Klassenvorurteile und der Unterdrückung durchbricht – dann hat schon ihre reine Existenz einen mächtigen Einfluß auf die Gesamtgesellschaft.[13] Nach H. Richard Niebuhr ist die Kirche ein „sozialer Pionier". Wenn das stimmt, dann ist damit „die höchste Form sozialer Verantwortlichkeit innerhalb der Kirche" zum Ausdruck gebracht.[14]

Das interne Leben einer Gemeinde ist ebenfallls ein „gestaltgewordenes evangelistisches Wort."[15] In seiner Plenaransprache in Lausanne unterstrich Michael Green den erstaunlichen evangelistischen Einfluß des gemeinsamen Lebens der Urkirche:

> „Zu diesen Christen gehörten alle Hautfarben, alle sozialen Schichten und all die ‚Unberührbaren', die Randgruppen der alten Gesellschaft [...] Ihre Fürsorge füreinander in der Not wurde in der Antike sprichwörtlich. Wenn die Menschen sahen, wie lieb sich diese Christen hatten, [...] dann hörten sie der Botschaft von Jesus zu. Solange die Gemeinschaft in einer christlichen Gemeinde derjenigen, die man sonst überall in der Gesellschaft findet, nicht weit überlegen ist, können die Christen über die umwandelnde Liebe und Macht Jesu reden, bis sie heiser sind – es wird ihnen niemand zuhören"[16] (Übers. a. d. Engl.).

Eph 3,1-7 ergibt die theologische Grundlage für diese praktische Wahrheit. Nach Eph 3,6 ist die Gemeinde Teil des Evangeliums! Eph 2,1ff zeigt, wie das Kreuz Christi den stärksten völkischen Haß der antiken Welt überwand und einen neuen Leib Christi schuf, in der die Mauer der Feindschaft zwischen Juden und Heiden besiegt war. Da Gott beide Gruppen auf der gleichen Basis angenommen hatte – der Basis der Versöhnung durch Christus –, waren sie nun eins. Und damit: Punktum!

In Kapitel drei fährt Paulus dann fort, das Evangelium, das er predigt, als ein „Geheimnis" zu beschreiben. Was ist es um dieses Geheimnis? In Vers 6 wird es definiert. Es ist der aus vielen Völkern bestehende Leib der Gläubigen, „nämlich daß die Heiden Miterben sind und mit zu seinem Leib gehören und Mitgenossen der Verheißung in Christus Jesus sind durch *das Evangelium*, dessen Diener ich geworden bin" (Eph 3,6f). Die neue, rassisch gemischte Gemeinde ist Teil des Evangeliums.[17] Die Tatsache, daß durch Gottes Gnade nun eine neue erlöste Gemeinde entstanden ist, deren gemeinsames Leben einen sichtbaren Beweis liefert, daß das messianische Reich in die Geschichte eingebrochen ist – das alles ist Teil des Evangeliums, das wir weitersagen.[18]

Wenn die Gemeinde eine sichtbare Demonstration des Evangeliums ist, das sie predigt, dann hat die in ihr gelebte Gemeinschaft starke evangelistische Dimensionen. Die Qualität ihres gemeinsamen Lebens zieht Nichtchristen zum Herrn der Kirche.

Und ähnlich ist es auch, wenn die Kirche es wagt, wirklich Kirche zu sein. Wenn sie eine neue Realität darstellt, die die Verlorenheit der sie umgebenden Gesellschaft übersteigt. Dann durchdringt sie die gesamte soziale Ordnung.[19] Kranken- und Waisenhäuser entstanden unter Christen, die sich um die Nöte der Bedürftigen kümmerten. Sonntagsschulen begannen als Plätze, an denen Kinder lesen, schreiben und rechnen lernten, die unter dem Druck von Kinderarbeit litten und sonst nichts lernen konnten. Der Sonntag war ihr einziger freier Tag. Ganz allmählich sah auch die übrige Gesellschaft ein, daß die Öffnung von Krankenhäusern und eine allgemeine Erziehung etwas Gutes waren, an dem jeder teilhaben sollte. Ein lebendiges Modell, an dem schuldhafte Vernachlässigung oder Unterdrückung in der großen Gesellschaft sichtbar wird, zieht oft soziale Veränderungen nach sich.[20]

Eine Kirche, die die neutestamentliche Lehre voll und ganz ins Leben übersetzt, würde eine mächtige und attraktive Alternative zu unserer Welt anbieten, die von so viel Habgier, Korruption, Selbstsucht und Rassismus zerrissen ist. Denken wir doch nur einmal darüber nach, was 1980 passiert wäre, wenn alle Christen in Südafrika oder Nordirland – und schließlich auch in Groß-Philadelphia – wirklich und wahrhaftig begonnen hätten, sich umeinander zu kümmern und füreinander zu sorgen. Wenn sie ihre Zeit, ihr Geld und ihr Leben quer über rassische und wirtschaftliche Schranken hinweg in der Weise miteinander geteilt hätten, wie es die frühe Kirche getan hat. Wie würde eine weltweite Kirche, die sich ganz und gar an die Richtlinien des Paulus in bezug auf materielles Teilen in der Gemeinde der Glaubenden halten würde (2. Kor 8,8-15), unsere Welt herausfordern, die auf so tragische Weise in Reiche und Arme auseinanderfällt. Ganz abgesehen von irgendeiner politischen Aktivität hätte das einen enormen Einfluß. Nichts würde sich revolutionärer auswirken, als Tag für Tag die biblische Lehre auszuleben, daß da weder Jude noch Grieche, weder Schwarzer noch Weißer ist, weil wir alle in Christus eins sind.

Wir haben keinen Grund, von Regierungen Veränderungen zu erwarten, solange unsere Kirchen so weitermachen wie bisher. Die Kirche, verstanden als Jesu neue messianische Gemeinde, ist das fehlende Glied in mancher sozialen Aktivität der letzten Zeit gewesen. Ich habe dem lebhaften Einsatz für Rassengleichheit und Frieden, den die großen Kirchen in den sechziger Jahren zeigten, meinen Beifall gezollt. Und ich muß mit Trauer sagen, daß evangelikale Kirchen und Hauptverantwortliche bestenfalls schweigend zusahen, als Martin Luther Kings aufrüttelnde Worte und mutiges Auftreten die Vereinigten Staaten der Gerechtigkeit ein wenig näherbrachten.

Aber dann war, wenigstens in den großen Kirchen der Weißen, das „missing link" zu erkennen, als weiße Geistliche für Gerechtigkeit und Frieden auf die Straße gingen und protestierten. Es war geradezu tragisch zu sehen, wie sie Washington veranlassen wollten, Gesetze zu erlassen, wonach Christen – auch ihre eigenen Kirchenglieder – gar nicht leben wollten. Diese protestierenden Geistlichen wirkten wie Generäle ohne Truppen.

An einem Abend in den späten sechziger Jahren hatte sich in einer Vorstadt Chicagos eine Gruppe von Pastoren versammelt, um etwas gegen den Rassismus zu unternehmen. Sie waren erbittert darüber, daß ihre rein weiße Vorstadtverwaltung es ablehnte, Afroamerikaner bei sich aufzunehmen. Und sie wußten, daß die Wirtschaftsführer und politisch Verantwortlichen hinter dieser systematischen Ausklammerung standen. So saßen sie nun hier zusammen, um eine Strategie zu entwickeln, wie sie politischen Druck auf die Wirtschaftsbosse und die Politiker ausüben könnten. Sie wollten sie zwingen, farbige Einwohner in ihrer Stadt zu akzeptieren.

Nach langer, lebhafter Diskussion stand ein Teilnehmer auf und stellte plötzlich eine ganz andere Frage: „Sind nicht der Bürgermeister, die führenden Geschäftsleute und Bankdirektoren Mitglieder Ihrer Kirchen?" Alle waren mehr oder weniger überrascht. Niemand sah irgendeine Verbindung zwischen dieser Tatsache und der politischen Strategie, die sie anstrebten. Es ging ihnen nicht einmal auf, daß der erste Schritt sein mußte, innerhalb der Gemeinde Jesu Christi darauf hinzuwirken, daß dort eine radikale Alternative zu dem in der Gesellschaft üblichen Rassismus gefunden wurde.

Wenn verantwortliche Christen sich an Regierungsstellen wenden, um breit angelegte strukturelle Veränderungen auszulösen, dann haben sie viel mehr Gewicht und Nachdruck, wenn sie sagen können: „Wir gehören zu christlichen Gemeinden, die bereits verwirklichen, was wir von Ihnen als Gesetz erbitten." Unser Ruf nach kostspieligen Veränderungen unserer Außenpolitik im Hinblick auf die Zweidrittelwelt, mit dem Ziel, global mehr wirtschaftliche Gerechtigkeit herbeizuführen, ist andernfalls nicht glaubwürdig. Wir brauchen christliche Gemeinden die schon damit begonnen haben, einen einfacheren Lebensstil anzunehmen, der auf eine gerechtere, ökologisch überlebensfähige Erde hinweist. Und auch unser Ruf nach nuklearer Abrüstung und internationalem Frieden verhallt wirkungslos, wenn unsere Familien und Gemeinden nicht zunehmend von Frieden und Heilsein erfüllt sind.

Zuerst muß ich alles in meiner Macht Stehende tun, um dem Heiligen Geist zu ermöglichen, Heilung in das Verhältnis zu meinem Ehepartner zu bringen und ganzheitlichen Frieden unter den Gliedern meiner Gemeinde zu schaffen. Andernfalls ist es reine Arroganz und Dummheit von mir, an Senatoren oder Präsidenten heranzutreten und ihnen sagen zu wollen, wie sie Frieden in der internationalen Völkergemeinschaft schaffen können. Nur wenn das Volk Gottes wahrhaft und sichtbar damit beginnt, Jesu neue alternative Gesellschaft darzustellen, nur, wenn wir aufrichtig anfangen, die radikalen Wertmaßstäbe seiner Herrschaft zu verwirklichen, haben wir einen mächtigen Einfluß auf die ungerechten Strukturen der Gesellschaft. Kommt es dahin, daß die Kirche diese Maßstäbe Jesu aufgreift, dann hat diese wunderbare neue Wirklichkeit eine geradezu explosive Wirkung auf die übrige Gesellschaft.

Die beiden letzten Punkte lassen klarwerden, wie das Evangelium auf die Gesellschaft einwirkt, wenn erlöste Menschen und eine erlöste Gemeinde von Glaubenden das gesamte soziale Gefüge beeinflussen. Manche bezeichnen das etwas locker als den „Spill-over"-Effekt (Überlaufeffekt) des christlichen Glaubens in der Welt, doch das Bild ist nicht angemessen. Es führt zu leicht zu der Vorstellung von zwei voneinander unabhängigen Realitäten in bezug auf Kirche und Welt.

Sicher sind sie zu unterscheiden und dürfen nicht miteinander verwechselt werden. Aber wenn die Kirche wirklich mit Jesus lebt, beeinflußt sie die Welt viel stärker, als das Bild vom Überlaufen vermittelt.

Die Bilder, die Jesus selbst braucht – vom Salz, vom Sauerteig und vom Licht –, sind viel wirkungsvoller und kräftiger.[21] Jedes dieser Bilder Jesu redet von einem tiefen Druchdringen der Welt durch die Gemeinde. Das Licht scheint in der Finsternis. Das Salz dringt in das Fleisch ein. Der Sauerteig durchwirkt den ganzen Teig und läßt ihn locker werden. Völlig unabhängig von ihrem unmittelbaren politischen Engagement beeinflussen und verwandeln erlöste Menschen, die aufrichtig das Evangelium vom Reich Gottes ausleben, die ganze Gesellschaft.

Die evangelistische Dimension der sozialen Aktion. Viertens: Das soziale Anliegen fördert die Verbreitung des Evangeliums.[22] Auf der anderen Seite untergräbt das Schweigen der Kirche in bezug auf Ungerechtigkeit diese Verkündigung.[23] Samuel Escobar erzählt von einer Missionsgesellschaft, die in den frühen zwanziger Jahren in Bolivien arbeitete. Als diese Leute in Huatajata ein Stück Land kauften, übernahmen sie mit dem Land 200 Leibeigene. Wiederholte Bemühungen, diesen Leibeigenen (Aymaras), das Evangelium zu bringen, scheiterten. 1942 hoben die Missionare die Leibeigenschaft auf und gaben das Land an die Leute ab. Plötzlich begann die Gemeinde zu wachsen. Zehn Jahre später wurde in einem nationalen Landreformprogramm das erfolgreiche Experiment der Huatajata-Missionsgesellschaft lobend erwähnt, um die Einführung der Reform auf großer Ebene zu unterstützen. Danach verstärkte sich das Gemeindewachstum noch mehr.[24]

Jeder Christ, der sich mit Liebe und Einfühlungsvermögen der Armen annimmt, hat die gleiche Erfahrung gemacht. Wenn wir uns im Namen Jesu um Menschen kümmern, öffnet unser barmherziges Handeln die Herzen. Stellen wir uns an die Seite der Armen, wenn sie bedroht werden, dann sind sie offener für unsere Einladung, zu Christus zu kommen.

Zwar gibt es an dieser Stelle auch eine mögliche Gefahr. Unser soziales Anliegen darf sich nicht als Trick entpuppen. Wir dürfen keinen Bestechungsversuch machen, um sie für Christus zu gewinnen. Die soziale Aktion hat ihren eigenen unabhängigen Wert. Wir werden aktiv, weil der Schöpfer will, daß jeder sich an seiner guten Schöpfung freut. Gleichzeitig sind wir glücklich darüber, wenn unser aufrichtiges Mitleid auch eine evangelistische Dimension hat. Und immer wieder ist es genau das, was passiert, wenn wir ohne Hintergedanken für die Bedürftigen sorgen und uns an die Seite der Unterdrückten stellen, die nach Gerechtigkeit rufen.[25]

Allerdings müssen wir einer harten Realität ins Gesicht schauen. Kurzfristig kann der Kampf gegen ungerechte Strukturen das Gemeindewachstum hemmen. Wenn die großen Kirchen in Deutschland in den dreißiger Jahren klarer und stärker gegen den Nationalsozialismus opponiert hätten, hätten sie damit eine schwere Verfolgung ausgelöst. Wahrscheinlich wäre der Kirchenbesuch dabei stark zurückgegangen. Auf lange Sicht dagegen hätte diese prophetische Treue vermutlich die Glaubwürdigkeit des Christentums bei säkularen Europäern wiederherstellen helfen, die doch seit dem zweiten Weltkrieg in Scharen die christliche Szene verlassen.[26]

Nachfolge und Umwelt. Fünftens: Soziale Aktionen können helfen, das Ergebnis von Evangelisationen zu bewahren.[27] Wenn Neubekehrte aus einem Innenstadtbereich in ein soziales Umfeld zurückmüssen, wo alle legitimen Arbeitsmöglichkeiten inzwischen in die Vorstädte verlagert wurden und der Drogenhandel der einzige Ausweg zu sein scheint, um seinen Lebensunterhalt zu bestreiten, dann ist die Versuchung zur Sünde riesengroß. Ähnliches könnte man für manche anderen sozialen Probleme ebenfalls sagen. William Booth, der Begründer der Heilsarmee, verurteilte Umgebungen, wo „das Laster so viel besser gedeiht als die Tugend. Ein solches Umfeld läßt den Atheismus blühen", lautete sein Protest.[28] Soziale Aktionen, die gute Arbeitsplätze in der Innenstadt schaffen und aus der Drogenszene lösen, machen es den Neubekehrten leichter, treue Nachfolger Jesu zu sein.

Evangelisation und soziale Aktion sind unauflöslich miteinander verbunden. Das eine führt zum anderen. Sie unterstützen sich gegenseitig. In der Praxis sind sie oft derartig miteinander verknüpft, daß es dumm und sinnlos, ja geradezu destruktiv wäre, sie auseinanderzerren zu wollen.[29] Verkündigung des Evangeliums und soziale Aktion sind voneinander verschieden, verdienen aber die gleiche Unterstützung und sind gleichzeitig untrennbar miteinander verknüpft.

Dieses fünfte Modell – ganzheitliche Mission als sichtbar gewordene Herrschaft Christi – schließt die Stärken der ersten drei in Kapitel zwei beschriebenen Modelle ein und vermeidet gleichzeitig ihre Schwächen.[30] Außerdem bietet es bessere Rahmenbedingungen für zu lösende Probleme.

Christentum, in dem die Herrschaft Christi Gestalt gewonnen hat, trifft das tiefste Anliegen derer, die sich vor allem auf Gewinnung der Seelen konzentrieren. Es stimmt dem zu, daß nichts dringender ist als die Weitergabe der wundervollen Botschaft von dem einen Mittler, Jesus Christus, der verlorene Sünder mit dem heiligen Gott versöhnt. Utopische soziale Systeme, die vergessen, daß die Wurzeln der Sünde tiefer liegen als in sozialen Strukturen, werden versagen. Das Modell der radikalen Anabaptisten mit seiner Betonung der Kirche als Jesu neuer erlöster Gemeinde kommt der ganzheitlichen Mission ebenfalls nahe. Dasselbe gilt für das Modell der führenden Ökumeniker, für die das Schwergewicht auf Frieden, Gerechtigkeit und Unversehrtheit der Schöpfung liegt. Die biblische Sicht vom Menschen, von der Sünde und von der Erlösung ist weit ganzheitlicher, als die meisten, von der Aufklärung beeinflußten, individualistischen westlichen Christen es sich vorstellen. Lediglich das vierte Modell, das die zentrale Wahrheit der historisch-christlichen Lehre leugnet, hat keinen Platz in Modell fünf.

Die ganzheitliche Prägung von Modell fünf löst Probleme besser als andere Versuche. Zwei der Probleme möchte ich nennen: den Niedergang der großen Kirchen und das Problem der „redemptive lift" (erlösende Erneuerung).[31]

Der verheerende Niedergang der großen protestantischen Kirchen in den vergangenen dreißig Jahren ist allgemein bekannt. Sicher sind einige aus *falschen* Gründen ausgetreten. Manche Mitglieder ärgerten sich über die mutige Haltung ihrer Kirche in Fragen von Rassismus und wirtschaftlicher Gerechtigkeit. Sie wechselten häufig über zu einseitigen evangelikalen Gemeinden, in denen diese „unbequemen" sozialen Fragen nicht auf den Tisch kamen. Doch der Hauptgrund für den Niedergang lag beim Verlust des Interesses an der Verkündigung des Evangeliums. Das wiederum war begründet im Verlust der Gewißheit in bezug auf zentrale theologische Wahrheiten der historisch-christlichen Orthodoxie. Wenn jemand nicht sicher ist, ob Jesus wirklich der Mensch gewordene Gott ist, wenn er nicht sicher ist, daß Christus der einzige Mittler ist, dann wird die Verkündigung des Evangeliums für ihn weniger wichtig oder sogar irrelevant.

Die großen Kirchen sollten ihr mutiges Auftreten gegen Rassismus, wirtschaftliche Ungerechtigkeit und Unterdrückung *nicht* aufgeben. Aber sie müssen ihre sozialen Aktionen auch auf den Boden soliden biblisch-orthodoxen Glaubens stellen. Und sie müssen sich ebenso leidenschaftlich dafür einsetzen, verlorene Sünder zu Christus zu führen, wie sie sich dafür einsetzen, die Unterdrückten hier auf der Welt zu befreien.

Donald McGavran betont ein anderes Problem in seinem klassischen Buch: „Understanding Church Growth". McGavran wurde von einer ähnlichen Entwicklung beunruhigt, wie sie John Wesley bei den Erweckungen des achtzehnten Jahrhunderts beobachtet hatte. Wesley beklagte damals die Tatsache, daß Neubekehrte zwar eine weitgehende Umwandlung erlebten, fleißig wurden und schließlich zu Wohlstand kamen – aber dann ihren Glauben verloren (oder später ihre Kinder).

McGavran beobachtete die gleiche ziemlich schnelle Entwicklung zu wachsendem Wohlstand unter der armen Bevölkerung, die zu Christus fand. Ein Ergebnis war, daß ihr neuer wirtschaftlicher Status die Verbindungen zu dem großen Kreis ihrer nichtchristlichen Nachbarn abzuschneiden schien. Sie „paßten nicht mehr" zu ihnen und waren dadurch nicht mehr so effektiv beim Weitergeben der Guten Nachricht. McGavrans Reaktion darauf bestand vor allem darin, daß er die Priorität auf Evangelisation und Gemeindewachstum legte und dadurch bestimmte, daß die evangelistische Arbeit den größten Teil der zur Verfügung stehenden Mittel an Zeit und Geld und Kraft zugewiesen bekam.[32]

Der ins praktische Dasein übersetzte christliche Glaube als Leben unter der Herrschaft Jesu Christi bietet eine bessere Lösung an. Ein zentraler Aspekt ist dabei, den Neubekehrten die volle Wahrheit über Gottes Interesse an den Armen und Unterdrückten zu sagen. Als verwandelte Persönlichkeiten legen sie destruktive Gewohnheiten ab und erfreuen sich infolgedessen oft wachsenden materiellen Wohlstandes. Der nächste Schritt sind dann ganzheitliche missionarische Aktivitäten, mit denen sie sich ihren armen Nächsten zuwenden. Da man sie gelehrt hat, sich in gleicher Weise für die Verkündigung des Evangeliums wie auch für soziale Belange einzusetzen, werden sie das Vorbild Christi in seiner Identifikation mit den Benachteiligten nachahmen. Statt sich von ihnen zurückzuziehen und auf Abstand zu gehen, werden sie in deren Wohngebieten bleiben. Sie werden sich um neue Möglichkeiten mühen, ihnen im wirtschaftlichen Bereich zu helfen, und werden gleichzeitig die Menschen zu Jesus einladen.

Einer meiner Freunde, der Richter Nelson Diaz aus Philadelphia, ist ein großartiges Beispiel für das Gesagte. Nelson wuchs in Harlem auf und wurde von einer alleinstehenden, armen Frau aus Puerto Rico erzogen. Glücklicherweise hielt der Glaube an Christus ihn von dem zerrüttenden Einfluß von Drogenszene und Bandenmilieu fern. Statt dessen erhielt er eine gute Erziehung, wurde ein erfolgreicher Rechtsanwalt und schließlich Richter am „Court of Common Pleas of The First Judicial District of Pennsylvania" (Landgericht des 1. Gerichtsbezirks von Pennsylvania). Im Juni 1992 leitete er mit anderen zusammen den evangelistischen Kreuzzug Billy Grahams in Philadelphia.

Bei diesem Einsatz war ich als Seelsorger tätig und gerade an dem Abend anwesend, als Richter Diaz sein persönliches Zeugnis gab. Die Zuhörer waren zutiefst bewegt, als er seinen Weg aus der Armut zu hohem Erfolg beschrieb. Er verschwieg auch den Druck des Rassismus nicht, der ihm während des Jurastudiums begegnete. Und er sprach darüber, wie er die lateinamerikanischen und afroamerikanischen Studenten organisierte, um eine Veränderung an diesem Punkt herbeizuführen. Was jedoch den stärksten Eindruck machte, war die Schilderung seines Wohnbezirks und der Gemeinde, in der er zum Gottesdienst ging. Er und seine Familie leben in einer sehr armen Gegend von Nordphiladelphia. Die rassisch gemischte Gemeinde von Afroamerikanern, Weißen und Lateinamerikanern, zu deren Leitungsgremium er gehört, befindet sich mitten in einem der allerärmsten und gefährlichsten Bezirke der Innenstadt. Er lebt dort und geht dort zum Gottesdienst, weil er weiß, daß diese arme Gemeinde seine Gegenwart, sein Beispiel und seine Leitung bitter nötig hat. Weil er selbst Jesus absolut vertraut, wagt er es, dort zu bleiben.

Ich begann diesen Abschnitt über sichtbar werdendes Christentum, indem ich an das Telefongespräch mit Raleigh Washington, dem Pastor von Rock/Circle in Chicago, anknüpfte. Die Geschichte eines Menschen, der dort vor kurzem zum Glauben kam, ergibt eine gute Zusammenfassung meiner These, daß Evangeliumsverkündigung und soziale Aktion sich zwar voneinander unterscheiden, aber gleichen Einsatz von Mitteln und persönlicher Kraft verdienen und außerdem untrennbar miteinander verknüpft sind. Vor nicht allzu langer Zeit kam Cassandra Holmes Franklin in die Klinik von Rock/Circle und suchte ärztliche Hilfe. Diese wurde ihr gewährt, aber man erzählte ihr auch von Jesus. Es dauerte nicht lange, bis sie sich ihm zuwandte. Sie wurde Mitglied in der Rock-Kirche und sang bald auch dort im Chor mit. Kurze Zeit danach heiratete sie Showen, den Vater ihrer beiden Kinder. Wenig später kam auch er zum persönlichen Glauben an Jesus. Heute hat ihr Mann einen Arbeitsplatz als Partner eines Entwicklungshilfeprojekts des Circle-Hilfsdienstes und beginnt mit dem Aufbau eines kleinen Geschäfts.[33]

Das ist Gestalt gewordenes Christentum. Die Rock-Kirche befaßt sich mit der Verkündigung des Evangeliums und kann dabei damit rechnen, daß andere die Gesundheitsfürsorge und die Arbeitsvermittlung übernehmen. Der Circle-Hilfsdienst kümmert sich um bezahlbare Wohnungen und Arbeitsplätze und kann davon ausgehen, daß da andere sind, die die Menschen zu Christus führen. Er allein kann Menschen umwandeln und ihnen neue Wertmaßstäbe, neue Würde, neue Initiative und Ehrlichkeit schenken, die ihrerseits die Arbeitsbeschaffungsmaßnahmen ein ganzes Stück erleichtern und erfolgreicher gestalten. *Christliche Mission ist am effektivsten, wenn die Verkündigung des Evangeliums und das soziale Anliegen im Namen und in der Kraft Jesu Hand in Hand gehen.*

Kapitel 11

Unser geschichtlicher Augenblick

Unmittelbar vor Anbruch des dritten Jahrtausends der Erlösung
ist Gott dabei, einen großen christlichen Frühling zu bereiten,
dessen Morgenröte man schon ahnend erkennen kann.

Johannes Paul II[1]

Christen, die das Vorrecht haben, im letzten Jahrzehnt vor dem Jahr
2000 zu leben, sehen sich einer großartigen historischen Möglichkeit
gegenüber. Die Zahl der Christen wächst weltweit in noch nie dagewesenem
Maß. Die Welt ist zu einem Dorf zusammengeschrumpft, was es
zusammen mit der neuen Technologie leichter macht, die Botschaft
von Jesus Christus zu denen zu bringen, die sie noch nie gehört haben.
Die wachsende Zustimmung zu der Dringlichkeit der Evangeliumsverkündigung und der Wichtigkeit eines ganzheitlichen Zugehens auf
den Menschen läßt Optimismus aufkommen. Und politische Veränderungen in unserer geschichtlichen Situation haben dem Evangelium noch mehr Türen geöffnet. Das letzte Jahrzehnt des zweiten
christlichen Jahrtausends ist für einen Nachfolger Jesu eine atmen-
beraubende Zeit.

Begründete Hoffnung

Weltweit ist das Christentum in Bewegung. Im zwanzigsten Jahrhundert haben wesentlich mehr Menschen zum christlichen Glauben
gefunden als in allen Jahrhunderten vorher. Im Jahr 1900 gab es etwa
558 Millionen Christen. Im Jahr 1992 waren es 1,833 Millionen.

Fachleute sagen voraus, daß es um das Jahr 2000 herum vermutlich 2,130 Millionen sein werden.[2]

Man muß natürlich sofort dazusagen, daß diese explosive Entwicklung mit dem Wachstum der gesamten Weltbevölkerung fast genau parallel läuft. Es gibt eben heute auch sehr viel mehr Nichtchristen. Im Jahr 1900 stellten die Christen 34,4 Prozent der Weltbevölkerung. Der christliche Statistiker David Barrett schätzt, daß es im Jahr 2000 34,1 Prozent sein werden. Es bleibt noch viel zu tun.

Das Verhältnis von verbindlich lebenden Christen zu Nichtchristen berechtigt jedoch zu echten Hoffnungen. Barrett schätzt, daß die Zahl der verbindlich lebenden Christen, die den „Missionsbefehl" Jesu ernst nehmen, jährlich um 6,9% wächst – also mehr als doppelt so schnell wie die gesamte Weltbevölkerung.[3] Genaue Statistiken gibt es nicht, deshalb muß man vorsichtig mit Zahlen umgehen.[4] Doch Ralph Winter hat vermutlich einen bedeutenden Trend recht genau erkannt, wenn er davon ausgeht, daß im Jahr 1950 annähernd einundzwanzig Nichtchristen auf jeden „bibelgläubigen" Christen kamen, während es 1980 nur noch elf waren. Und im Jahr 1990 war das Verhältnis auf weniger als 7:1 zurückgegangen.[5]

Pfingstler und Charismatiker haben heute die stärkste Resonanz bei der Verkündigung des Evangeliums. Ihre Mitgliederzahlen wachsen explosionsartig. Im Jahr 1970 wiesen sie etwa zweiundsiebzig Millionen auf. Zweiundzwanzig Jahre später (1992) sind sie um 500% gewachsen, auf ca. 410 Millionen. Barrett schätzt, daß im Jahr 2000 die pfingstlerischen und charismatischen Christen allein 560 Millionen zählen werden.[6]

Das gewaltige Wachstum der Kirchen in der Dritten Welt stellt einen anderen Grund zur Freude und Hoffnung dar. Im Jahr 1900 waren wenigstens 75% aller Christen Weiße, die vor allem in Europa, Nordamerika und Rußland lebten. Um das Jahr 2000 werden 56% aller Christen aus der dritten Welt kommen und außerhalb jener traditionellen „christlichen" Länder leben. Die Zahl der Christen in Afrika, Asien und Lateinamerika wird damit in 100 Jahren um 1300% zu etwa 1,2 Milliarden angewachsen sein.[7]

Es ist von ungeheurer Bedeutung, daß die Zahl der Missionare aus der Dritten Welt in erstaunlichem Maß anwächst. Im Jahr 1990 gab es 49.000 Missionare, die aus der Dritten Welt kamen und das Evangelium in anderen Ländern außerhalb ihres Herkunftslandes verbreiteten.[8] Ums Jahr 2000 werden es vermutlich schon 100.000 sein.[9]

Wenn man daran denkt, daß im Jahr 1900 die Gesamtzahl aller Missionare, die in fremden Ländern arbeiteten, nur 62.000 betrug, kann man ermessen, welches Ausmaß die Missionsarbeit der Dritten Welt inzwischen angenommen hat.[10]

Das wunderbare Vorrecht, das Evangelium quer durch alle Kulturen an Menschen mit dem unterschiedlichsten sprachlichen und geschichtlichen Hintergrund weitersagen zu können, ist nicht länger auf die „westliche Welt" oder das „weiße Europa" beschränkt. Afrikaner kommen nach Europa und Nordamerika, um dort zu evangelisieren. Einheimische amerikanische Navajo-Christen senden Missionare ins europäische Lappland. Und europäische Zigeuner sagen das Evangelium im afrikanischen Madagaskar weiter!

Ein weiterer Grund zur Hoffnung ist die wachsende Übereinstimmung in vielen Teilen der Kirche darüber, daß Evangelisation und soziales Anliegen Hand in Hand gehen müssen. Die Evangelikalen von der Lausanner Bewegung und „The World Evangelical Fellowship" (der Weltweiten Evangelischen Allianz) haben zunehmend die Wichtigkeit des sozialen Anliegens bekräftigt.[11] Und ökumenisch geprägte Protestanten und Katholiken haben vor kurzem wesentliche Aussagen über die Wichtigkeit der Verkündigung des Evangeliums gemacht.[12]

Es sind nicht nur die Evangelikalen und die Charismatiker, die im letzten Jahrzehnt des zwanzigsten Jahrhunderts die Verkündigung des Evangeliums betonen. Die weltweite Anglikanische Religionsgemeinschaft nannte die neunziger Jahre das „Jahrzehnt der Evangelisation" und gab eine Resolution heraus, worin anerkannt wurde, daß „die Verkündigung des Evangeliums die vorrangige Aufgabe der Kirche ist".[13] Johannes Paul II. bezeichnete die Zeit von 1990 – 2000 als „das universale Jahrzehnt der Evangelisation". Seine Enzyklika Redemptoris Missio von 1991 ist ein weithin hallender Aufruf an die römisch-katholischen Kirchenglieder, sich mit neuer Aufmerksamkeit der Weitergabe des Evangeliums an diejenigen zu widmen, die Christus noch nicht kennen. „Die Armen haben Hunger nach Gott und nicht bloß nach Brot und Freiheit, und die Missionstätigkeit muß zuerst das Heil in Christus bezeugen und verkünden, indem sie Ortskirchen gründet, die dann ihrerseits Instrumente der Befreiung in jeder Hinsicht sind."[14]

Und schließlich haben die durch Michael Gorbatschow und die politische Wende ausgelösten atmenberaubenden politischen Veränderungen neue Türen fürs Evangelium geöffnet. Der Atheismus ist nicht länger die offizielle Religion Osteuropas und der Länder der früheren Sowjetunion. Die Kirche hat einen der brutalsten und anhaltendsten Versuche in der Geschichte, sie auszurotten, überlebt. Millionen von Menschen in den früheren kommunistischen Ländern stellen ihre Fragen an den christlichen Glauben. Sie hoffen, dort das zu finden, was sie so verzweifelt suchen: eine Grundlage zum Neuaufbau ihrer Gesellschaft.

Der Zusammenbruch des Kommunismus bedeutet mehr als eine neue Gelegenheit, das Evangelium frei und offen in Osteuropa und der alten Sowjetunion weitersagen zu können, obwohl das allein schon schwerwiegend und wunderbar ist. Der Sieg über den Kommunismus ist im Namen der Freiheit und der Demokratie gekommen. Der „Virus" der Freiheit verbreitet sich rund um den Globus und wird langsam, aber sicher neue Möglichkeiten für das Evangelium in China, Nordkorea und sogar in verschlossenen muslimischen Gesellschaften eröffnen.

Das Ende des kalten Krieges bietet die Möglichkeit für eine Periode mit mehr Frieden, Gerechtigkeit und Freiheit. Die menschliche Selbstsucht wird zweifellos mit Satan kooperieren, um viele dieser offenen Türen wieder zuzuschlagen. Doch die neunziger Jahre bieten den Völkern der Welt einen besonderen geschichtlichen Augenblick. Sie hätten die Möglichkeit, zusammenzuarbeiten, statt sich zu bekämpfen. Wenn die reichen Nationen mehr zum Teilen bereit wären, könnten sie die Armen „auf die Beine stellen". Und wenn sich dann alle gemeinsam darum mühen würden, die Umwelt zu erhalten, dann könnten unsere Kinder das erste Jahrhundert des dritten Jahrtausends mit einer begründeten Hoffnung beginnen. Diese neue Zeit würde sicherer und freier sein als das letzte Jahrhundert des zweiten Jahrtausends. In einer solchen Welt würden die Christen mehr Freiheit haben, das Evangelium zu verkünden und den biblischen Glauben in jedem Lebensbereich zu praktizieren.

Die Probleme

Unser Optimimus sollte aber nur gedämpft sein. Satan hat sich inzwischen nicht bekehrt. Die menschliche Sünde setzt ihr dumpfes, destruktives Wüten fort. Es gibt viele Gründe zu tiefer Besorgnis.

Zu den ernstesten Problemen gehört, daß der moderne Säkularismus Hunderte von Millionen Menschen in Europa und Nordamerika verführt hat. In Europa, das mehr als tausend Jahre lang Kernland des Christentums war, sind nur noch ein paar Prozent der Bevölkerung praktizierende Christen. Nur etwa 5% der Bevölkerung besuchen in Ländern wie Deutschland, Frankreich und England jeden Sonntag den Gottesdienst. Frankreich ist zu 75% nominell katholisch, aber nur 6% sind praktizierende Katholiken.[15]

Seit zweihundert Jahren – seit der Aufklärung – haben sich die Intellektuellen der westlichen Welt von der biblischen Offenbarung abgewandt. Sie haben den falschen Gott der „Wissenschaftlichkeit" angebetet, in dem blinden Glauben, daß die Natur alles ist, was existiert, und daß die Wissenschaft der einzige Pfad zur Wahrheit ist.

Die moderne Wissenschaft ist ein wundervolles Werkzeug, das die Hand eines guten und weisen Schöpfers uns zur Verfügung stellte. Doch der Säkularimus der westlichen Welt hat einen Abgott daraus gemacht. Tragischerweise hat die intellektuelle Elite des Westens – und zunehmend auch der übrigen Welt – das Knie vor diesem pseudowissenschaftlichen Säkularismus gebeugt. Solange die heutigen Christen es nicht besser lernen, wie sie diesem modernen Säkularimus begegnen können, wird das Christentum weiterhin an Boden verlieren in der westlichen Hemisphäre und unter den Intellektuellen der übrigen Welt.[16]

Die USA sind zumindest teilweise dem Einfluß des modernen Säkularismus entgangen. Im letzten Jahrzehnt haben immer noch 44% der Erwachsenen jeden Sonntag einen Gottesdienst besucht. Marktforscher George Barna berichtet, daß 1992 der wöchentliche Kirchenbesuch bis zu 49% betragen hat.[17]

Kirchenbesuch ist allerdings nicht das gleiche wie Nachfolge Jesu. Vieles am nordamerikanischen Christentum ist gesellschaftliche Augenwischerei. Die Menschen gehen in die Kirche, lassen Jesus und seine Herrschaft aber nicht Zentrum ihres Lebens sein. Säkulare Wertmaßstäbe prägen intensiv große Bereiche ihres Lebens und Denkens. Nordamerikanische Christen setzen der sexualisierten Welt

Hollywoods oder dem Materialismus, der von der Wall Street bestimmt wird, nichts entgegen. Sie schwimmen mit im großen kulturellen Strom des individualistischen Relativismus.[18] Ihre politischen Ansichten sind eher eine Reflektion ihrer Geschichte und Geographie, als daß Jesus und die Bibel dabei eine Rolle spielen.

Kenneth Kantzer, der frühere Herausgeber von „Christianity Today", sagt, daß der Materialismus eines der größten Probleme der Christen in Nordamerika sei.[19] Die Evangelikalen in den USA haben ein steuerfreies Einkommen von ungefähr 800 Milliarden $. Sie geben 8 Milliarden $ für Maßnahmen zur Gewichtsabnahme aus und nur ein Viertel davon (2 Milliarden $) für Missionsarbeit.[20]

Die weltweiten Zahlen für christliches Konsumverhalten sehen ähnlich aus. Die Christen sind, aufs Weltganze gesehen, relativ reich. Sie machen 33% der Weltbevölkerung aus, haben aber zwei Drittel (62%) des Welteinkommens pro Jahr zur Verfügung.[21] Leider geben wir 97% dieses großen Reichtums für uns selbst aus! Ein Prozent geht an säkulare Wohltätigkeitseinrichtungen. Nur 2% werden für christliche Zwecke ausgegeben.[22] Aber selbst diese kläglichen 2% geben wir zum größten Teil für uns selbst aus: für unsere Heimatgemeinden und in unserem eigenen Land. Im Jahr 1992 hatten die Christen weltweit ein Gesamteinkommen von 9,696 Milliarden $. Nur 169 Milliarden $ (1,74%) flossen in christliche Werke hinein, und nur 9,2 Milliarden $ davon – 5,4% – gingen an die äußere Mission.[23]

Während die meisten Christen im Überfluß leben oder wenigstens sehr bequem, leidet ein Viertel unserer Welt an drückender Armut. Jeden Tag sterben mehr als hunderttausend Menschen an Hunger und Unterernährung. Jeden Tag sterben auch 55.000 Menschen, ohne etwas von Jesus gehört zu haben.

Jeder vierte Mensch (1,4 Milliarden) lebt in unserer kaputten Welt nahezu in absoluter Armut.[24] Schlechte Ernährung und Hunger deformieren ihre Körper und quälen ihre Träume. Und ein Viertel unserer Weltbevölkerung lebt und stirbt, ohne jemals etwas vom Evangelium gehört zu haben.[25] Sie gehen in die Ewigkeit, ohne auch nur einmal etwas von Gottes unerhörter Liebe in Christus erfahren zu haben.

Diese beiden großen Gruppen überschneiden sich zum großen Teil. Die meisten der in verzweifelter Armut Lebenden wissen auch nichts vom Evangelium. Spielt das eine Rolle? Ist das von Bedeutung für Menschen, die Nachfolger des Einen sind, der gesagt hat, daß er gute Nachrichten für die Armen bringe und ewiges Leben für die, die zu verderben drohen? Es sollte eine Rolle spielen! René Padilla hat recht, wenn er sagt, daß es aufgrund des biblischen Glaubens „keinen Platz für Statistiken darüber geben darf, wieviel Menschen in jeder Minute ohne Christus sterben, wenn nicht dazu gesagt wird, wie viele von ihnen Opfer des Hungers sind".[26]

Es ist biblisch unzulässig und strategisch sogar dumm, wenn reiche Christen die Armen in dieser Welt vernachlässigen. Nach dem Zusammenbruch des Kommunismus ist nun eine der größten Bedrohungen des Weltfriedens der Nord-Süd-Konflikt, der seine Ursache in der wachsenden Kluft zwischen Reich und Arm hat. Nationale Feindseligkeiten, Rassenvorurteile und Umweltzerstörung stellen ebenfalls enorme Gefahren für unsere Kinder und Enkelkinder dar. Wenn wir erwartungsvoll prüfend unsern Blick auf das einundzwanzigste Jahrhundert richten, haben wir als Christen viel Grund zum Optimismus und gleichzeitig viel Anlaß zu berechtigter Sorge. Ganzheitliche Mission, eine biblisch begründete Verknüpfung der Dinge, die wir so oft voneinander trennen, bietet die meiste Hoffnung, die Gefahren zu reduzieren und die Möglichkeiten zu vervielfachen.

Gestalt gewordene Herrschaft Jesu Christi für das dritte Jahrtausend

Unsere Welt braucht notwendig verbindlich lebende Christen, die das Evangelium weitersagen und gleichzeitig das soziale Anliegen verfolgen. Sie braucht Menschen, die nachdenken und sich tatkräftig einsetzen und außerdem noch mehr beten um die Erneuerung durch den Heiligen Geist, um seine Gegenwart und seine Kraft. Menschen, die beides tun: Gemeinde bauen und die Gesellschaft verändern. Unsere Welt braucht ganz dringend Menschen, die die Herrschaft Gottes in ihrem Leben Gestalt werden lassen, die sich einer ganzheitlichen Mission widmen.

Denken wir doch einmal darüber nach, was es bedeuten würde, wenn alle Institutionen der Kirche ganzheitlich missionarisch arbeiten würden. Unsere christlichen Schulen und Hochschulen würden einen ständigen Strom von begabten christlichen Führungskräften entlassen, die dazu ausgerüstet wären, die Welt zu verändern, indem sie Gemeinden gründeten und die Gesellschaft umwandelten. Unsere evangelistischen Bemühungen und Gemeindewachstumsprogramme und die damit verbundenen Strukturen würden das Anliegen für einen sozialen Wandel wecken und fördern. Unsere Organisationen, die sich für spontane Notmaßnahmen, Entwicklungshilfe und strukturelle Veränderungen einsetzen, würden das Gebet, das Wirken des Heiligen Geistes und die Verkündigung des Evangeliums mit einbeziehen in ihre sozialen Programme. Unsere Seminare würden Pastoren ausbilden, die bereit und fähig wären, ganzheitlich denkende Gemeinden zu führen, die das gleiche Interesse an der Pflege der eigenen Gemeinde wie auch an den nach außen gerichteten Aktionen der Weltevangelisation und der sozialen Veränderung hätten. Immer mehr örtliche Gemeinden würden dann zu einer mächtigen Demonstration des kommenden Gottesreiches werden.

Ich kann nicht alle Aspekte, die sich aus ganzheitlicher Mission ergeben würden, hier aufzeigen. Doch ich möchte kurz ein paar Gedanken zur ganzheitlichen Neubelebung, zur ganzheitlichen Rechtfertigung des Glaubens, zum ganzheitlichen politischen Engagement und zu ganzheitlich ausgerichteten Gemeinden skizzieren. Wir können über das einseitige Christentum hinauswachsen!

Was würde geschehen, wenn Christen, die sich vor allem der Verkündigung des Evangeliums widmen, sich mit denen zusammentun würden, deren Hauptanliegen die soziale Aktion ist, und mit denen, denen die Erneuerung in der Kraft des Heiligen Geistes am meisten am Herzen liegt? Wenn sie sich gemeinsam um eine ganze Stadt mühen würden? Man könnte ihre Zusammenkünfte in einem ganz neuen Sinn als „Friedensbewegung" bezeichnen.[27] Als Erneuerung des alttestamentlichen „Shalom", von dem wir früher schon hörten, daß es Heil-Sein in jeder Hinsicht bedeutet – eine gute Beziehung zu Gott, dem Nächsten und der Erde.

„Shalom-Erweckungsbewegungen" würden die klare evangelistische Einladung zu Christus, wie Billy Graham sie praktiziert, einschließen. Aber sie würden auch gleichzeitig einen nachdrücklichen Aufruf an Christen einschließen, mit den Armen zu teilen und Gerechtigkeit für die Unterdrückten anzustreben. Und ebenso zentral würde die Einladung an alle Christen sein, ihren Weg mit dem Herrn noch verbindlicher werden zu lassen, indem sie sich bedingungslos der Fülle des Heiligen Geistes öffnen. Und während einer solchen Versammlung würden die, die Christus noch nicht kennen, dazu aufgerufen, ihn zu akzeptieren. Lauwarme Christen würden dabei ermutigt, nach vorn zu kommen und ihr Leben vollständig Gott auszuliefern und die Fülle der Gaben und Früchte des Heiligen Geistes zu empfangen. Christen würden innerlich gedrängt werden, nach vorn zu kommen, wenn sie das Empfinden hätten, daß Gott sie ruft, sich ihm ganz neu zu einem konkreten Dienst zu weihen – ob es sich nun um evangelistische Bemühungen handelt oder um das Engagement im Hinblick auf die Tragödien der Welt – Hunger, Elendsviertel und zerstörte Umwelt –, ob es um Gemeindeerneuerungsbewegung oder um konkretes politisches Engagement geht.

Vielleicht könnte Billy Graham solche „Shalom-Erneuerungsbewegungen" beginnen. Er läßt zunehmend eine bedeutsame soziale Komponente in seiner Verkündigung erkennen (Love in Action). Was würde geschehen, wenn Graham Bischof Desmond Tutu aus Südafrika als Repräsentant der christlichen sozialen Aktivisten und Kriengsak Chareongwongsak aus Thailand als Repräsentant der charismatischen Christen einladen würde, in einem städteumfassenden „Shalom-Erneuerungsfeldzug" mit ihm zusammenzuarbeiten?[28] Christliche Werke, die sich mit Evangelisation, sozialen Aktionen und Erneuerung in der Kraft des Heiligen Geistes befassen, wären alle daran beteiligt. Christen, die nach vorne kommen, um ihr Leben neu dem Dienst für Gott zu weihen, würden sofort mit den entsprechenden Organisationen in Verbindung kommen, die sich in den jeweiligen Bereichen besonders engagieren.

Ganzheitliche Apologetik (Rechtfertigung des Glaubens) würde sich gut in ganzheitliche Erweckungsbewegungen einfügen. An anderer Stelle habe ich bereits über das Problem des westlichen Säkularismus gesprochen, der die intellektuelle Welt, speziell an unsern Universitäten, durchdringt. Diese kann man in einem überwältigenden Maß als nichtchristlich betrachten. Der Säkularismus der Aufklärung ist ein entscheidender Grund für den Glaubensverlust unter den Gebildeten, aber ein zweiter wichtiger Grund besteht in dem Versagen der Christen. Wir haben das nicht ausgelebt, was wir gepredigt haben. Viele Intellektuelle haben sich angewidert von dieser Heuchelei abgewandt.

Was würde geschehen, wenn ganzheitlich ausgerichtete Kirchen wie die von Raleigh Washington – „Rock of Our Salvation" in Chicago – zum Beispiel an der Universität von Chicago eine solche Bewegung der Rechtfertigung des Glaubens und der Verkündigung des Evangeliums starten würden? Zweifellos würden sie scharfdenkende Geister brauchen, um den intellektuellen Zweifeln der säkularen Studentenschaft zu begegnen. Aber sie würden gleichzeitig ein gewagtes Angebot machen: „Kommt und seht euch unsere rassisch gemischte Gemeinde mit Schwarzen und Weißen, Reichen und Armen an, wie sie zusammen Gottesdienst feiern und zusammen arbeiten, um die schlimmen Probleme unserer Innenstadtgemeinde zu lösen. Säkulare Sozialarbeiter, humanistische Erzieher und Politiker scheinen machtlos und nicht in der Lage zu sein, den Zusammenbruch dieser sozial schwachen Bezirke aufzuhalten oder umzukehren. Aber durch Gottes Gnade geschieht es hier in den Rock/Circle-Hilfszentren, weil wir wissen, daß die Menschen beides brauchen: Rechtfertigung und Recht. Die christliche Lehre ist wahr, und deshalb tut sie ihre Wirkung. Wenn Sie immer noch intellektuelle Zweifel haben, werden wir fröhlichen Herzens weiter über die historische Evidenz der Auferstehung Jesu sprechen oder Ihre Fragen in bezug auf die Existenz Gottes erörtern. Aber wir laden Sie auch zum Besuch unserer rassisch gemischten, sozial vielschichtigen Gemeinde ein und bezeugen die Kraft Gottes, die die rassischen und wirtschaftlichen Gräben überwindet, die unsere Welt zerteilen."

Ich wüßte gern, wie die säkularen Intellektuellen auf eine solche Art der Verkündigung und Rechtfertigung des Evangeliums reagieren würden.[29] Einige würden sicher immer noch die naheliegenden Vergnügungen des relativistischen, individualistischen Säkularismus vorziehen. Doch mehr und mehr Menschen in den Universitäten erkennen, daß der Säkularismus der Aufklärung samt seinem Abkömmling, dem atheistischen Marxismus, versagt hat. Leider wenden sich diese Menschen aber oft östlichen Religionen zu statt dem Christentum. Teilweise rührt das daher, daß sie nicht davon überzeugt sind, daß das Christentum uns die schrecklichen Probleme des Hungers in der Welt, der wirtschaftlichen Ungerechtigkeit, der rassischen Unterdrückung, des Militarismus und der Umweltzerstörung lösen hilft. So wenden sie sich den alten monistischen Göttern zu, die inzwischen unter dem neuen Etikett von „New Age" verkauft werden. Ein vollständiger biblischer Glaube ist das, was sie brauchen. Und der beste Weg, sie das erkennen zu lassen, führt über ganzheitliche Nachfolge Jesu und ganzheitliche Rechtfertigung des Glaubens.

Eine biblisch begründete christliche Bewegung des ganzheitlichen politischen Engagements könnte diese Art von ganzheitlicher

Rechtfertigung des Glaubens bestätigen. Jeder weiß, mindestens bis zu einem gewissen Grad, daß wir schreckliche Probleme wie den Zusammenbruch der Familie, verwüstete Innenstädte, mehr als eine Milliarde hungriger Nächster und die Umweltzerstörung lösen müssen. Aber Lösungen, die auf säkularen Voraussetzungen beruhen, werden immer wieder versagen.

Weltweit brauchen wir breitangelegtes politisches Engagement von verbindlich lebenden Christen, das auf biblischen Voraussetzungen beruht.[30] Solche Menschen würden wissen, daß Politik wichtig ist, aber in ihrem Tun begrenzt. Nur Gott kann durch seine verwandelnde Gnade neue Menschen schaffen, obwohl gesunde soziale Strukturen gute Ansätze ermutigen und böse dämpfen können. Institutionen, die Einfluß auf Menschen ausüben, wie Kirchen, Schulen, Medien und Wirtschaftsunternehmen haben in dem Zusammenhang ganz besondere Bedeutung, um das Emporkommen despotischer, totalitärer Regierungen zu verhindern. Solch eine Bewegung würde auf politische Ideologien linker und rechter Prägung verzichten und statt dessen versuchen, konkrete politische Vorschläge zu entwickeln, die fest auf biblischen ethischen Prinzipien sowie auf sorgfältigen sachlichen Analysen begründet wären. Weil das Gottes Plan mit den Menschen entspricht, würde eine solche Bewegung sich darum kümmern, die Familie wieder zu stabilisieren und die Armen in ihrer Situation zu stärken. Frieden und Freiheit wären ihre Anliegen, Heiligkeit des menschlichen Lebens und Bewahrung der Umwelt. Damit würde der Welt eine alternative soziale Vision vermittelt.

Solch eine Bewegung würde gleichzeitig den bedauernswerten Materialismus und die Selbstsucht der heutigen Christen in Frage stellen.[31] Nominelle „Christen" verwalten zwei Drittel des Reichtums der gesamten Welt. Sie kontrollieren die Nationen, die in politischer Hinsicht die Vorherrschaft in Europa und Nordamerika haben. Leider ist es genau diese „christliche" Welt, die sich weigert, die kostspieligen Opfer zu bringen, die den armen Nationen helfen würden, ihre Umweltprobleme zu lösen und ein lebenswertes Leben für alle Angehörigen ihrer Völker zu ermöglichen.

Ich glaube, daß die Grundbegriffe von Freiheit und Demokratie, die auf der Welt kursieren, ihre Wurzel in biblischen Wahrheiten haben. Aber die Armen auf der Erde werden nicht länger auf Freiheit und Demokratie vertrauen, solange die Völker, die dafür eintreten, ihnen den Rücken kehren, wenn sie um Nahrung und Recht bitten.

Wir haben zur Zeit eine historische Chance auf unserm Planet Erde. Vollkommener Friede und vollkommene Gerechtigkeit werden allerdings erst bei der Wiederkunft Jesu Wirklichkeit werden. Aber wir haben es geschafft, die Sklaverei zu beenden und die Grenzen von Freiheit und Demokratie auszuweiten. In den nächsten Jahrzehnten könnten wir noch mehr erreichen. Die Reichen könnten in dramatischer Weise mit den Armen teilen, um die globale Armut einzuschränken und die Umwelt zu entlasten. In einer solchen Welt der wachsenden Gerechtigkeit und ökologischen Gesundheit würde es weniger internationale Konflikte geben. Die wichtigen Aufgaben der Verteidigung der Menschenrechte und der weiteren Ausdehnung der Grenzen von Freiheit und Demokratie könnten erfolgreicher durchgeführt werden. Größere Freiheit würde größere Möglichkeiten zur Evangeliumsverkündigung einschließen. Die menschliche Gesellschaft wäre dann zwar immer noch eine schmutzige Mischung von Gut und Böse. Aber unsere Kinder und Enkel – ja alle Geschöpfe Gottes – könnten in einer weniger gefährlichen Welt leben.

Diese Zukunft jedoch erfordert politische Entscheidungen von den heute herrschenden Nationen, die die ganze Weltbevölkerung in die Lage versetzen würden, auf gerechtere Weise teilzuhaben an den Gütern dieser guten Erde. Und das verlangt nun einmal Opfer von den reichen Nationen, in denen die Mehrzahl der Stimmberechtigten nominell „Christen" sind. Ist es eine utopische Hoffnung, daß eine dauerhafte, weltweite politische Bewegung von bibelgläubigen Christen, die sich für Gerechtigkeit, Leben, Frieden und Freiheit einsetzen, selbstsüchtige, materialistische Wähler überzeugen könnten, die notwendigen Opfer zu bringen? Wenn das geschähe, wäre das nächste Jahrhundert sicherer. Der Schöpfer würde geehrt. Und Nichtchristen auf der ganzen Welt wären offener für den Glauben, der eine solche selbstlose Sorge für andere hervorgebracht hätte.

Ich hoffe, daß die letzten Abschnitte (und die früheren Kapitel) Sie überzeugt haben, daß Christen versuchen sollten, das politische Leben zu beeinflussen. Doch es wäre unglaublich kurzsichtig, zu denken, daß die Politik der einzige Weg wäre, wie wir die Strukturen der Gesellschaft verändern können.

Wir brauchen ganzheitlich lebende Christen in jedem Bereich der Gesellschaft – im Wirtschaftsleben, in den Medien, in der Erziehung, im Rechtswesen und auf Regierungsebene. Verantwortliche Christen, die den Durchblick haben und die Konsequenzen aus biblischen

Prinzipien auf allen diesen Gebieten durchsetzen und im Hinblick auf soziale Veränderungen ebenso engagiert sind wie verantwortliche Regierungsbeamte.

Und führende Mediziner und Juristen sollten auch die Gelegenheiten zur Verkündigung des Evangeliums nicht versäumen. Wenn sie nach unüblichen Maßstäben leben und erstaunliche Veränderungen fordern, wird man sie fragen, warum das so ist. Dann können sie mit den Menschen von Jesus sprechen, wobei sie weiterhin in ihrem speziellen Bereich die Gesellschaft nach biblischen Grundsätzen beeinflussen.

Und schließlich setze ich mich für ganzheitliche Gemeinden ein und bete dafür, daß sie entstehen – Tausende und Abertausende von Gemeinden auf der ganzen Welt, die Jesus so sehr lieben, daß sie nicht aufhören können, Nichtchristen zu ihm einzuladen, und die so leidenschaftlich an ihren bedürftigen Nächsten interessiert sind, daß sie ebenfalls nicht aufhören können, die Hungrigen zu speisen und für Unterdrückte einzutreten.

Wenn ich auf Pastorenkonferenzen spreche, frage ich manchmal, wie viele Gemeinden die Teilnehmer kennen, die jedes Jahr Menschen zu Christus führen und ebenso engagiert sind in sozialen Aktionen. Leider können die meisten Pastoren sich nicht einmal an eine einzige erinnern! Einige von ihnen kennen eine oder zwei irgendwo in der Welt. Eine Handvoll kennt mehrere. Wenn ich sie dann frage, was sie wohl glauben, was Jesus von dem denken würde, was sie mir soeben mitgeteilt hätten, haben sie nur noch ein trauriges Lächeln dafür übrig. Welch eine schreckliche, beinahe unglaubliche Tragödie ist das.

Wenn Jesus die Wahrheit gesagt hat, wenn die Bibel Gottes Wort ist, dann sollte jede christliche Gemeinde ganzheitlich ausgerichtet sein. Sie sollte ihre Mitglieder ausrüsten, das Werk der Verkündigung zu tun, beständig für die Erlösung von Sündern zu beten und regelmäßig – Monat für Monat – die Freude haben, neue Gläubige im Kreis der erlösten Gemeinde Jesu begrüßen zu können. Jede christliche Gemeinschaft sollte außerdem in den Dienst an den Verletzten und Zerbrochenen in ihren eigenen Reihen und auf der ganzen Welt eingebunden sein. Diese Art von Kirche würde den Skandal vom einseitigen Christentum beenden.

Eine solche Art von Gemeinde mag manchmal auf ärgerliche Verstimmung stoßen, weil sie das Böse aufdeckt. Doch weit eher wird ihr Respekt und Ehrfurcht begegnen angesichts der sichtbaren Gegenwart von Gottes verwandelnder Macht. Eine solche Kirche würde wachsen. Eine solche Gemeinde würde dazu beitragen, die Hungrigen zu speisen und die Umwelt zu erhalten. Eine solche Gemeinde würde Menschen auf den Weg des ewigen Lebens weisen, auf den Weg in eine wiederhergestellte Schöpfung, wo sie vor Freude tanzen werden in der Gegenwart des Einen, der zugleich Schöpfer und Erlöser ist.

Anhang

Ist soziale Gerechtigkeit ein Teil der Erlösung?

Sollten wir den Begriff Erlösung nur im engeren Sinn verwenden, wenn nämlich Menschen sich bewußt zu Christus bekennen und in seine neue Gemeinde eintreten? Oder sollten wir den Begriff im weiteren Sinn annehmen, wie ihn die ökumenischen Christen verstehen, indem sie das oben Gesagte und zunehmende Freiheit und Gerechtigkeit in der Gesellschaft als ein Ganzes ansehen?

Es ist wichtig, sich vorurteilsfrei die besten Begründungen anzuhören, die sich für das breitere Verständnis anführen lassen. Und wir dürfen auch die Besorgnis von Leuten wie Gustavo Gutiérrez nicht vergessen, daß diejenigen, die für das engere Verständnis eintreten, damit nur „ihre eigenen Interessen schützen wollen". „Das sind dann die Menschen, die das Werk Christi ‚verraten', während sie vorgeben, es zu ‚retten'."[1]

Und weiter sollte man auch unbedingt vermeiden, unfaire Klischeevorstellungen zu verwenden. Die GRESR-Konferenz[2] ging weit über das individualistische Verständnis der Erlösung von Modell 1 hinaus. Erlösung ist danach eine persönliche und eine soziale Angelegenheit (innerhalb der Gemeinde der Glaubenden) und wird bei der Wiederkunft Christi eine kosmische Dimension annehmen.[3] Man sollte aber das erweiterte Verständnis auch nicht verzerren und sagen, daß die Vertreter von Modell 3 die Erlösung auf etwas reduzieren wollen, was normalerweise das Ergebnis horizontaler sozialer Veränderungen auf dem Wege der Politik ist (Modell 4).

Die wirkliche Auseinandersetzung findet zwischen denen statt, die glauben, wir sollten von Erlösung im Vollsinn nur sprechen, wenn es um die erlöste Beziehung zwischen Gott und dem Glaubenden und zwischen den Gläubigen untereinander geht. Diese Erlösung ereignet sich, wenn ein Mensch zum lebendigen Glauben an Jesus Christus kommt. Das schließt die Vergebung der Sünden, die persönliche Heiligung und verwandelte Beziehungen innerhalb der Gemeinde ein. Es umfaßt ebenfalls die Erneuerung des Kosmos bei der Wiederkunft Christi, wo jedes Knie sich ihm beugen wird. Aber in diesem Sinn sollte man es nicht „Erlösung" nennen, wenn man über wachsende Freiheit und Gerechtigkeit in der menschlichen Gesellschaft außerhalb der Kirche spricht, wo Christen und Nichtchristen in gleicher Weise freiere, gerechtere Sozialsysteme schaffen. Sicher bestehen Menschen mit dem engeren Verständnis von Erlösung darauf, daß Christen gegen soziale Sünde angehen und ungerechte Strukturen verändern sollen. Sie glauben, daß der christliche Glaube einen mächtigen „Spill-over"-Effekt (Übergreifeffekt, positive Auswirkung) in der allgemeinen Gesellschaft hat. Doch wir sollten das Ergebnis Gerechtigkeit, Freiheit und Umweltschutz nennen und nicht Erlösung.

Im erweiterten Verständnis, das vom konservativen Untertypus von Modell 3 vertreten wird, benutzt man den Begriff Erlösung für all das eben Genannte. Erlösung bezieht sich bei diesen Leuten auf alles, was geschieht, wenn Menschen bewußt Christus annehmen und sich der Gemeinde anschließen, und ebenso auf das, was geschieht, wenn ganze Gesellschaften gerechter und freier werden. Viele Vertreter dieses erweiterten Verständnisses haben eine solide, orthodoxe Theologie und ein evangelistisches Ziel, Nichtchristen zum lebendigen Glauben an Jesus Christus zu führen.[4] Aber Erlösung bezieht sich für sie auf Gottes umfassenden Rettungsplan, durch den er die durch Satan entstellte Schöpfungsordnung wieder zurechtbringen will. Das geschieht am deutlichsten in der Gemeinde, aber es geschieht auch, wenn ganze Gesellschaften gegen den institutionalisierten Rassismus oder wirtschaftliche Ausbeutung wie Kinderarbeit angehen.

Die Debatte, ob es korrekt ist, in der allgemeinen Gesellschaft vom Kommen des Reiches Gottes zu sprechen, läuft direkt parallel zu der Frage, wie weit sich Erlösung erstreckt. Jesus betete darum, daß das Reich Gottes „im Himmel wie auf Erden" kommen möge. David Bosch sagt: „Das Reich Gottes kommt überall dort, wo Jesus den Bösen überwindet. Das geschieht (oder sollte geschehen) in vollstem Maß in der Gemeinde. Aber es geschieht auch in der Gesellschaft."[5] Das heißt, daß wir vom Kommen des Reiches Gottes und der Gegenwart von Erlösung auch sprechen sollten, wenn die Gesellschaft sich wachsender Freiheit und Gerechtigkeit erfreut.

Welcher der beiden Standpunkte ist mehr der Heiligen Schrift gemäß? Welcher von beiden hilft den Christen von heute mehr, all das auszuführen, was der Herr der Gemeinde wünscht? Eine sorgfältige Prüfung der stärksten Argumente für beide Seiten soll uns bei der Entscheidung helfen.

Für eine erweiterte Definition

Ein ganzheitliches Bild vom Menschen. Manche Leute lehnen die weite Fassung des Begriffs „Erlösung" ab, weil sie von einem äußerst individualistischen Menschenbild herkommen – einschließlich eines starken Dualismus von Leib und Seele. Sie sehen nur den personalen, aber nicht den sozialen Aspekt der Sünde. Und sie vergessen, daß wir uns des von Gott geplanten Heil-Seins gar nicht freuen können, solange die schlimmen sozialen Systeme nicht verändert sind – weil wir Menschen ja auf Gemeinschaft hin angelegt sind.

Carl Braaten meint, daß ein unbiblischer Leib-Seele-Dualismus verantwortlich ist für einen großen Teil der evangelikalen Ablehnung des breiteren Verständnisses von Erlösung. Er behauptet: „Es gibt keine Erlösung der Seelen unabhängig vom Leib des Menschen [...] wir stellen den Erlösungsplan Gottes mit unserm Leib dar und mit nichts sonst."[6]

Eine solche Aussage geht eindeutig zu weit. Mortimer Arias weist darauf hin, daß der Verbrecher neben Jesus am Kreuz, gerade als sein Körper dem Tod anheimfiel, Jesu tröstendes Versprechen empfing: „...*heute* wirst du mit mir im Paradies sein."[7] Braaten selbst stellt weiter fest, daß ein Mensch im Prinzip in einem perfekten Sozialsystem leben und trotzdem vor Gott schuldig sein könnte.[8] Umgekehrt kann jemand dem Hungertode nahe sein und trotzdem seine Freude am Herrn haben und auf das ewige Leben vertrauen (Christen, die innerhalb der Gemeinde eine solche Tragödie tolerieren, machen sich allerdings schwerer Sünde schuldig).

Doch der Ansatz Braatens ist korrekt. Es gibt Menschen, die Erlösung vor allem oder ausschließlich darin sehen, daß einzelne Seelen gerettet werden. Zu Christus zu kommen bedeutet für sie, Vergebung und eine Fahrkarte zum Himmel zu erhalten, ohne daß das Leben auf dieser Erde davon wesentlich berührt würde. Solche Menschen verzerren in grober Weise die biblische Sicht von der Einheit von Leib und Seele. Sie übersehen die zentrale Erkenntnis – wie wir in Kapitel fünf sahen –, daß der Begriff der Erlösung sich sowohl im Alten wie im Neuen Testament darauf bezieht, daß Gott die kranken Körper heilt und gleichzeitig die ganzheitlichen Beziehungen zwischen Menschen wiederherstellt. Sie vergessen, daß verwandelte Beziehungen in Jesu neuer, erlöster Gemeinde Teil dessen sind, was das Neue Testament unter Erlösung versteht.

Doch wir können das alles feststellen (und auf diese Weise den unbiblischen Dualismus zwischen Leib und Seele vermeiden) und trotzdem darauf bestehen, daß gewisse Verbesserungen in der Gesellschaft außerhalb der Gemeinde als Gerechtigkeit bezeichnet werden sollten, nicht aber als Erlösung.

Soziale Sünde und Strukturwandel. Erfordert das Erkennen der Realität sozialer Sünde den erweiterten Erlösungsbegriff? Weil Sünde sowohl einen persönlichen als auch einen sozialen Aspekt hat, sagen viele, daß deshalb auch Erlösung einen individuellen *und* einen strukturellen Aspekt hat. Systematische Verbesserungen außerhalb der Kirche sollten daher auch als Teil der Erlösung angesehen werden.[9] Es ist natürlich wahr, daß der Sündenfall nicht nur die Gottesbeziehung des Menschen zerstörte, sondern auch die zum Nächsten. Die Bibel verurteilt ausdrücklich böse soziale Systeme.[10] Sie besteht auch darauf, daß eine geordnete Beziehung zu Gott auch bereinigte Beziehungen zum Nächsten erfordert.[11]

Gott schuf uns als soziale Wesen. Deshalb ist es, wie Orlando Costas sagt, unbiblisch und naiv, von einer individualistischen Soziologie auszugehen, die Gemeinde und Gesellschaft nur als eine „Summe von Individuen" ansieht.[12] Wir dürfen niemals denken, daß der *einzige* Weg, die Welt zu verändern, über die Bekehrung einzelner Menschen führt. Die persönliche Bekehrung hat Einfluß auf die Gesellschaft – in Wirklichkeit mehr, als die säkularen sozialen Aktivisten ahnen oder sich vorstellen können.[13] Aber man macht es sich zu einfach, wenn man den starken Einfluß von Sozialsystemen auf das Verhalten der Menschen übersieht. Eine radikal erzwungene Geschwindigkeitsbegrenzung verändert unsern Fahrstil. Wohlfahrtssysteme, die Verantwortungslosigkeit und Schwangerschaft außerhalb der Ehe noch belohnen, fördern unmoralisches Verhalten. Wir sind nicht in der Lage, durch politischen Wandel neue selbstlose Menschen oder vollkommene Sozialsysteme zu schaffen. Aber die Verbreitung demokratischer Institutionen in letzter Zeit zeigt, daß

Gesellschaftssysteme geändert werden können, und diese Institutionen haben ganz sicher einen mächtigen Einfluß auf uns.

Es ist einfach so: Weil wir soziale Wesen sind und auf Gemeinschaft hin angelegt, können wir uns einer vollen Humanisierung nicht erfreuen, ohne daß Sozialstrukturen verändert werden. Natürlich kann einer auch als Sklave Vergebung und ewiges Leben empfangen. Aber dieser Mensch kann seine Würde und Freiheit und die vom Schöpfer gewollte Ganzheit nicht ausleben als Sklave, als ausgebeuteter Arbeiter oder als unterernährte Frau. Umgekehrt haben Vinay Samuel und Chris Sugden recht, wenn sie auf die Konsequenzen der Veränderung solcher Systeme hinweisen. Wenn man diesen Menschen dann mit mehr Achtung begegnet, statt sie weiterhin menschenunwürdig zu behandeln, dann ist das neue Selbstwertgefühl, das in ihnen erwacht, bereits ein Zeichen dafür, daß die durch den Sündenfall verursachte Zerstörung ein Stück weit überwunden ist.[14]

Doch es muß noch einmal gesagt werden: Keines der jetzt angeführten Argumente macht eine erweiterte Begriffsbestimmung für Erlösung nötig. Die Tatsache, daß wir soziale Wesen sind, bedeutet, daß ein mächtiges soziales Element zur Erlösung gehören muß. Aber genau das finden wir ja in Modell 2, wo die erlösten Beziehungen innerhalb der Gemeinde so stark betont werden.

Natürlich ist es sehr wichtig, ungerechte soziale Strukturen zu verändern. Die Bibel lehrt uns, daß sie unserm heiligen Gott mißfallen. Und außerdem verletzen sie die Menschenwürde der Betroffenen. Doch viele Christen geben heute der politischen Aktion zur Verbesserung sozialer Systeme einen hohen Stellenwert, ohne daß sie die Ergebnisse als Erlösung bezeichnen würden.

Die Erlösung, deren sich Christen erfreuen, und das Reich Gottes, das Christus herbeigebracht hat, haben einen „Spill-over-Effekt".[15] Es springt etwas über, wenn Christen als gehorsame Zeugen die Gesellschaft im Namen Jesu nach den Maßstäben seines Reiches verändern. Gott hat ganz gewiß Christen (und Hindus) in Indien benutzt, um ein unterdrückendes Kastenwesen in einschneidender Weise zu verändern. Die gebildete, wohlhabende Hindufrau, die aus der Kaste der Unberührbaren stammt, genießt jetzt eine neue Würde und Ganzheitlichkeit. Es ist nicht zwingend notwendig, daß sie sich zu Christus bekennt, um diese Wohltaten zu genießen, die in der Herrschaft Christi ihren Ursprung haben. Darf man deshalb sagen: „Sie hat Teil an Gottes erlösendem Werk"? Ist es angemessen, diese

Aktion, durch die das Kastenwesen teilweise aufgehoben wurde, „einen Teil des Wirkens Gottes zu nennen, mit dem er den trennenden Zaun der Feindschaft zwischen verschiedenen Gruppen weggenommen hat? Wodurch er in Christus eine neue Menschheit schuf"?[16] Eph 2,14f bezieht sich ganz eindeutig auf Menschen, die Jesus Christus persönlich angenommen haben und deshalb zu Jesu neuer Gemeinde gehören, wo trennende Zäune von Rassen und Klassen niedergerissen sind. Von Erlösung zu sprechen und diesen Begriff bei Menschen anzuwenden, die ausdrücklich beschlossen haben, praktizierende Hindus zu bleiben, ist einfach widersprüchlich. Ist es nicht den biblischen Aussagen gegenüber ehrlicher, und zeugt es nicht auch von mehr Achtung vor der Religion dieser Menschen, wenn man statt dessen von Gerechtigkeit und Menschenrechten spricht? Bezugnehmend auf den Kampf gegen das Kastenwesen, kommen Vinay Samuel und Chris Sugden zu dem Schluß, daß die daraus resultierende soziale „Veränderung nicht als Erlösung bezeichnet werden kann". Diejenigen, die sich nicht zu Christus bekennen, sind nicht Glieder des Reiches Gottes in dieser Welt und damit erlöst. Nur Gehorsam gegenüber dem König und der Glaube an ihn kann Erlösung vermitteln.[17] Wir sollten die Wohltaten oder den „Spill-over-Effekt", die Nichtchristen genießen, weil gehorsame Christen soziopolitische Maßnahmen ergriffen haben, nicht Erlösung nennen, sondern anders bezeichnen.

Kosmische Erlösung. Wir sahen in Kapitel fünf, daß Gottes Plan zur Erlösung sich letzten Endes nicht nur auf Individuen erstreckt, sondern auch auf die Gesellschaft und selbst die ganze Schöpfung. Die Könige auf Erden, so heißt es in Offb 21, werden ihre „Herrlichkeit" in das neue Jerusalem bringen. Auch die seufzende Schöpfung wird die erlösende Macht Christi erfahren bei seinem zweiten Kommen (Röm 8). Diese beiden Stellen weisen auf eine bedeutsame Kontinuität zwischen Natur und Geschichte – wie wir sie kennen – und dem kommenden Reich Gottes hin. Ganz gewiß herrscht da heute radikale Diskontinuität. Um der Sünde willen können wir das vollkommene Reich Gottes durch politisches Engagement nicht verwirklichen. Das wird Christus bei seiner Wiederkunft tun. Doch es gibt da auch eine Kontinuität. Wo Gerechtigkeit, Freiheit, Frieden und ganzheitliches Heilsein in der Gesellschaft sichtbar werden, können wir mit Gewißheit sagen, daß Jesus Christus, der Herr der Geschichte, am

Werk ist. Und daß er die Geschichte zu dem Ziel hin bewegt, das bei seiner Wiederkunft vollkommen erreicht ist. Die begrenzte Güte und Schönheit, die in der menschlichen Gesellschaft heute schon erfahrbar sind, wenn diese sich in Richtung auf das Ziel Christi hin bewegt, wird dann gereinigt und in die Zukunft des Reiches Gottes auf eine wundersame und doch wesentliche Weise eingefügt werden.

Heißt das nun, daß man heute von Erlösung nur in diesem begrenzten Sinn sprechen sollte? Nirgendwo tut das Neue Testament das. Röm 8,18ff ist da sehr aufschlußreich. Die Menschen und die ganze übrige Schöpfung seufzen in Erwartung der endlichen Erlösung aller Dinge. Doch heute gibt es da noch einen entscheidenden Unterschied zwischen glaubenden Menschen und der Schöpfung. Paulus spricht davon, daß die Christen bereits die „Erstlingsfrucht" des Geistes genießen und tatsächlich schon gerettet – erlöst – sind in der Hoffnung auf die letzte Vollendung am Ende der Zeiten. Doch das gleiche sagt er nicht von der Schöpfung. Es gibt keinen Hinweis darauf, daß die Schöpfung, losgelöst vom Menschen, bereits in gewissem Sinn teilweise erlöst oder gerettet ist. Paulus sagt nur, daß sie vollständig erlöst sein wird bei der endzeitlichen Offenbarung der Herrlichkeit Gottes. In der Zwischenzeit schaut sie in gespannter Erwartung auf dieses Ereignis. Röm 8,18ff bietet also überhaupt keinen Anhaltspunkt dafür, daß man heute von Erlösung sprechen kann, wenn es um Umweltschutzmaßnahmen oder sozioökonomische Verbesserungen in der Gesellschaft außerhalb der Kirche geht. Und das gleiche gilt für das ganze übrige Neue Testament.

Die gegenwärtige Herrschaft Christi in dieser Welt. Wiederholt macht das Neue Testament die erstaunliche Aussage, daß der gekreuzigte und auferstandene Zimmermann von Nazareth *heute* der Herr der Welt und der Gemeinde ist (Eph 1,22; Kol 1,15-20). Im großen Missionsbefehl erklärt Jesus: „Mir ist gegeben alle Gewalt im Himmel und auf Erden" (Mt 28,18). Und in Offb 1,5 heißt es, daß Jesus *heute* „Herr über die Könige auf Erden" ist. Heißt das, daß Jesu Herrschaft und seine Erlösung in der Welt ebenso gegenwärtig sind wie in der Gemeinde?

Offensichtlich – so sahen wir es im letzten Abschnitt – sind gewisse positive Folgen des Erlösungswerkes schon jetzt spürbar unter denen, die Christus nicht kennen oder bekennen. Doch das Neue Testament spricht (mit zwei möglichen Ausnahmen) von Erlösung oder Rettung nur dann, wenn Menschen Jesus Christus als Herrn und Erlöser annehmen und sich seiner neuen, erlösten Gemeinde anschließen. In ähnlicher Weise spricht *absolut kein einziger* der neutestamentlichen Kerntexte vom Reich Gottes über die Gegenwart des Gottesreiches, losgelöst vom bewußten Bekenntnis zu Christus.

Wenn nicht jemand Universalist ist und glaubt, daß alle Menschen bereits gerettet sind (wenn sie es auch nicht wissen), dann muß man schon einen Unterschied machen zwischen dem erlösenden Handeln Christi und seinem stärkenden und bewahrenden Handeln, seiner Gegenwart und seiner Herrschaft. Als Schöpfer und Erhalter aller Dinge ist Christus jetzt schon „de jure" (rechtmäßig) Herr der ganzen Welt. Aber als Retter, als Erlöser ist er „de facto" (tatsächlich) nur der Herr derjenigen, die ihn anerkennen.[18]

Die Ablehnung der Unterscheidung zwischen Schöpfung und Erlösung. Nach dieser weithin üblichen theologischen Unterscheidung ist Gottes Wirken in der Schöpfung und Erhaltung der Welt nicht identisch mit seinem erlösenden Handeln. Überall ist Gott in genereller Gnade am Werk, seine Schöpfung zu erhalten, Ordnung zu bewahren und Gerechtigkeit für alle zu wirken, einschließlich derer, die weiterhin Christus ablehnen. Aber nur in der Geschichte Israels und im stellvertretenden Leben, Sterben und Auferstehen Jesu hat Gott *rettende* Gnade angeboten. Heute können wir nur von Erlösung als gegenwärtiger Realität sprechen, wenn Menschen sich zu Christus bekennen und in seine erlöste Gemeinde eintreten.

Wo liegen die Haupteinwände gegen die Unterscheidung zwischen Schöpfung und Erlösung?[19]

Erstens sagt man, daß eine solche Sicht die eschatologische Dimension des christlichen Glaubens ignoriere. Dabei übersieht man die Bedeutung der Tatsache, daß die Herrschaft Jesu bereits mit ihrem rettenden Handeln in die Geschichte eingebrochen ist. Und daß er seinen Kampf gegen das Böse weiterführen wird bis zu seiner Wiederkunft, um den Sieg über die Sünde in der gesamten Schöpfungsordnung zu vollenden. Um dieser Vernachlässigung willen neigen die Vertreter der traditionellen Ansicht dazu, das Handeln Gottes in der Gesellschaft eher auf erhaltende Ordnungen zu beschränken, als auf Abschaffung von Unterdrückung anzuwenden. Solche Christen werden eher zu konservativen Verbündeten des Status quo als zu Vorkämpfern von Kritik und Veränderung auf sozialem Gebiet.[20]

Zweitens entwickelt sich sehr schnell ein Dualismus, wo die „geistliche" Ebene des einzelnen Gläubigen und der Gemeinde weit wichtiger wird als die „weltliche" Ebene der Völker und Sozialsysteme. Die Kräfte, die diese Christen zur Verfügung haben, werden vor allem oder sogar ausschließlich für das innere, geistliche Leben eingesetzt, für die Verkündigung des Evangeliums und für die Gemeinde. Soziale Gerechtigkeit wird vernachlässigt.[21]

Drittens: Wenn das erlösende Handeln Christi auf den Bereich beschränkt wird, wo es ein bewußtes Bekenntnis zu Christus gibt, dann heißt das nach Vinay Samuel und Chris Sugden, „daß jede wahre Veränderung, die Gottes Plan für die menschliche Gesellschaft entspricht und ihre Ursache im Sterben und in der Auferstehung Christi hat, nur innerhalb der Grenzen der Kirche stattfinden kann".[22] Das ist die Quelle der evangelikalen Verwirrung im Hinblick auf das Verhältnis zwischen der Verkündigung und der sozialen Aktion: „Wenn die Anerkennung Jesu Christi die Voraussetzung für jede wahrhafte Veränderung auf sozialem Gebiet ist, dann hat die Verkündigung des Evangeliums in jedem Fall den Vorrang."[23] Statt dessen möchten Samuel und Sugden darauf bestehen, daß Gott auch außerhalb der Kirche befreiend wirkt, um die Welt mit seinem Erlösungsplan in Übereinstimmung zu bringen.[24] Samuel und Sugden begründen das damit: „Wo auch immer Gott in der Welt wirkt, geschieht es auf der Basis des Sieges, den Christus am Kreuz über die Sünde und das Böse gewann."[25]

Anders zu denken wäre „Tri-Theismus". Es wäre der Glaube an drei Götter statt an einen trinitarischen Gott. Es würde Gottes vorhersehendes Handeln von seinem erlösenden Handeln in Christus so trennen, daß Gott in zwei fundamental anderen Weisen zu handeln schiene.[26]

Es gibt keinen einleuchtenden Grund, warum das Schöpfungs-Erlösungs-Schema zur Vernachlässigung oder Abschwächung der Bedeutung des heraufziehenden messianischen Reiches und seiner radikalen Kritik am Status quo führen sollte. Eins stimmt natürlich: Wenn jemand sagen würde, daß die ethischen Maßstäbe der Herrschaft Jesu nur in die private, persönliche Ebene der Menschen gehören und nicht in alle Lebensbereiche und in die Gesellschaft im allgemeinen, dann schwächt man den sozialen Einfluß der Herrschaft Jesu radikal ab.[27] Sündigen Menschen fällt es natürlich nicht leicht, diese Maßstäbe einzuhalten. Sie sollten es aber tun. Daß es ihnen nicht gelingt, ist ein entscheidender Hinweis auf ihre Auflehnung gegen Gott und ihre Verlorenheit.

Menschen des Reiches Gottes werden darauf bestehen, jede verdorbene Gesellschaft an den Normen zu messen, die Jesus eingeführt hat und die er bei seiner Wiederkunft zur Vollständigkeit bringen wird. Weil die Auferstehung die Ankündigung Jesu vom Reich Gottes bestätigte, wissen Christen, in welche Richtung die Geschichte sich bewegt. Darum werden sie sich auch intensiv bemühen, der ganzen Gesellschaft – wie unvollkommen auch immer – einen Anstoß in diese Richtung zu geben. Die Tatsache, daß sie die begrenzten Erfolge lieber „Gerechtigkeit" als „Erlösung" nennen, muß ihre Hingabe nicht in irgendeiner Weise vermindern. Sie wissen, daß eines Tages ihr Herr wiederkommen und ihr Werk vollenden wird. Dann werden sie, dankbar für die bescheidenen Siege in ihrem Bemühen um Gerechtigkeit, voller Freude ausrufen: „Es sind die Reiche der Welt unseres Herrn und seines Christus geworden" (Offb 11,15). Wenn Christen zu Verbündeten eines unterdrückenden, konservativen Status quo werden, dann sicher nicht deshalb, weil sie zwischen Schöpfung und Erlösung unterscheiden.

Zweitens: Führt der Schöpfung-Erlösung-Dualismus notwendigerweise zu einem anderen mißverstandenen und zerstörerischen Dualismus? Es stimmt zwar, daß einige, die Schöpfung und Erlösung unterscheiden, auch mit dem Begriff eines platonischen Leib-Seele-Dualismus arbeiten, bei dem sich Erlösung nur auf die Seele und ein ewiges Leben in einem immateriellen Himmel bezieht. Das ist aber, wie wir gesehen, haben, nicht die biblische Sicht. Manche arbeiten auch mit einem geistlich-weltlichen Dualismus, wo nur der persönliche Glaube und die Gemeinde als „geistlich" angesehen werden. Doch dieses Denken kommt aus dem modernen Säkularismus, nicht aus dem biblischen Glauben. Die Bibel sagt, daß Gott der Herr über alles ist – das innere Leben und das Leben auf politischer und geschäftlicher Ebene. Die Arbeit im Geschäftsleben oder in der Politik, die im Gehorsam gegenüber Christus geschieht, ist ebenso „geistlich" wie die Arbeit als Pastor oder die auf dem „Missionsfeld". Doch keiner dieser mißverstandenen Dualismen hat notwendigerweise etwas zu tun mit der sauberen Unterscheidung zwischen Schöpfung und Erlösung.

Was ist nun mit dem dritten Argument? Ich kann nicht einsehen, daß Erlösung mit dem bewußten Bekenntnis zu Christus bedeuten muß, daß aller soziale Wandel – gemäß dem Plan Gottes für die menschliche Gesellschaft – sich nur in der Kirche abspielen kann. Das verwandelte Leben der Christen hat in mancherlei Weise positive Auswirkungen auf die allgemeine Gesellschaft. Ihre Aussagen über die biblische Offenbarung von Wahrheit und ethischen Maßstäben wirken überzeugend auf manche Menschen, die keine Christen sind. Ihr verwandeltes, geisterfülltes Leben und ihre erlösten Gemeinden sind anziehende Vorbilder selbst für Nichtchristen. Ihr tatkräftiger Einsatz für soziale Gerechtigkeit und ihr erfolgreiches politisches Engagement verändern Strukturen und soziale Sitten in einer Art und Weise, die das Leben aller, die ihnen begegnen, bereichert. In all diesen Fällen müssen wir sagen, daß das erlösende Werk Christi unter Christen einen enormen Wandel in Gemeinde und Welt herbeiführt. Die Tatsache, daß wir den begrenzten Wandel in der großen Gesellschaft lieber Gerechtigkeit und Freiheit nennen als Erlösung, ändert nichts an der Tatsache, daß diese Wirkung aus Gottes erlösendem Handeln in Christus entspringt.

Was bedeutet die Anklage bezüglich des Tri-Theismus? Darein verfällt man nicht einfach, bloß weil man verschiedene Arten des Handelns Gottes unterscheidet, solange diese Aktivitäten sich nicht widersprechen. Überall unterscheidet ja auch die Bibel zwischen Gottes Heiligkeit und Liebe, seiner Gerechtigkeit und seiner Gnade. Der gleiche Gott straft und vergibt. Gottes Verdammungsurteil über Sünder läßt sich in Einklang bringen mit seiner Begnadigung des Sünders – es ist aber nicht identisch damit. Man kann nicht sagen, daß Christus am Kreuz alles offenbarte, was wir vom Plan und Tun Gottes mit uns und für uns wissen. Daß Gott manche beim Jüngsten Gericht zur ewigen Trennung von ihm verurteilt (Mt 25) ist ebenso ein klarer Teil dessen, was die Schrift uns vom Handeln Gottes berichtet. Es widerspricht nicht dem, was Gott in Christus am Kreuz tat, aber es ist ganz sicher davon unterschieden.

Carl Braaten sagt: „Gott handelt in der Welt nach dem Gesetz *und* nach der Guten Nachricht."[28] Gott hat den Menschen sein Gesetz gegeben *und* sein Evangelium. Beide Wege Gottes zum Menschen sind miteinander verknüpft, sie sind aber nicht identisch.

Ähnlich ist es mit Gottes Wirken in Schöpfung und Erlösung. Es ist eng miteinander verknüpft, aber nicht das gleiche. Gott hat eine Ordnung in Natur und Geschichte geschaffen, innerhalb derer Menschen eingeladen sind, im Gehorsam auf den göttlichen Partner einzugehen. Als die menschliche Sünde in dieser Schöpfungsordnung Zerstörung anrichtete, handelte Gott in zweierlei Weise. Er wollte diese Ordnung stützen, und gleichzeitig entwickelte er einen Plan zur Erlösung. Wenn dieser Erlösungsplan bei der Wiederkunft Christi seine Vollendung findet, wird die ursprüngliche Schöpfungsordnung wieder ganz und gar heil werden. Doch bis dahin lädt Gott weiterhin Menschen ein, sein gnädiges Angebot der Erlösung anzunehmen und schon jetzt etwas von der Fülle der höchsten Vollendung zu erfahren. Viele lehnen das jedoch ab, und Gott ist auch entschlossen, ihnen diese Freiheit zu gewähren. Solange jemand an der Unterscheidung zwischen Schöpfung und Erlösung nicht festhält, wird es schwierig oder sogar unmöglich, die wichtige neutestamentliche Unterscheidung zwischen denen, die Gottes Angebot in Christus annehmen und sich seiner Gemeinde anschließen, und denen die es nicht tun, zu verstehen oder aufrechtzuerhalten. Ohne diese Unterscheidung würden wir, wie Carl Braaten sagt, christlichen Glauben und Zivilisation in der katastrophalen Weise vermischen, wie es die amerikanische bürgerliche Religion oft getan hat.[29]

Kol 2,15 wird oft zitiert, um zu beweisen, daß es ein biblisches Beispiel dafür gibt, daß man auch strukturellen Wandel als Erlösung bezeichnen kann. Paulus sagt von Christi Sieg am Kreuz: „Er hat die Mächte und Gewalten ihrer Macht entkleidet und sie öffentlich zur Schau gestellt und hat einen Triumph aus ihnen gemacht in Christus." Was meint dieser Text?

Mit „Mächten" und „Gewalten" (archai kai exousiai) bezieht sich Paulus sowohl auf Strukturen und Bräuche der Gesellschaft als auch auf übernatürliche, gefallene Wesen, die hinter diesen Strukturen stehen und durch sie wirken.[30] Was geschah genau mit diesen Mächten und Gewalten am Kreuz? Die Ausdrücke entstammen der römischen Militärsprache. Ein erfolgreicher römischer General zwang die Herrscher einer besiegten Nation, beim Triumphzug barfuß hinter seinem Wagen herzulaufen.[31]

Paulus meint also, daß Christus am Kreuz einen entscheidenden Sieg über diese „Mächte und Gewalten" erfochten hat. Er zerschlug ihre Macht und demütigte sie. Vermutlich wurde ihre Fähigkeit, die Ziele Christi zu behindern, entscheidend geschwächt.

Paulus war wohl kaum der Ansicht, daß die bösen Kräfte total vernichtet seien. Er spricht häufig davon, daß Christen ihren Kampf mit den gleichen Gewalten fortsetzen müssen (vgl. Eph 6,12).

Jesu eigener Kampf mit dem Satan und seinen bösen Mächten dürfte aufschlußreich für uns sein. Jesus sagt ausdrücklich, daß er den Satan wie einen Blitz vom Himmel fallen sah. Und er sah sich selbst als den, der den Starken binden konnte.[32] Aber er ging nie davon aus, daß diese bösen Mächte total besiegt waren. Und er hat auch nie gesagt, daß sie erlöst worden seien.

Auch in Kol 2,15 gibt es nicht den geringsten Hinweis auf die Erlösung dieser Mächte und Gewalten am Kreuz. Der Text spricht von widerwilliger Unterwerfung, nicht aber vom freiwilligen Akzeptieren Jesu Christi. Ihre Macht ist entscheidend gebrochen, aber der Wandel, der sich da vollzogen hat, ist weit entfernt von Erlösung.

Aber findet nicht in Kol 1,20 die Anwendung des Begriffs Erlösung in einer parallelen Situation statt? An dieser Stelle heißt es: „Es hat Gott wohlgefallen [daß] er durch ihn alles mit sich versöhnte, es sei auf Erden oder im Himmel, indem er Frieden machte durch sein Blut am Kreuz." In Vers 16 hatte Paulus davon gesprochen, daß alle Dinge im Himmel und auf Erden durch Christus geschaffen worden seien. Und dabei schloß er ausdrücklich die Mächte und Gewalten ein. Jetzt benutzt er die Vergangenheitsform, um zu sagen, daß alle Dinge *versöhnt worden sind* durch das Kreuz Christi. Im Zusammenhang mit der Diskussion über Gottes kosmischen Erlösungsplan können wir nicht umhin, „alles" für mehr als nur für einzelne Personen gedacht anzusehen. Jeder Teil der Schöpfungsordnung ist durch Christus geschaffen und durch ihn versöhnt (Das heißt nicht, daß jeder einzelne Mensch gerettet wird. Paulus war kein Universalist. Aber es heißt, daß jeder einzelne Bereich der Schöpfung durch das Kreuz berührt wurde).

Der Begriff „Versöhnung" gehört für Paulus zu den wichtigsten im Zusammenhang mit seinem Reden von Erlösung. Da dieser Text den Akt der Versöhnung in die Vergangenheit verlegt, mag es eine gewisse Berechtigung haben, davon zu sprechen, daß Versöhnung und damit Erlösung schon begonnen habe, alle Dinge im Himmel und auf Erden zu beeinflussen. Vielleicht rechtfertigt dieser Text den Gebrauch des Begriffs Erlösung für das teilweise Zutagetreten von „Shalom", wenn er hier und da in der großen Gesellschaft auftaucht.

Doch das wirft weitere wichtige Fragen auf. Paulus sagt, daß alle Dinge mit Gott versöhnt sind. Ganz offensichtlich meint er damit aber nicht, daß alle Menschen bereits mit Gott versöhnt sind.[33] An anderer Stelle bittet er Ungläubige dringend, sich mit Gott versöhnen zu

227

lassen (2. Kor 5,20), eben weil er der Überzeugung ist, daß sie ohne den Glauben an Christus verloren und ohne Hoffnung in der Welt sind (Eph 2,12). Deshalb kann Kol 1,20 nur bedeuten, daß Christus am Kreuz den entscheidenden Sieg errang, der es möglich machte, daß Menschen mit Gott versöhnt wurden, wenn sie das Evangelium hörten und annahmen. Die Form der Vergangenheit, die Paulus hier anwendet, sagt uns nichts über den genauen Zeitpunkt der Versöhnung. Sie sagt lediglich, daß Gottes entscheidendes Handeln, das die Versöhnung ermöglicht, schon geschehen ist.[34]

Das gleiche gilt für die kosmische Erlösung aller Dinge. Das Kreuz war der entscheidende Sieg, der sie möglich machte, aber man muß sich noch andere Stellen ansehen, um zu erfahren, wann diese Erlösung stattfindet. Ich habe nirgendwo bei Paulus oder in den anderen neutestamentlichen Schriften etwas davon entdeckt, daß vor Christi Wiederkunft in Herrlichkeit von Erlösung der ganzen Schöpfung oder gesellschaftlicher Strukturen gesprochen wird. Deshalb sollten wir Kol 1,20 in Übereinstimmung mit den andern Aussagen des Paulus und dem Rest des Neuen Testamentes auslegen.

Das heißt also, daß der Einfluß von Christi Leben, Sterben und Auferstehung die Macht des Bösen in der gesamten Schöpfung bereits in bedeutsamer Weise gebrochen hat. Das hat zumindest zwei wichtige Folgen. Erstens kann Satan das Wachstum der erlösten Gemeinde Christi nicht verhindern. Zweitens ist es möglich, einiges an Auswirkungen des Bösen in der Gesellschaft zu korrigieren. Das letztere ist im tiefsten Grunde ein Ergebnis des Sieges Jesu am Kreuz über die unsichtbaren Mächte des Bösen. Und es gewinnt Gestalt, wenn Christen, die die Kraft der Erlösung kennen, soziale Systeme beeinflussen und verändern. Doch wenn wir beim Sprachgebrauch des Neuen Testamentes bleiben wollen, dürfen wir Veränderungen außerhalb der erlösten Gemeinde von Glaubenden nicht als „Erlösung" bezeichnen.

Ich finde keine überzeugenden Argumente gegen die Unterscheidung zwischen Schöpfung und Erlösung. Paulus benutzt sie exakt in Kol 1,15.-20. Christus ist Schöpfer und Erhalter aller Dinge (V. 15-17) und auch der Erlöser aller Dinge (V. 18-20). Diese beiden Aktivitäten sind wunderbar und staunenswert verknüpft und ergänzen sich. Aber sie sind nicht identisch.

Für eine engere Definition des Begriffs „Erlösung"

Keins der Argumente für eine erweiterte Anwendung des Begriffs Erlösung ist wirklich überzeugend.[35] Dagegen gibt es starke Argumente für die Alternative.

Das gesamte Neue Testament unterstützt die engere Deutung. Nirgendwo spricht es von der Gegenwart des Reiches Gottes, das Jesus angekündigt hatte, außer wo er selbst körperlich anwesend ist oder wo Menschen ihn bewußt als Messias, Retter und Herrn anerkennnen. Nirgendwo redet es eindeutig von Erlösung, wenn es sich um Geschehnisse außerhalb der Gemeinde handelt, außer, wenn es um die kosmische Verwandlung aller Dinge bei der Wiederkunft Christi geht (zu diesem Zeitpunkt werden Kirche und Welt sich nicht mehr unterscheiden). Der biblische Gebrauch des Begriffs erlaubt es einfach nicht, die wachsende Gerechtigkeit und Freiheit, die wir heute in der Gesellschaft bewirken können, als „Erlösung" zu bezeichnen.

Die erweiterte Deutung von Erlösung stellt auch ein ekklesiologisches Problem dar. Ganz gewiß ist die Kirche oder Gemeinde normalerweise gegenwärtig, wo Menschen Rettung, Heil, Erlösung erfahren. Wenn Vietnam in gewissem Sinne mit der Beendigung des Krieges endlich erlöst war, könnte man folgern, daß die Vietnamesen in gewisser Weise auch eine Beziehung zur Kirche gewonnen hätten. Carl Braaten sagt, daß christlicher Glaube mit Zivilisation vermischt wird, wenn wir nicht eine grundsätzliche Trennung zwischen Schöpfung und Erlösung beibehalten. Die grundsätzliche, neutestamentliche Unterscheidung zwischen Kirche und Welt wird dann schwierig oder unmöglich.

Die gleichen Argumente gelten für die Frage des ewigen Heils. Solange man nicht Universalist ist (und einige, wenn auch nicht alle, die der erweiterten Deutung von Erlösung anhängen, sind es), muß man unterscheiden zwischen denen, die durch Gottes Gnade die Annahme bei Gott erfahren haben, die zum ewigen Leben führt, und denen, die das Angebot Christi zur Erlösung ablehnen. Wenn jedes Glied einer Gesellschaft erlöst ist, weil die soziale Gerechtigkeit allmählich zugenommen hat, dann wird die Unterscheidung wieder schwierig.

Viele Menschen, die der erweiterten Deutung von Erlösung anhängen, haben einen Weg gesucht, diese beiden letzten Probleme zu lösen: Sie unterscheiden verschiedene Arten der Erlösung. Samuel und Sugden sagen, wie wir gesehen haben, daß die Welt außerhalb der Gemeinde auch eine Art von „Erlösung" durch Christus erfährt. Aber sie bestehen ebenso klar darauf (weil sie keine Universalisten sind), daß die „bewußte Anerkennung dieses Sieges [von Christus am Kreuz] in der Gemeinde stattfindet und daß Erlösung im vollen Sinn verknüpft ist mit diesem bewußten Anerkennen".[36] In ähnlicher Weise erklärt der Befreiungstheologe Gustavo Gutiérrez, daß sozioökonomische Befreiung Erlösung ist. Aber das ist nicht die Fülle der Erlösung.[37] Von daher gibt es für Befreiung oder Erlösung verschiedene unterschiedliche Ebenen. Soziale und wirtschaftliche Befreiung heute ist nicht das gleiche wie vollständige Erlösung, die eine geordnete Beziehung zu Gott und das ewige Leben einschließt.

Aber läuft nicht dieser Prozeß der Unterscheidung von Erlösung auf verschiedenen Ebenen darauf hinaus, daß er die gleichen Unterscheidungskategorien bringt, die wir früher schon hatten, nämlich Gerechtigkeit und Erlösung? So können wir den „Dualismus" gar nicht vermeiden, wenn damit Unterscheidung gemeint ist. Ist es da nicht hilfreicher, bei den biblischen Kategorien zu bleiben?

Vieles, vielleicht sogar das meiste, was die Anhänger des erweiterten Begriffes von Erlösung schützen wollen, kann ebensogut von den Anhängern der engeren Definition bestätigt werden. Christus ist heute schon Herr der Welt wie auch der Gemeinde. Und er wirkt in der Welt, um Frieden und Gerechtigkeit zu vermehren. Das bedeutet, daß die Geschichte bereits auf das kommende Gottesreich zugesteuert wird, das die Kriterien dafür hergibt, historische Veränderungen heute zu beurteilen. Christus benutzt sowohl Christen wie Nichtchristen, um seinem Willen in der Welt Geltung zu verschaffen.[38] Der Einfluß der Erlösung durch Christus wirkt sich mächtig in Kirche und Welt aus.[39] Gottes letztes Ziel ist eine kosmische Erlösung, die Menschen, Gesellschaften und die gesamte „seufzende Schöpfung" verwandelt. All das und noch mehr kann von den Anhängern der engeren Deutung des Erlösungsbegriffs ohne weiteres bestätigt werden.

Man könnte eine Menge an Aussagen aller Zeiten und vieler Orte zugunsten der engeren Deutung anführen. René Padilla sagt: „Wir können die Gleichsetzung von Erlösung mit der Befriedigung leiblicher Bedürfnisse, sozialer Verbesserungen oder politischer Befreiung nicht akzeptieren."[40] Johannes Calvin sagte, daß „das Reich Gottes nur dann aufgerichtet wird und sich entfaltet, wenn Christus als der Mittler Menschen mit dem Vater vereinigt, Menschen, die durch den freien Erlaß der Sünden begnadigt und zur Gerechtigkeit wiedergeboren wurden."[41]

Die Lausanner Verpflichtung bereut die Vernachlässigung sozialer Aktionen bei den Evangelikalen und bekräftigt deren Wichtigkeit. Aber sie lehnt es ab, Gerechtigkeit und Erlösung gleichzusetzen: „Versöhnung zwischen Menschen ist nicht gleichzeitig Versöhnung mit Gott, soziale Aktion ist nicht Evangelisation, politische Befreiung ist nicht Heil. Dennoch bekräftigen wir, daß Evangelisation und soziale wie politische Betätigung gleichermaßen zu unserer Pflicht als Christen gehören" (Abs. 5).

Ich möchte schließen mit der Aussage, daß die Kirche heute klug daran tun würde, den Begriff der Erlösung nur auf das anzuwenden, was geschieht, wenn Menschen Christus annehmen und sich der erlösten Gemeinde anschließen, und auf das, was geschieht, wenn Christus wiederkommt, um die kosmische Wiederherstellung für die gesamte Schöpfungsordnung herbeizuführen. Das heißt, daß auch heute schon Erlösung eine persönliche und eine soziale Dimension (in der Gemeinde) hat. Und in der Zukunft wird sie kosmisch und total sein.

Repressive Sozialstrukturen zu verändern, um den Menschen Würde, Gesundheit, Freiheit und wirtschaftliches Wohlergehen zu vermitteln, ist enorm wichtig. Aber es ist dann soziale Gerechtigkeit und nicht Erlösung. Diese Begrifflichkeit ist erstens biblisch fundierter und zweitens eher dazu geeignet, die heutige Kirche vor ernstem theologischem Irrtum zu bewahren.[42]

Anmerkungen

Kapitel 1

[1] Der Name ist geändert, um die Identität des Betreffenden zu schützen.

[2] Interessanterweise sagte der bekannte säkulare Philosoph Anthony Flew vor kurzem im wesentlichen dasselbe; s. Anthony Flew und Gary Habermas: „Did Jesus Rise from the Dead?" (San Francisco: Harper, 1987), 3.

[3] Auf diesem Gebiet habe ich einiges geschrieben; s. z. B. meinen Artikel „A Case for Easter", *HIS,* April 1972, 27-31. Zur ausführlicheren Diskussion s. auch: „The Historian, the Miraculous and Post-Newtonian Man", in: *Scottish Journal of Theology* 25 (1972), 309-19; „The Pauline Conception of the Resurrection Body in 1 Kor 15,35-54", in: *Novum Testamentum* 19 (1977), 1-18; und „Jesus' Resurrection and the Search for Peace and Justice", in: *Christian Century*, 3 November 1982, 1103-08.

[4] Zu dieser Erklärung und ihrem Hintergrund s. Ronald J. Sider, Hrsg., *The Chicago Declaration* (Carol Stream: Creation House, 1974).

[5] „Evangelism, Salvation and Social Justice", in: *International Review of Mission*, Bd 54 (1975), 251-67.

[6] Ronald J. Sider: „Reflections on Justice, Peace and the Integrity of Creation", in: *Transformation*, July-September 1990, 15-17.

[7] S. Anfang Kapitel 8 weitere Einzelheiten.

Kapitel 2

[1] David J. Bosch: *Transforming Mission* (Maryknoll: Orbis, 1991), 401.

[2] H. Richard Niebuhr hat darauf hingewiesen, daß „a type is always something of a construct" (daß solche Modelle immer etwas Konstruiertes an sich haben). Kein Mensch und keine Gruppe paßt vollkommen in eine der vier Kategorien oder der verschiedenen Unterkategorien meiner Modelle. Doch helfen sie uns, die wichtigsten Gesichtspunkte der modernen Auseinandersetzung zu verstehen. H. Richard Niebuhr: *Christ*

232

and Culture (New York: Harper Torchbooks, 1956), 43. Avery Dulles gebraucht den Ausdruck „Modell" in ähnlichem Sinn: „Models of the Church" (Garden City, New York: Doubleday, 1978), 19-38. Ich habe in diesem Kapitel einen unhistorischen Weg gewählt. Allerdings würde eine sorgfältige Betrachtung der historischen Entwicklung noch viel Licht auf das Thema werfen (s. z. B. Boschs meisterhafte Schrift „Transforming Mission"), aber der Raum dafür und die Intention dieses Buches schlossen jenen Weg aus.

[3] Billy Graham: „Why Lausanne?", in: J. D. Douglas, Hrsg., *Let the Earth Hear His Voice* (Minneapolis: World Wide Publications, 1975), 31 (Hervorh. d. Autors).

[4] Ebd., 29.

[5] John Stott: „The Biblical Basis of Evangelism", in: Douglas, Hrsg., *Let the Earth Hear His Voice,* 65-78; John Stott: *Christian Mission in the Modern World* (Downers Grove: InterVarsity Press, 1975).

[6] Häufig nachgedruckt ist die Lausanner Verpflichtung bei Douglas erschienen: *Let the Earth Hear His Voice,* 3-9; s. die ähnliche Position von C. Peter Wagner: *Church Growth and the Whole Gospel* (San Francisco: Harper, 1981), 87-91 sowie 102-5.

[7] Arthur Johnston: *Battle for World Evangelism* (Wheaton: Tyndale House, 1978), 18.

[8] Ebd., 18 und 345.

[9] Arthur P. Johnston: „The Kingdom in Relation to the Church and the World", in: Bruce Nicholls, Hrsg., *In Word and Deed: Evangelism and Social Responsibility* (Grand Rapids: Eerdmans, 1985), 111 (Hervorh. d. Johnston).

[10] S. Donald A. McGavran: *Understanding Church Growth* (rev. Ausg.; Grand Rapids: Eerdmans, 1970), 26; und seinen neueren Artikel: „Missiology Faces the Lion", in: *Missiology: An International Review,* Bd XVII, No.3 (July 1989), 337-40. Peter Wagner klassifiziert McGavrans Position in: *Church Growth and the Whole Gospel,* 105f. David J. Hesselgrave gehört wahrscheinlich auch in diese Kategorie; s. *Today's Choices for Tomorrow's Mission* (Zondervan: Academic Books, 1988), 90.

[11] Harold Lindsell, Hrsg., *The Church's Worldwide Mission* (Word: Dallas, 1966), 234.

[12] James A. Scherer: *Gospel, Church and Kingdom* (Minneapolis: Augsburg, 1987), 87f (Hervorh. d. Autors).

[13] Donald G. Bloesch: *Essentials of Evangelical Theology* (2 Bde.; San Francisco: Harper, 1978/79), II, 156.

[14] „Christianize the World? Forget it!", in: *Faith for the Familiy*, 1981, 33 (eine Bob Jones University-Publikation) zitiert nach Janel M. Curry-Roper: „Contemporary Christian Eschatologies and Their Relationship to Environmental Stewardship", in: *The Professional Geographer*, 42 (2), 1990, 161.

[15] Zitiert nach Bosch: *Transforming Mission*, 318.

[16] Die ausdrückliche Aussage von Missiologen wie Donald McGavran, daß ganze Dörfer oder Gemeinschaften häufig in einer „Massenbewegung" zu Christus kommen, überwindet etwas von diesem Individualismus (s. *Understanding Church Growth*, 333-72).

[17] S. Michael Hill: „Paul and Social Ethics", in: B.G. Webb, Hrsg., *Christians in Society* („Explorations 3"; Homebush West, Australia: Lancer Books, 1988), 131-42.

[18] Peter Kuzmic: „History and Eschatology: Evangelical Views", in: Nicholls, Hrsg., *In Word and Deed*, 153. An diesem und vielen anderen Punkten weist die Position John Stotts nicht die typische Schwäche des ersten Modells auf.

[19] S. Bosch: *Transforming Mission*, 262-345; Samuel Escobar: „Has McGavrans Missiology Been Devoured by a Lion?", in: *Missiology*, Bd XVII, No. 3 (July 1989), 150; Kuzmic: „History and Eschatology", in: Nicholls, Hrsg., *In Word and Deed*, 152-57.

[20] Zitiert nach David J. Bosch: „Toward Evangelism in Context", in: Vinay Samuel und Chris Sugden, Hrsg., *The Church in Response to Human Need* (Grand Rapids and Oxford: Eerdmans and Regnum Books, 1987), 191.

[21] In bezug auf den Standpunkt der Reformatoren s. Carl E. Braaten: *The Flaming Center: A Theology of the Christian Mission* (Philadelphia: Fortress, 1977), 15. In bezug auf die Anabaptisten s. Franklin H. Littell: *The Anabaptist View of the Church* (2. Ausg., Boston: Starr King Press, 1958), 109-26.

[22] Yoder: *Politics of Jesus* (Grand Rapids: Eerdmans, 1972), 153-57. S. auch Jim Wallis: *Agenda for Biblical People* (New York: Harper, 1976), 129 und 138. Weder Yoder noch Wallis lassen sich natürlich restlos im zweiten Modell einordnen.

[23] S. z. B. John Driver: „The Anabaptist Vision and Social Justice", in: Samuel Escobar und John Driver: „*Christian Mission and Social Justice* (Scottsdale, PA: Herald Press, 1978) 107.

[24] Yoder: *Politics of Jesus*, 157.

[25] Bericht aus Absatz II: „Salvation and Social Justice", *Bangkok Assembly 1973* (Genf: Weltkirchenrat, N.D.), 90.

^{26} Absatz 10, Weltkirchenrat: *Mission and Evangelism: An Ecumenical Affirmation*, Zustimmung des Zentral-Komitees im Juli 1982.

^{27} Ebd., 5 (Vorwort).

^{28} Z. B. Leonardo und Clodovis Boff: *Salvation and Liberation*, übers. von Robert R. Barr (Maryknoll: Orbis. 1988); und Gustavo Gutiérrez: *A Theology of Liberation*, übers. von Caridad Inda und John Eagleson (Maryknoll: Orbis, 1973) 56ff und 145ff.

^{29} *Transforming Mission*, 396.

^{30} *A Monthly Letter on Evangelism* (s. No. 12, Dezember 1986). Die Berichte von der Generalversammlung des Weltkirchenrates in Canberra, 1991, unterstreichen Fungs Bewertung. Der offizielle Bericht von Canberra lautet: „Es gibt heute ein dringendes Bedürfnis nach einer neuen Art von Mission – nicht in fremden Ländern, sondern in fremden Strukturen." [Absatz 46 von Abschnitt I; Canberra 1991: Message, Report and Programme Policy Report of the WCC Seventh Assembly (Geneva: WCC Publications, 1991).] Ein aufmerksamer Blick auf den offiziellen Bericht des Komitees für Programm-Politik offenbart den Hauptpunkt der Tagesordnung. In dem Bericht heißt es, daß alle Programme dazu dienen sollen, Jesus Christus zu bekennen. Doch nach einem Kommentar zu Gerechtigkeit, Frieden und der Bewahrung der Schöpfung geht es dann weiter: „Dieses hat sich als die *zentrale Vision* des Weltkirchenrates herausgestellt." [Canberra 1991, 30 (Hervorh. d. Autors).] Abschnitt C: „Wholeness of the Mission of the Church" erwähnt zwar die ganzheitliche Verkündigung des Evangeliums, widmet aber den meisten Raum der Gerechtigkeit und dem Frieden. Abschnitt IV nennt vier programmatische Schwerpunkte für die Jahre nach Canberra: Versöhnung in Kirche und Welt; Freiheit und Gerechtigkeit; verantwortliches Verhalten gegenüber der Schöpfung; vollständige Beteiligung der Frauen. Offensichtlich ist die Verkündigung des Evangeliums nicht so wichtig, daß man in ihr wenigstens einen von vier besonderen Schwerpunkten sieht!

^{31} So Braaten: *Flaming Center*, 146.

^{32} Gustavo Gutiérrez: *The Power of the Poor in History*, übers. von Robert R. Barr (Maryknoll: Orbis, 1983), 16f. Guitérrez sagt, daß das Wort natürlich auch seinen Platz hat, aber das, „was grundsätzlich zählt, ist die Tat" (S. 17). Vinay Samuel und Chris Sugden finden dasselbe bei M. M. Thomas: „Toward a Theology of Social Change", in: Ronald J. Sider, Hrsg., *Evangelicals and Development: Toward a Theology of Social Change* (Philadelphia: Westminster, 1981), 46.

^{33} *Salvation and Liberation* von Leonardo und Clodovis Boff bietet eine faszinierende Illustration. Die Brüder Boff bestätigen die transzendente Seite der Erlösung (einschließlich der inneren, persönlichen Bekehrung und dem Leben nach dem Tode). Sie bestehen auch auf einer Unterscheidung von Erlösung und gesellschaftlicher oder wirtschaftlicher Befreiung. Aber die Betonung liegt doch überwiegend auf den letzteren Faktoren, die als authentische Vorwegnahme der ewigen Gottesherrschaft angesehen werden (vgl. 62). Die Armen sind *„the* eschatological criterion by which the salvation or perdition of every human being is determined" (S. 48, Hervorh. des Autors). Die Erlösung kann man sich aneignen durch moralisches Tun – z. B. indem man sich für Gerechtigkeit einsetzt (vgl. S. 53). *„Only when* I follow the poor am I following Jesus" (S. 91; Hervorh. d. Brüder Boff). Klares Wissen um Jesus Christus ist nicht erforderlich für die Annahme von Gnade und Gottesreich: „In the measure that human beings open themselves to justice and love, they are – even without knowing it – accepting and embracing the kingdom, grace and Jesus Christ" (S. 115). Man darf das Reich Gottes nicht mit sozioökonomischer Befreiung gleichsetzen, aber „today it does turn out to be the main place", wo wir die Herrschaft Gottes erfahren (S. 83). Erlösung hat viele Dimensionen, aber „there are certain dominant aspects today (the political aspect)" (S. 92).

[34] Richard J. Mouw: *Political Evangelism* (Grand Rapids: Eerdmans, 1973), 13.

[35] Ebd., 89 (Hervorh. Mouws).

[36] Orlando E. Costas: *The Church and Its Mission* (Wheaton: Tyndale, 1974), 69 (aber s. unten, Kap. 9, den Wandel in seinem neueren Buch).

[37] Vinay Samuel und Chris Sugden: „Evangelism and Social Responsibility: A Biblical Study on Priorities", in: Nicholls, Hrsg., *In Word and Deed*, 203.

[38] S. Diskussion und Zitierungen in Chris Sugdens Dissertationsschrift über die Theologie Samuels: „A Critical and Comparative Study..." (Ph.D. Dissertation, Westminster College, Oxford, 1987), 264 und 301f.

[39] Samuel und Sugden: „Evangelism and Social Responsibility", in: Nicholls, Hrsg., *In Word and Deed*, 210; Sugden „Comparative Study", 273.

[40] Samuel und Sugden: „God's Intention for the World", Samuel und Sugden, Hrsg., *The Church in Response to Human Need*, 142.

[41] Päpstliche Enzykliken werden oft neu aufgelegt. Sie sind in ihrer ursprünglichen Fassung ständig schnellstens verfügbar beim CNS Documentary Service (in Deutschland bei der Deutschen Bischofskonferenz).

Die Größe der römisch-katholischen Kirche und ihre besondere Betonung der Sakramentenlehre und Ekklesiologie in ihrer Verkündigung des Evangeliums könnte ein eigenes Modell für die römisch-katholische Ausprägung des christlichen Glaubens rechtfertigen. Nach den Kategorien dieses Buches paßt jedoch das römisch-katholische Gedankengut durchaus in das Modell 3 hinein. Im Hinblick auf eine neuere Zusammenfassung der römisch-katholischen Position zur evangelistischen Arbeit s. Avery Dulles: „John Paul II. and the New Evangelization", in: *America*, 166 (3), 1. Febr. 1992, 52-72.

[42] EN, 18. Die folgenden Zitate dieses Abschnittes stammen alle aus *Evangelii Nuntiandi* (1975), falls nicht anders vermerkt.

[43] *Redemptor Hominis*, 14, zitiert nach Basil Meeking und John Stott, Hrsg., *The Evangelical Roman Catholic Dialogue on Mission* 1977-1984: A Report (Exeter: Paternoster, 1986), 45. S. auch RM, Abs. 14, und *Gaudium et Spes*, Abs. 22.

[44] S. Scherers gezielte Frage in: *Gospel, Church and Kingdom*, 230f.

[45] José Miranda: *Marx and the Bible*, übers. von John Eagleson (Maryknoll: Orbis, 1974), 44.

[46] Ebd., 48 (Hervorh. d. Autors).

[47] Arend Th. Van Leeuwen: *Christianity in World History*, übers. von H.H. Hoskins (New York: Scribner's Sons, 1964), insbes. 419-21.

[48] *The Church for Others and the Church for the World* (Genf: Weltkirchenrat, 1967), 15. Diese Aussage stammt aus der Europäischen Gruppe.

[49] Gibson Winter: *The New Creation As Metropolis* (New York: Macmillan, 1963), 60f. S. auch Harvey Cox: *The Secular City* (New York: Macmillan, 1965), 256.

[50] S. Bosch: *Transforming Mission*, 326 und 480.

[51] Marian Bohen: „The Future of Mission in a Pluralistic World", *Theological Education* (Herbst 1990), 31-43. Zu Hick und Knitter s. John Hick und Paul F. Knitter, Hrsg., *The Myth of Christian Uniqueness* (Maryknoll: Orbis, 1987); Paul F. Knitter: *No Other Name?* (Maryknoll: Orbis, 1985).

Kapitel 3

[1] Brian Hathaway: *Beyond Renewal* (Milton Keynes: Word (UK), 1990). S. auch Hathaways Artikel: „The Spirit and Social Action – A Model", *Transformation*, Bd 5, No. 4 (Oktober-Dezember 1988), 40-43.

[2] S. die ausgezeichnete Diskussion und den Literaturnachweis bei Miros-

lav Volf: „Materiality of Salvation", *Journal of Ecumenical Studies*, Bd 26, No. 3 (Sommer 1989), 464-66. S. auch Brian Hathaways unveröffentlichte Rede in Brighton 1991.

[3] Literatur zum „Reich Gottes" gibt es in reichem Maß. S. z. B. George Eldon Ladd: *A Theology of the New Testament* (Grand Rapids: Eerdmans, 1974), 45-212 (vor allem die Bibliographie von 57-69); Norman Perrin: *Jesus and the Language of the Kingdom* (Philadelphia: Fortress, 1976); Bruce Chilton, Hrsg., *The Kingdom of God in the Teaching of Jesus* (Philadelphia: Fortress, 1984); und der Artikel *basileia* und verwandte Wörter im *Theological Dictionary of the New Testament*, Hrsg. Gerhard Kittel und Gerhard Friedrich (10 Bde; Grand Rapids: Eerdmans, 1964-76), I, 564-594 (nachstehend zitiert als TDNT).

[4] Arthur Johnston: „The Kingdom in Relation to the Church and the World", in: Nicholls, Hrsg., *In Word and Deed*, 128. S. auch Madame Guyons klassischen Kommentar zu Lk 17,21 („The Kingdom of God ist within you"): „Thou becometh my King and my heart Thy Kingdom." in: *Madame Guyon: An Autobiography* (Chicago: Moody Press, N.D.), 73. Ken Gnanakan weist diese Exegese mit Recht zurück; *Kingdom Concerns* (Bangalore: Theological Book Trust, 1989), 106.

[5] Zur Einführung in den Dispensationalimus s. C. Norman Kraus: *Dispensationalism in America: Its Rise and Development* (Richmond: John Knox, 1958) und Ernest R. Sandeen: *The Roots of Fundamentalism: British and American Millenarianism, 1800-1930* (Chicago: University of Chicago Press, 1970).

[6] Mortimer Arias: *Evangelization and the Subversive Memory of Jesus: Announcing the Reign of God* (Philadelphia: Fortress, 1984), 8. Arias' Buch ist eine der besten populären Abhandlungen zum Thema „Reich Gottes".

[7] Diese Ausdrucksweise enthält zumindest eine Anspielung auf Jes 29,18f; 35,5f.

[8] Norman Perrin: *Rediscovering the Teaching of Jesus* (New York: Harper, 1967), 54.

[9] S. Ronald J. Sider: *Rich Christians in an Age of Hunger* (Der Weg durchs Nadelöhr) (Dallas Word, 1990), Kap. 3; und Ronald J. Sider, Hrsg., *Cry Justice: The Bible on Hunger and Poverty* (Downers Grove: InterVarsity, 1980), 27-76.

[10] S. Gerhard von Rads Artikel zu *eirene* im TDNT, II, 402-6 und Walter Brueggemann: *Living Toward a Vision: Biblical Reflections on Shalom* (Philadelphia: United Church Press, 1976).

[11] Viele moderne Gelehrte vertreten einen anderen Standpunkt. S. die sorgfältige Analyse aller Argumente und den ausführlichen Literaturhinweis bei Ladd: *Theology of the New Testament*, 135-92. S. auch Martin Hengels entschiedene Ablehnung eines völlig unmessianischen Jesu in: *Victory over Violence* (London: SPCK, 1975), 81-112.

[12] Zur Literatur s. Ladd: *Theology of the New Testament*, 57-69.

[13] Vgl. auch Lk 17,21. Zum Reich Gottes in der Gegenwart s. weiter Arias: *Announcing the Reign of God*, 13-36.

[14] S. weiter, ebd., 28-30.

[15] Ebd., 11.

[16] Edward Schweizer: *The Good News According to Matthew* (Atlanta: John Knox Press, 1975), 132, und John Piper: *Love your Enemies* (Cambridge: Cambridge University Press, 1979), 40f.

[17] Lk 15,1-2; Mk 2,15-17; Lk 7,36-50.

[18] S. Kap. 6 die ausführlichere Diskussion.

[19] Mt 4,19; 8,22; 9,9; 10,38; 16,24; 19,21.

[20] Johannes Paul II.: *Redemptoris Missio*, 18.

Kapitel 4

[1] Zum Halljahr s. Sharon Ringe: *Jesus, Liberation and the Biblical Jubilee* (Philadelphia: Fortress, 1985); Robert Sloan: *The Acceptable Year of the Lord* (Austin, Texas: Scholar Press, 1977); Donald W. Blosser: „Jesus and the Jubilee", unveröffentl. Diss. (Univ. of St. Andrews, 1979).

[2] Zur Diskussion der Formulierung bei Matthäus („arm im Geist" – 5,3) s. Sider: *Rich Christians* (Der Weg durchs Nadelöhr), 99f.

[3] Emilio Castro: „Reflection After Melbourne", *Your Kingdom Come: Mission Perspectives* (Genf: Weltkirchenrat, 1980), 228 (Hervorh.d.Autors). In neuerer Korrespondenz sagt Emilio Castro jedoch, daß er nur sagen wollte, daß die Haltung der Kirche gegenüber den Armen *ein* fundamentales Kriterium glaubwürdiger Mission ist (Emilio Castro an Ronald Sider am 25. Mai 1992). Dem stimme ich vorbehaltlos zu.

[4] Boff und Boff: *Salvation and Liberation*, 48 (Hervorh. d. Autors).

[5] S. weiter unten, Kap. 8 zur weiteren Diskussion.

[6] Peter Wagner scheint das zu tun in: *Church Growth and the Whole Gospel*, 17f. Doch in neuerer persönlicher Korrespondenz (15. Mai 1992) sagt er, daß „Dein Reich komme" die Abschaffung von Rassismus,

Armut, Ungerechtigkeit, Krieg, Unterdrückung und Diskriminierung betrifft – *buchstäblich*.

[7] Joh 12,6; 13,29.

[8] Zitiert nach Joachim Jeremias: *New Testament Theology* (London: SCM, 1971), 175f.

[9] Marcus J. Borg: *Jesus: A New Vision* (San Franzisko: HarperCollins, 1991), 92 und 131.

[10] Joachim Jeremias: *Jerusalem in the Time of Jesus* (Philadelphia: Fortress, 1975), 303-11.

[11] S. C.F.D. Moule, Hrsg., „The Significance of the Message of the Resurrection for Faith in Jesus Christ", in: *Studies in Biblical Theology*, No. 8 (London: SCM Press, 1968), 9.

[12] Mishnah Sotah 3.4, zitiert nach Borg: *Jesus*, 146, Anm. 38.

[13] Ebd., 133f.

14 Zitiert nach W. Ward Gasque: „The Role of Woman in the Church, in Society and in the Home", in: *Priscilla Papers*, Bd II, No. 2 (Frühjahr 1988), 9.

[15] S. das neue Buch von Craig S. Keener: *...And Marries Another: Divorce and Remarriage in the Teaching of the New Testament* (Peabody, Mass.: Hendrickson Publishers, 1991), 21-45.

[16] Arias: *Announcing the Reign of God*, 5.

[17] Ebd., 6.

[18] Ebd.

19 Zur Diskussion der „schwierigen Stellen" bei Paulus s. Anhang II von Gretchen Gaebelein Hull: *Equal to Serve* (Old Tappen, N.J.: Revell, 1987) und die in *Completely Pro-Life* von mir angegebene Literatur, 220, Anm. 34.

[20] S. Donald B. Kraybill: *The Upside-Down Kingdom* (Scottsdale, PA: Herald Press, 1978).

[21] S. H. W. Hoehner: *Herod Antipas* (Cambridge: Cambridge University Press, 1972), 220f, 343-47.

[22] S. die bei Borg: *Jesus* angegebene Literatur, 96, Anm. 23.

[23] Detailierte Angaben zu diesem und dem Folgenden s. Ronald J. Sider und Richard Taylor: *Nuclear Holocaust and Christian Hope* (Downers Grove: InterVarsity, 1982), 101-4.

[24] Edward Schweizer: *The Good News According to Matthew* (Atlanta: John Knox Press, 1975), 132, und John Piper: *Love Your Enemies* (Cambridge: Cambridge University Press, 1979), 40f.

[25] Martin Hengel: *Victory Over Violence* (London, SPCK, 1975), 58.

[26] Piper: *Love Your Enemies*, 21-48, und andere Literatur zitiert nach Sider und Taylor: *Nuclear Holocaust*, 335, Anm. 51.

[27] S. Vincent Taylor: *The Gospel According to Mark* (London: MacMillan, 1952), 452.

[28] S. die vielen Verweise bei G. H. C. MacGregor: *The New Testament Basis of Pacifism and the Relevance of an Impossible Ideal* (New York: Fellowship Publications, 1960), 48.

[29] Es überrascht auch nicht, daß die Zeitgenossen Jesu diesen radikalen Kritiker des Status quo als einen Propheten wie etwa Elia oder Jeremia ansahen. S. die Hinweise bei C. René Padilla: „The Politics of the Kingdom of God...", in: Vinay Samuel und Albrecht Hauser, Hrsg., *Proclaiming Christ in Christ's Way* (Oxford: Regnum Books, 1989), 187.

[30] Yoder: *Politics of Jesus*, 63. S. auch David Peterson: „Jesus and Social Ethics", in: B. G. Webb, Hrsg., *Christians in Society*, 88-91. Peterson greift Yoder an einigen Punkten an, stimmt aber mit seiner Grundthese überein, daß Jesus eine radikale Herausforderung für den Status quo bedeutete. S. weiter Vishal Mangalwadi: „Compassion and Social Reform: Jesus the Troublemaker", in: Vinay Samuel und Chris Sugden, Hrsg., *The Church in Response to Human Need* (Oxford: Regnum, 1987), 193-205.

[31] S. oben Kap. 3, Anm. 11; und weiter die Studien von Borg, der sagt, daß eine Mehrheit der zeitgenössischen nordamerikanischen „Jesus-Forscher" glaubt, daß Jesus das Ende der Welt *nicht* während seines Lebens erwartete (Borg: *Jesus*, 20, Anm. 25 und 26).

[32] Wagner: *Church Growth*, 17-19.

[33] S. z. B. Christopher Sugden: „Evangelicals and Wholistic Evangelism", in: Samuel und Hauser, Hrsg., *Proclaiming Christ*, 47; und die beiden Ausgaben von *Transformation* mit dem Bericht über den fortgesetzten internationalen Dialog zwischen Charismatikern, Pfingstlern und evangelikalen sozialen Aktivisten: *Transformation*; Bd 5, No. 4 (Oktober-Dezember 1988); und Bd 7, No. 3 (Juli-September 1990), 1 sowie 5-11.

[34] S. unten, Kap. 10, zur weiteren Diskussion.

[35] C. H. Dodd: *The Founder of Christianity* (New York: MacMillan, 1970), 90 und 102.

[36] Zur Betonung der kontextualen Seite s. Vinay Samuel und Chris Sugden: *Christian Mission in the Eighties: A Third World Perspective* (Bangalore: Partnership in Mission – Asia, 1981), 8-12.

[37] Jürgen Moltmann: *The Crucified God* (New York: Harper, 1974), 132.

[38] 3. Mose 23,10f, 15. S. weiter Murray J. Harris: *From Grace to Glory* (Grand Rapids: Zondervan, 1990), 220.

[39] TDNT, I, 475.

[40] Es ist oft darauf hingewiesen worden, daß Paulus selten vom Reich Gottes spricht, wenn er das Evangelium verkünden will. Tatsächlich benutzt er den Ausdruck „Reich Gottes" nur vierzehnmal (Kirk: *New World Coming*, 55). Gewöhnlich redet er von der Guten Nachricht, von der Erlösung oder einfach nur vom Evangelium von Jesus *Christus*. Jedoch verschweigt Paulus die zentrale Botschaft Jesu nicht. Jesus kündigte das messianische Reich an und bezeichnete sich selbst als den Messias. Daß Paulus beständig die Botschaft Jesu *Christi* betont (d. h. Jesus ist der Messias), ist seine Art der wiederholten Bestätigung dafür, daß Jesus, der Messias, tatsächlich das messianische Königreich eingeleitet hat. Als Jude war das Kommen des Messias für ihn gar nicht denkbar ohne das Kommen des messianischen Reiches. „No Kingdom, no Messiah!" (Kirk: *New World Coming*, 57).

[41] Das bedeutet *nicht* Universalismus, s. unten.

[42] S. z. B. Chris Sugden und Oliver Barclay: *Kingdom and Creation in Social Ethics* (Bramcote, Nottingham: Grove Books, 1990), insbes. 19.

[43] Das heißt *nicht*, daß wir vom anbrechenden Gottesreich schon sprechen können, wenn in der säkularen Gesellschaft mehr Gerechtigkeit in Erscheinung tritt. S. weiter unten, Anhang.

[44] Howard Snyder: *Liberating the Church* (Downers Grove: InterVarsity, 1983), 11. Auch Hathaway: *Beyond Renewal*, 161f.

[45] Aus „Radical Discipleship" (radikale Jüngerschaft); Douglas, Hrsg., *Let the Earth Hear His Voice*, 1294 (Hervorh. d. Autors). [Dieser Artikel ist lt. Eckhard Schnabel: „Das Reich Gottes als Wirklichkeit und Hoffnung" S. 34, Anm. 94, „Erklärung zur radikalen Jüngerschaft 1974" ohne Autorenangabe nur in dem englischen Konferenzband enthalten: *Let the Earth Hear His Voice*, J. D. Douglas (Hrsg.), Minneapolis 1975, S. 1294-1296. Anm. d. Übers.]

Kapitel 5

[1] S. Martin Luthers Aussage, daß die Rechtfertigung durch den Glauben der wichtigste Artikel aller christlichen Lehre ist. *Commentary on The Epistle to the Galatians* (James Clarke, 1953), 143. S. auch die kürzlich gemachte evangelikale Aussage: „Rechtfertigung durch den Glauben

erscheint uns – wie allen Evangelikalen – Kern- und Angelpunkt, Musterbeispiel und überhaupt das Herz des gesamten göttlichen Erlösungsplanes und seiner rettenden Gnade zu sein. Wie einst Atlas in der griechischen Mythologie trägt sie eine ganze Welt auf ihren Schultern, alles evangelische Wissen von Gottes Liebe, die er in Christus den Sündern erzeigt". R. T. Beckwith, G. E. Duffield und J. I. Packer: *Across the Divide* (Marcham Manor Press, 1977), 58. Gerade als Evangelikaler, der sich der ganzen Heiligen Schrift verpflichtet weiß, halte ich das für eine übertriebene, einseitige Aussage.

[2] Zu weiteren Einzelheiten s. Ronald J. Sider und James Parker III: „How Broad is Salvation in Scripture?", in: Nicholls, Hrsg., *In Word and Deed*, 89-99 und die dort angegebene Literatur. Das Kapitel übernimmt einiges aus diesem früheren Werk.

[3] E. M. B. Green: *The Meaning of Salvation* (London: Hodder and Stoughton, 1965), 16.

[4] S. auch Jes 51,4f; 59,15-17.

[5] Perry B. Yoder hat recht, wenn er das hebräische Wort *shalom* (Frieden, ganzheitliches Heilsein) eng verknüpft mit dem alttestamentlichen Verständnis von Erlösung: *Shalom: The Bible's Word for Salvation, Justice, and Peace* (Newton, Kansas: Faith and Life Press, 1987), vor allem Kap. 1,2 und 4.

[6] S. auch Green: *Salvation*, 102.

[7] *Sozo* ist 16mal gebraucht in bezug auf Heilen. *Therapeuois* wird 33mal und *laomai* 15mal in diesem Sinne benutzt: TDNT, VII, 990. Ähnlich Apg 4,9; 14,9. In Jakobus geht es bei *sozo* sowohl um physische Heilung (5,15) als auch darum, der göttlichen Strafe beim Endgericht zu entgehen (5,19). Die englische Übersetzung verschleiert diese Tatsache häufig. In Mk 6,56 heißt es: „Und alle, die ihn berührten, wurden gesund." Doch das Wort, das hier für geheilt steht, ist *sozo*, was üblicherweise mit „gerettet" übersetzt wird (vgl. auch Mt 14,36).

[8] Einige radikale Pfingstler beziehen sich gerade auf das Wort; s. Miroslav Volf: „Materiality of Salvation: An Investigation in the Soteriologies of Liberation and Pentecostal Theologies", *Journal of Ecumenical Studies*, Bd 26, No. 3 (Sommer 1989), 458, Anm. 74f. Und genau diese Art von Behauptungen weist John Stott zurück (*Christian Mission*, 85-87). S. auch Robert Jackson: „Prosperity Theology and the Faith Movement", *Thermelios*, Bd 15, No. 1 (Oktober 1989), 16-24.

[9] Miroslav Volf erörtert eine klassische Erläuterung bei Martin Luther in „Materiality of Salvation", 450f. Und ich denke auch nicht, daß John

Stott recht hat, wenn er sagt: „Salvation [...] is moral not material."
Christian Mission, 87 (s. den ganzen Abschnitt 84-101). Erlösung
schließt beides ein. Das heißt aber nicht, daß wir den erweiterten Begriff
von Erlösung aus dem Modell 3 übernehmen sollten (s. Anhang I: „How
Broad Is Salvation?").

[10] Jesus verband die Aufgaben des „leidenden Gottesknechtes" (Jes 53)
mit diesem vom Himmel gekommenen Menschensohn (Dan 7), als er von
der Notwendigkeit seines künftigen Leidens sprach (Mk 8,31; 9,31;
10,33 und 45; 14,21) und von seinem Wiederkommen in Herrlichkeit
(Mk 8,38; 13,26; 14,62). Er kam, um zu dienen und sein Leben als
Lösegeld (lutron) für viele (anti pollon) zu geben. Der Neutestamentler
Joachim Jeremias hat dargelegt, daß Jesu Worte „das ist mein Leib" und
„mein Blut, das für viele vergossen wird", bei der Einsetzung des Abend-
mahls (Mk 14,21-24; Mt 26,24-28; Lk 22,20; 1. Kor 11,24) auf einen
gewaltsamen Tod hinweisen – sozusagen mit Gewißheit ein Opfer, das
„vielen" dient. *(The Eucharistic Words of Jesus* [New York: MacMillan,
1955], 140ff). Der Hintergrund ist Jes 53, und das bekräftigt den Bezug
auf den „neuen Bund", der mit Blut besiegelt ist – mit seinem eigenen
Blut, das die Vergebung der Sünden möglich machte und den neuen Bund
begründete, nach dem sich der Prophet Jeremia gesehnt hatte (Jer 31,31-
34). Auf diese Weise suchte und rettete der Menschensohn verlorene
Sünder.

[11] Lukas redet sehr häufig von Erlösung. S. z. B. W. C. Van Unnik: „The
Book of Acts, True Confirmation of the Gospel", in: *Novum Testamentum*, IV (1960); I. H. Marshall: *Luke: Historian and Theologian* (Exeter
and Grand Rapids: Paternoster and Zondervan, 1971).

[12] Green: *Salvation*, 126.

[13] S. John Stotts ausgezeichente Abhandlung in *Christian Mission*,
103-14.

[14] S. unten, Anhang, zu einer Diskussion von Kol 2,15.

[15] Soteria (Erlösung); apolutrosis (Loskauf) und katallage (Versöhnung).
John Stott hat eine sorgfältige Abhandlung über *apolutrosis* und *katallage* in *The Cross of Christ* veröffentlicht (Downers Grove: InterVarsity,
1986), 175-82 sowie 192-203.

[16] S. z. B. John Burnaby: *Amor Dei* (London, 1960), 220. Driver: *Understanding the Atonement*, 201-3, legt die Betonung ebenfalls hauptsächlich auf diesen Punkt.

[17] S. z. B. Gordon Rupp: *The Rightousness of God: Luthers Studies*
(London: Hodder and Stoughton, 1953).

[18] Das Zitat aus Ps 32,1f in Röm 4,7f macht es völlig klar, daß die Bedeutung von *dikaiosune* an dieser Stelle ganz eindeutig die rechte Beziehung zu Gott ist, die entsteht, wenn Gott vergibt und uns deshalb unsere Sünden nicht mehr anrechnet. Das ist es, was Luther meint, wenn er von juristischer Rechtfertigung spricht. Doch Paulus benutzt das gleiche griechische Wort für die echte Rechtfertigung, die der heilige Geist in glaubenden Menschen bewirkt. In Röm 6 fordert Paulus nachdrücklich, daß Gläubige die Sünde nicht länger in ihrem Leben regieren lassen dürfen. Sie sollen sich vielmehr selbst als „Werkzeuge der Gerechtigkeit" darbieten (dikaiosune, V. 13). „Denn indem ihr nun frei geworden seid von der Sünde, seid ihr Knechte geworden der Gerechtigkeit" (dikaiosune) (V. 18; vgl. auch V. 20). S. auch Eph 4,22-24. Der Autor des Artikels zu diesem Stichwort im *Theological Dictionary of the New Testament* sagt sehr richtig: „Bei Paulus kann daher *dikaiosune* beides bezeichnen: die Gerechtigkeit, die freispricht, und die lebendige Kraft, die die Ketten der Sünde zerbricht" (II, 209f).

[19] Paulus bezieht sich hier natürlich einfach auf die ganze Fülle der großen hebräischen Begriffe *shalom* und *sedaqa*.

[20] Richard Longenecker zeigt, wie Paulus' Wendung „in Christus" all das einschließt: *The Ministry and Message of Paul* (Grand Rapids: Zondervan, 1971), 98.

[21] S. die ausführliche Diskussion bei Murray J. Harris: *From Grave to Glory* (Grand Rapids: Zondervan, 1990), 245-52.

[22] S. oben, Kap. 3, und Driver: *Understanding the Atonement*, 231f.

[23] Harris denkt, daß Phil 3,21b sich auf das gleiche bezieht wie Röm 8,18-23; *From Grave to Glory*, 246.

[24] F. F. Bruce: *The Epistle of Paul to the Romans: An Introduction and Commentary* (Grand Rapids: Eerdmans, 1963), 170. Eine kurze Aussage Jesu und eine andere in der Apostelgeschichte könnte auch auf die Wiederherstellung der Schöpfung hinweisen, die Paulus erwartete. Jesus versprach seinen zwölf Jüngern: „Wenn die Welt neu geschaffen wird (palingenesia) und der Menschensohn sich auf den Thron der Herrlichkeit setzt, werdet ihr, die ihr mir nachgefolgt seid, auf zwölf Thronen sitzen und die zwölf Stämme Israels richten" (Mt 19,28; Einheitsübers.). Das entscheidende Wort (palingenesia) bezieht sich vermutlich auf die Wiederherstellung des Universums zu seiner ursprünglichen Ganzheit (Murray: *From Grave to Glory*, 249). Apg 3,21 sagt von Christus: „Ihn muß der Himmel aufnehmen bis zu der Zeit, in der alles wiedergebracht wird, wovon Gott geredet hat durch den Mund seiner heiligen Propheten

von Anbeginn." Der Neutestamentler Murray Harris ist der Ansicht, daß diese Stelle sich auch auf die Wiederherstellung der „materiellen Welt zu ihrer ursprünglichen Reinheit und Vollkommenheit" bezieht, ebd.

[25] S. unten, 209-11, zur Diskussion über den Zeitpunkt, *wann* das geschieht.

[26] Drei Verse vorher (V. 16; vgl. auch Eph 1,10) erklärt Paulus, daß Christus auch der Schöpfer aller Dinge war, einschließlich der „Mächte und Gewalten". In Kapitel 8 behaupte ich, daß dieser Ausdruck sich sowohl auf die sozio-ökonomischen Strukturen unserer Welt als auch auf die mächtigen Geistwesen (von Gott abgefallene) bezieht, die hinter diesen Strukturen stehen und sie beeinflussen. Die Aussage des Paulus in Kol 1 bedeutet also, daß die sozialen Strukturen unserer Welt und die gefallenen geistigen Kräfte hinter ihnen zuletzt erneuert werden zum Heilsein und zur rechten Beziehung zu Gott.

[27] S. auch Offb 11,15. S. weiter die Diskussion bei Vinay Samuel und Chris Sugden: „Evangelism and Social Responsibility", in: Nicholls, Hrsg., *In Word and Deed*, 205-12.

[28] John Stotts Ansprache in Lausanne: „The Biblical Basis of Evangelism", in: Douglas, Hrsg., *Let the Earth Hear His Voice*, 76.

[29] S. unten Kap. 7.

[30] John Courtney Murray: We Hold These Truths: *Catholic Reflections on the American Proposition* (Kansas City: Sheed and Ward, 1960), 186.

[31] In seiner Präsidentschaftsansprache vor der Evangelical Theological Society sagt H. Wayne House mit Bezug auf 2. Petr 3,9-14 und Offb 21,1: „Wir sollten diese Stellen als Aussagen über das Vergehen einer alten Ordnung oder die Reinigung der physikalischen Welt verstehen, nicht als Vernichtung der Materie." „Creation and Redemption: A Study of Kingdom Interplay", in: *Journal of the Evangelical Theological Society*, Bd 35, No. 1 (März 1992), 9.

[32] S. meinen Artikel: „Jesus' Resurrection and the Search for Peace and Justice", in: *Christian Century*, 3. November 1982, 1103-08.

[33] S. die heftige Debatte über die Frage der Kontinuität zwischen Stephen Williams und Miroslav Volf in ihren Artikeln über „Eschatology and Social Responsibility", in: *Transformation*, Bd 7, No.3 (Juli-September 1990), 24-31.

[34] Harris: *From Grave to Glory*, 250f. Weit weniger überzeugend wirkt Murrays Behauptung, daß der „natural habitat" (natürliche Ort) für den auferstandenen Leib Christi der „Himmel" ist, und daß in ähnlicher Weise der endgültige Wohnort der Christen der Himmel ist und nicht die Erde.

Er zitiert (S. 181) 1. Thess 4,16f als Beleg dafür, aber dieser Text sagt nur, daß die Gläubigen Christus bei seiner Wiederkehr in der Luft begegnen werden. Er besagt überhaupt nichts über den Ort, wo sie für immer mit ihm zusammensein werden. Ähnlich (S. 192) bezieht er sich auf 1. Kor 15,44 und spricht von einem „geistlichen Leib" für uns „im Himmel". Doch auch hier sagt der Text nichts über den Himmel als *Aufenthaltsort* für den „geistlichen Leib". Eine andere Sicht vom „geistlichen Leib" findet sich bei Ronald J. Sider: „The Pauline Conception of the Resurrection Body in 1. Kor 15,35-54", in: *New Testament Studies*, Bd 21 (1975), 428-39, und in „St. Paul's Understanding of the Nature and Significance of the Resurrection in 1. Kor 15,1-19", *Novum Testamentum*, Bd 19 (1977), 1-18.

[35] Das orthodoxe Christentum hat ebenfalls ein viertes Modell, das ich aber hier nicht erörtern möchte. In einer sehr hilfreichen Abhandlung über diese Modelle schlägt Gabriel Fackre vor, bei jedem Modell sechs Aspekte zu berücksichtigen: 1. Die Rolle von Jesus. 2. Das zu lösende Problem. 3. Den Ort oder Bereich der Aktivität. 4. Das Schwergewicht des Modells. 5. Die durchgeführten Aktionen. 6. Das Ergebnis. Gabriel Fackre: The *Christian Story* (Grand Rapids: Eerdmans, 1978), 111-27.

[36] Das erinnert besonders an Peter Abaelard (Theologe des 13. Jahrh.) und an den modernen Liberalismus.

[37] S. auch John Stotts ausgezeichnete Abhandlung in: *The Cross of Christ*, Kap 8.

[38] Erinnert besonders an Anselm (ein anderer Theologe des 13. Jahrh.), Luther und moderne Evangelikale.

[39] *Cross of Christ*, 338. S. Kapitel 4-6.

[40] S. Driver: *Understanding the Atonement*, 34 und 249 (sowie andere Stellen).

[41] Webster: *A Passion for Christ*, 153.

[42] Gustav Aulen: *Christus Victor*, übers. von A. G. Hebert (New York: Macmillan, 1951). S. auch Stott: *Cross of Christ*, Kap. 9.

[43] René Padilla: „The Politics of the Kingdom of God and the Political Mission of the Church", in: Samuel und Hauser, Hrsg., *Proclaiming Christ in Christ's Way*, 191.

[44] S. John Sobrino: *Christology at the Crossroads* (Maryknoll: Orbis, 1979), 179, 184-86, 190, 227 und 304. Driver: *Understanding the Atonement* tut das bis zu einem gewissen Grad (z. B. 57, 249). Doch s. die gegenteilige Aussage in *Mission and Evangelism*, Teil 7.

[45] Diesen Gedanken habe ich Yoders *Shalom*, S. 63ff entnommen. Ich

wünschte allerdings, er hätte eine stärkere Betonung auf das stellvertretende Modell gelegt und seine Stellungnahme klarer auf die Chalcedonische Christologie gegründet.

[46] S. die bedeutungsvolle Aussage des orthodoxen Theologen Anastasios von Androussa beim Treffen des Weltkirchenrates in San Antonio (Mai 1989): „Address by the Moderator", in: Frederick R. Wilson: *The San Antonio Report* (Genf, Weltkirchenrat, 1990), 107.

[47] S. Driver: *Understanding the Atonement*, 247. Leider überbewertet Driver diesen wichtigen Punkt, wenn er sagt, daß die Wiederherstellung der Gemeinschaft „die zentrale Wahrheit von Gottes erlösendem Handeln ist." Sie ist *ein* zentraler Aspekt.

[48] S. auch Stott: *Cross of Christ*, Kap. 10.

Kapitel 6

[1] Jim Wallis: *The Call to Conversion* (New York: Harper, 1981), 8.

[2] Wallis: *Conversion*, XIV-XV. Jim Wallis: *Revive Us Again: A Sojourner's Story* (Nashville: Abingdon, 1983), 35-51.

[3] S. Artikel über „Conversion" bei Colin Brown, Hrsg., *The New International Dictionary of the New Testament* (3 Bde, Grand Rapids: Zondervan, 1975-78), I, 354 (in Zukunft NIDNT).

[4] TDNT, IV, 984ff.

[5] Brown, Hrsg., NIDNT, I, 355.

[6] TDNT, IV, 976. S. auch Verkuyls ausgezeichnete Definition in *Contemporary Missiology*, 200.

[7] TDNT, IV, 1000-1006.

[8] Ebd., 1002f.

[9] Brown, Hrsg., NIDNT, I, 356.

[10] „Repentance, faith, and discipleship are different aspects of the same thing." Ebd., 358. S. auch Gabriel Fackres Abhandlung von vier Aspekten der Bekehrung: Buße, Glaube, Taufe und Dienst. *Word in Deed: Theological Themes in Evanglism* (Grand Rapids: Eerdmans, 1975), 78-98.

[11] Auch Mt 4,17.

[12] Apg 3,19; s. René Padillas ausgezeichnete Diskussion in *Mission Between the Times*, 80f.

[13] Das heißt nicht, daß aus der Buße ein gutes Werk gemacht wird, womit wir die göttliche Vergebung verdienen. Johannes Calvin unterscheidet die „evangelische Buße" (eine notwendige Antwort auf Gottes Verge-

bung) von „gesetzlicher Buße" (einem Bemühen, Gottes Vergebung zu verdienen). S. James Torrance: „The Ministry of Reconciliation Today", in: Kettler und Speidell, Hrsg., *Incarnational Ministry*, 137.

[14] „Evangelism and the World", in: Douglas, Hrsg., *Let The Earth Hear His Voice*, 129.

[15] S. Stott: *Christian Mission*, 53, nach Padilla. Das ist ein Teil von dem, was Carl Henry meinte (und Peter Wagner zu Unrecht kritisierte), als er sagte: „Das soziale Anliegen ist ein unverzichtbarer Bestandteil der evangelistischen Botschaft." Zitiert nach Wagner: *Church Growth*, 143.

[16] S. Kap. 8 zur Anmerkung über soziale Sünde.

[17] S. auch Eph 4,30ff; Kol 3,13ff; Röm 15,7.

[18] Vgl. Vinay Samuels und Chris Sugdens Kommentar dazu: „Es gibt im Alten Testament kein Gebot der Liebe zu Gott, das unabhängig von der Beziehung zu anderen Menschen gebrochen werden könnte." „Evangelism and Social Responsibility", in: Nicholls, Hrsg., *In Word and Deed*, 200.

[19] Vgl. auch 2. Kor 5,15; Röm 6,4; Tit 2,14; Mt 5,16; 1. Petr 2,12.

[20] J. Deotis Roberts: *A Black Political Theology* (Philadelphia. Westminster, 1974), 219.

[21] Webster: *Passion for Christ*, 49.

[22] Hathaway: *Beyond Renewal*, 102.

[23] Boff und Boff: *Salvation and Liberation*, 91f, weist in diese Richtung.

[24] Wagner zitiert manche seiner Kritiker in: *Church Growth*, 133f.

[25] Ebd., 134 und 138.

[26] Ebd., 136.

[27] Newbigin: *Open Secret*, 152.

[28] S. den wichtigen Artikel des anglikanischen Bischofs David Gitari von Kenia: „The Church and Polygamy", in: *Transformation*, Bd I, No. 1 (Januar-März 1984), 3-10.

[29] Newbigin: *Open Secret*, 152.

[30] S. McGavran: *Understanding Church Growth*, 169, und Wagner: *Church Growth*, 130-45.

[31] Z. B. Donald Anderson McGavran: *The Bridges of God: A Study in the Strategy of Mission* (New York: Friendship Press, 1955), 13-16.

[32] So (richtig) Costas: *The Church and Its Mission*, 142. Wagner versucht (einer Fuller Dissertation folgend) zu beweisen, daß „to obey" (gehorchen) statt „all things" (alle Dinge) das Objekt des Partizips „teaching" (lehrend) ist. Es ist grammatisch völlig klar, daß der ganze Satzteil „to obey all things" ein Objekt ist, das sich auf das Verb „teaching" bezieht.

Die beiden Teile des Objekts auseinanderzuziehen, macht grammatisch überhaupt keinen Sinn. S. Wagners *Christian Growth*, 135f.

[33] Costas: *Church and Its Mission*, 142.

[34] TDNT, 441 (s. 441-61).

[35] Wagner argumentiert (*Church Growth*, 133), da 1. das Wort *disciple* (Jünger) nur in den Evangelien, nicht aber in den Briefen gebraucht wird, und 2. die Evangelien und die Apostelgeschichte Bücher sind, die sich auf Ursprung und Wachstum (der Gemeinde) beziehen, die Briefe aber hauptsächlich pädagogischen oder pastoralen Charakter haben, daß deshalb der allgemeine biblische Gebrauch, von „disciple" oder „to make disciples" dem Sinn von D1 und/oder D2 entspricht (d. h. anfängliche Bekehrung), und nicht dem Sinn von D3 (ethisches Wachstum)....Die Bibel benutzt das „Zu-Jüngern-Machen" nicht für christliche Erziehung oder geistliches Wachstum, sondern für das Gewinnen von Nichtchristen zum Glauben" (ebd., 132f). Das ist ganz einfach falsch. Die Tatsache, daß die Briefe vielleicht in der Hauptsache der Pflege des geistlichen Lebens der Christen gewidmet sind, muß nicht zu der Folgerung von Wagner führen im Hinblick auf die Bedeutung des Wortes *disciple*. Und es stimmt auch nicht, daß die Evangelien eher ihr Schwergewicht auf das Gewinnen von Nichtchristen legen als auf das „Wachsen im Glauben". Man muß wissen, welchem Sinn ein Wort dienen soll, wo es gebraucht ist. Gründliche Untersuchungen (z. B. TDNT, IV, 441-61) zeigen klar, daß die zentrale Bedeutung des Wortes *disciple* totale, gehorsame Unterwerfung unter Jesu Person und Lehre ist.

[36] Wagner gibt eine Erläuterung, wenn er sagt, daß der Evangelist mehr darauf bedacht ist, Menschen zu Jüngern zu machen als ihr Glaubenswachstum zu fördern, und daß er den ethischen Inhalt seiner Aktivität auf ein Minimum beschränken sollte (*Church Growth*, 140).

[37] Für eine kurze biographische Skizze s. Sugden: „A Critical and Comparative Study", 176-90.

[38] Zitiert nach ebd., 219.

[39] Ebd., 221-47. Auch Vinay Samuel und Chris Sugden: *Evangelism and the Poor* (Oxford: Regnum, 1982), 55.

[40] Stephen Neill: „Looking Toward the Fifth Assembly", in: McGavran, Hrsg., *Conciliar-Evangelical Debate*, 321.

[41] José Miguez Bonino: „Christianity and Democracy in Latin America", ein unveröffentlichtes Arbeitspapier, vorgelegt am 15. November 1991 bei der International Conference on Christianity and Democracy (Internationale Konferenz für Christentum und Demokratie), die an der Emory

Universität stattfand. S. auch David Martins Abhandlung über den Protestantismus in Lateinamerika: *Tongues of Fire: The Explosion of Protestantism in Latin America* (Oxford: Blackwell, 1990).

[42] Roberts: *Black Political Theology*, 88. Auch James Cone: *The Spirituals and the Blues: An Interpretation* (New York: Seabury, 1972), 67f.

[43] James Q. Wilson: „Crime and American Culture", in: *The Public Interest*, 70 (Winter 1983), 22. S. auch Charles Colson: *Kingdoms in Conflict* (Grand Rapids: Zondervan, 1987), Kap. 16.

[44] Zitiert nach ebd., 238.

[45] David O. Moberg: *Wholistic Christianity* (Elgin: Brethren Press, 1985), 108. S. auch zwei neuere Bücher: George H. Gallup, Jr.: *The Saints Among Us* (Ridgefield, Conn.: Morehouse, 1992) und Robert Wuthnow: *Acts of Compassion: Caring for Others and Helping Ourselves* (Princeton, Princeton University Press, 1991).

Kapitel 7

[1] Anastasios von Androussa: „Address By The Conference Moderator", in: Wilson, Hrsg., *The San Antonio Report*, 107. Ich würde allerdings über materielle Güter und Hoffnung auf die Zeit nach dem Tod nicht im Sinn von „entweder/oder" denken, sondern im Sinn von „sowohl/als auch".

[2] In diesem Sinn kann man davon sprechen, daß Mission vor allem *missio dei* ist (Sendung Gottes). S. Bosch: *Transforming Mission*, 389-93, zur Diskussion und Literaturangabe. Doch das schließt in keiner Weise ein, daß Menschen zu einer persönlichen, erlösenden Gemeinschaft mit Jesus Christus eingeladen werden.

[3] S. z. B. Borg: *Jesus: A New Vision* und John Hick und Paul F. Knitter, Hrsg., *The Myth of Christian Uniqueness: Towards a Pluralistic Theology of Religions* (Maryknoll: Orbis, 1987) und die ausführliche Literaturangabe bei Clark Pinnock: *A Wideness in God's Mercy: The Finality of Jesus Christ in a World of Religions* (Grand Rapids: Zondervan, 1992), insbes. die Einführung und Kap. 2.

[4] S. z. B. Paul F. Knitter: *No Other Name? A Critical Survey of Christian Attitudes Toward Other Religions* (Maryknoll: Orbis, 1985) und die Literatur zitiert bei Pinnock: *Wideness in God's Mercy*. Pinnocks Kap. 2 unterstreicht ganz stark, daß Christus der einzige Weg zur Erlösung ist. Zu diesem und manchen anderen damit zusammenhängenden Punkten s.

auch Michael Greens hervorragendes Buch: *Evangelism Through the Local Church* (London: Hodder and Stoughton, 1990).

[5] So auch mit gleicher Klarheit die neuere Enzyklika von Papst Johannes Paul II.: Redemptoris missio, Absatz 5. Der Weltkirchenrat erkennt dagegen in *Mission and Evangelism*, Absatz 42, an, daß er das nicht zu seiner offiziellen Position machen kann.

[6] Meeking und Stott, Hrsg., *Evangelical-Roman Catholic Dialogue*, 44.

[7] S. J. Verkuyl: *Contemporary Missiology: An Introduction*, übers. von Dale Cooper (Grand Rapids: Eerdmans, 1978), 164, zur Diskussion über dieses Motiv und die Missiologen, die es vertreten.

[8] S. Michael Green: *Evangelism in the Early Church* (London: Hodder and Stoughton, 1970).

[9] Verkuyl: *Contemporary Missiology*, 164.

[10] S. Donald McGavrans häufige Erinnerung daran, daß der Glaube an Christus der Weg zu einer humaneren Welt ist (z. B. *Understanding Church Growth*, 127); und Johannes Paul des II. Erklärung, daß nur Christus wahre Befreiung bringt: *Redemptoris Missio*, Absatz 11.

[11] Z. B. Mt 3,7; Joh 3,36; Röm 1,18; 4,15; 5,9; Eph 2,3; 1. Thess 5,9; Offb 16,1.

[12] Auch Lk 14,15-20; 16,19-31.

[13] C. S. Lewis: *The Problem of Pain* (London: Fontana Books, 1957), Kap. 8, 106-16.

[14] S. die angegebene Literatur und Pinnocks Diskussion in Kap. 5 von *Wideness in God's Mercy*.

[15] Andere schließen Philip Hughes, John Wenham und Stephen Travis ein. S. David Edwards und John Stott: *Essentials: A Liberal-Evangelical Dialogue* (London: Hodder and Stoughton, 1988), 313-20; Clark Pinnock: „The Destruction of the Final Impenitent", in: *Criswell Theological Review*, 4 (1990), 243-59; Edward Fudge: *The Fire That Consumes* (Houston: Providential Press, 1982).

[16] Es bestätigt auch die Ansicht von Stott nicht. Eine Mehrheit zieht es vor, die Frage offen zu lassen als einen Punkt, an dem die Evangelikalen durchaus verschiedene Standorte einnehmen können. S. Kenneth S. Kantzer und Carl F. H. Henry, Hrsg., *Evangelical Affirmations* (Grand Rapids: Zondervan, 1990), Absatz 9 (36).

[17] S. die Literatur bei Pinnock: *Wideness in God's Mercy*, Kap. 5 und Fußnoten (besonders Fußnoten 30f). Vgl. auch John Sanders: *No Other Name: A Biblical, Historical, and Theological Investigation Into the Destiny of the Unevangelized* (Grand Rapids: Eerdmans, 1992).

[18] S. Pinnock: *Wideness*, 168-72 und Fußnoten bezügl. Literatur.

[19] Es ist möglich, wie einige behaupten, daß sich 1. Petr 3,19f auf eine Begegnung mit Christus nach dem Tod bezieht. Ähnlich erwähnt Paulus in 1. Kor 15,29 (ohne jede Kritik) die Tatsache, daß Menschen in Korinth getauft wurden für andere, die gestorben waren. 1. Petr bezieht sich nur auf solche Menschen, die vor dem Auftreten Jesu Christi gestorben waren. Es gibt in 1. Kor 15 keinen Anhaltspunkt für eine Antwort auf die Frage nach der Identität der Toten, um deretwillen Christen getauft wurden. Viele Fragen steigen dabei auf. Waren es „gute Heiden"? Menschen, die sich zu Christus bekannten und starben, bevor sie die Taufe empfangen hatten? Sollten Christen sich heute taufen lassen für die Milliarden, die sterben, ohne Christus zu kennen? Keine dieser Stellen ist klar genug, um eine eindeutige, sichere Lehre darauf aufzubauen, um sagen zu können, daß Menschen, die ohne Christus kennengelernt zu haben sterben, nach dem Tod noch eine Gelegenheit haben werden, ihm zu begegnen und ihn anzunehmen. Auf der anderen Seite lassen sie Zweifel aufkommen an einer eindeutigen Aussage darüber, daß Gott niemals Menschen nach dem Tod noch eine Gelegenheit gibt, Christus zu begegnen. Demütiges Bescheiden ist der Weg, der biblischen Wahrheit am nächsten zu kommen.

[20] S. Pinnocks Kritik an Stotts „agnosticism" an genau diesem Punkt in: *Wideness*, 150. Ich denke, Stott hat recht.

[21] Verkuyl: *Contemporary Missiology*, 166, betont diese Motivation.

[22] Doch wir sollten darauf achten, unsere speziellen evangelistischen Strategien nicht mit der Wiederkunft Christi in Verbindung zu bringen. Es ist mir z. B. sehr unwohl, wenn Jim Montgomery zu dem Schluß kommt: Wenn wir sein ehrenwertes Ziel erreichen, in jeder Gruppe von 400-1000 Menschen in jedem Land eine Gemeinde zu gründen, dann könnten wir beinahe „die Trompete schon blasen hören". *Dawn 2000: 7 Millionen Gemeinden im Aufbruch* (Pasadena: William Carey Library, 1989), 13.

[23] Verkuyl: *Contemporary Missiology*, 165f bringt eine gute Diskussion zu dieser Motivation.

Kapitel 8

[1] „Evangelist Banned": *The Christian Century*, Bd XCVII, No. 37, 19. Nov. 1980, 1121. (Die südafrikanische Regierung zwang ihn, das Land zu verlassen!)

[2] S. Grace Gitari: „Evangelical Development in Mount Kenya East", *Transformation*, Bd 5, No. 4 (Oktober-Dezember 1988), 44-46.

[3] S. David Gitari: „Church and Politics in Kenya", in: *Transformation*, Bd 8, No. 3 (Juli-September, 1991), 7-17.

[4] Ronald J. Sider: „Interview with Rev. Frank Chikane", in: *Transformation*, Bd 5, No. 2 (April-Juni 1988), 9-12. Konfessionell gehörte Chikane zur Apostolic Faith Mission, und der weiße Diakon gehörte zur Heimatgemeinde von David Du Plessis.

[5] Auf eine gerechtere Teilung der Produktionsquellen weist John Perkins hin mit seinem dritten „R" (redistribution = Umverteilung); s. z. B. sein Buch: *With Justice for All* (Ventura, Cal.: Regal Books, 1982), 14-15, 145-97. Freiwillige Entwicklungsprogramme (z. B. breitgestaffelte Klein-Darlehen) können schon eine beträchtliche Umverteilung hervorbringen, aber solange sich die gesetzlichen, wirtschaftlichen und politischen Strukturen nicht wenigstens teilweise für diesen Wandel öffnen, bleibt eine Umverteilung der Macht in größerem Maßstab auf Dauer äußerst schwierig.

[6] S. die hervorragende Art, wie Richard J. Mouw das in *Politics and the Biblical Drama* (Grand Rapids: Eerdmans, 1976) und in *Political Evangelism* (Grand Rapids: Eerdmans, 1973) beschreibt.

[7] Ronald J. Sider, Hrsg., *Cry Justice: The Bible Speaks on Hunger and Poverty* (Downers Grove and Ramsey: InterVarsity and Paulist, 1980). S. auch Ronald Sider: *Der Weg durchs Nadelöhr*, Kap. 3 und „An Evangelical Theology of Liberation", in: Kenneth Kantzer und Stanley N. Gundry, Hrsg., *Perspectives on Evangelical Theology* (Grand Rapids: Baker, 1979), 117-33.

[8] S. oben, Kap. 4.

[9] S. die vielen Stellen bei Sider, Hrsg., *Cry Justice*, 174-87.

[10] S. ebd., 69-75.

[11] Z. B. Boff und Boff: *Salvation and Liberation*, 48.

[12] Z. B. Castro: „Reflection after Melbourne", in: *Your Kingdom Come*, 28 (aber s. Kap. 4, Fußnote 3). Das gleiche gilt für Eugene L. Stockwells Behauptung, daß „unser fundamentaler Schlüssel zu einer Mission im Namen Christi weiterhin die Nähe zu den Armen ist" („Mission Issues for Today and Tomorrow", in: Wilson, Hrsg., *The San Antonio Report*, 118) und auch Andrew Kirks Aussage, daß „man annehmen kann, daß *nur* die Armen positiv auf die Botschaft" von Jesus antworten werden (*New World*, 100). Manche haben gedacht, daß ich mit meiner Aussage, daß Gott „auf der Seite der Armen" ist („Der Weg durchs Nadelöhr",

Kap. 3), den gleichen Fehler gemacht habe. Von der ersten Ausgabe dieses Buches an habe ich jedoch erklärt, daß Gott nicht voreingenommen ist, und daß nur im Kontrast zu unserer sündigen Vernachlässigung der Armen Gottes gleichmäßiges Interesse an allen wie eine Bevorzugung der Armen aussieht.

[13] Absatz 32 (Hervorh. d. Autors).

[14] *Manila Manifest*, A-2. S. Samuel Escobar: „Von Lausanne 1974 bis Manila 1989", in: *Urban Mission*, März 1990, 25: Eine gute Aussage darüber, für wie wichtig bei Lausanne II Gottes Interesse an den Armen angesehen wurde.

[15] Stott: *Christian Mission*, 30.

[16] John Perkins: *A Call to Wholistic Ministry* (St. Louis: Open Door Press, 1980), 43f.

[17] Valdir Steuernagel hat sicher recht, wenn er sagt, daß man sein soziales Anliegen nicht nur auf Mitleid gründen darf. Wenn das Motiv der Gerechtigkeit (s. unten über soziale Sünde) nicht auch dabei vorhanden ist, bekommt die Sache leicht allzu individualistische Züge: „The Theology of Mission", 240-44.

[18] S. auch Mt 15,32; 20,34; Mk 1,41.

[19] Das bedeutet nicht, daß in jedem so etwas wie ein „göttlicher Funken" vorhanden ist. Es heißt vielmehr, daß Gott sich in Christus so sehr mit den Armen und Außgestoßenen identifiziert, daß man mit Recht sagen kann, daß wir Christus dienen, wenn wir ihnen dienen. Vgl. die ähnliche Aussage in Spr 19,17.

[20] Charlotte Waterlow: *Superpowers and Victims* (Englewood Cliffs, N.J.: Prentice Hall, 1974), 60.

[21] Damit ist nichts gegen die Möglichkeit göttlichen Heilens heute gesagt.

[22] Interessanterweise war dies einer der vielen Punkte der Übereinstimmung im Dialog der Evangelikalen mit der römisch-katholischen Kirche; Meeking und Stott, Hrsg., *Evangelical Roman Catholic Dialogue on Mission*, 33.

[23] S. die ausgezeichnete Diskussion über „social reality" bei Mott: *Biblical Ethics and Social Change*, 10-15.

[24] Z. B. William Rainey Harper: *A Critical and Exegetical Commentary on Amos and Hosea* (Edinburgh: T. & T. Clark, 1905), 49.

[25] Vgl. auch Jes 5,8-11 sowie 22f.

[26] Vgl. auch 1. Kön 21. S. auch Sider: *Der Weg durchs Nadelöh*r und „Racism": *United Evangelical Action,* Bd 36, No. 2 (Frühjahr 1977), 11f und 26-28.

[27] Wenn wir absolut kein Verständnis oder Bewußtsein dafür haben, wieso ein System böse ist und wieso wir daran teilhaben, dann würde ich sagen, daß wir vor Gott keine Schuld haben. Gott rechnet uns das an, was wir wissen (Joh 15,22-24; Röm 2,12f). Das ändert aber in keiner Weise die Tatsache, daß das System sehr schlimm ist und Menschen kaputtmacht. Gewöhnlich wissen wir aber genug über den bösen Charakter des Systems und auf welche Weise es uns nützt, um zu wissen, daß wir *nicht mehr wissen wollen*! Wir sind moralisch verantwortlich für das, was wir bewußt nicht wissen wollen (Sach 7,11f).

[28] S. Mott: *Biblical Ethics and Social Change*, 4-6.

[29] Mott, ebd., 4, und TDNT, III, 868.

[30] Zitiert nach Mott: *Biblical Ethics*, 6. Manchmal bedeutet *cosmos* tatsächlich einfach Gottes gute Schöpfung (z. B. Joh 1,9-10a). S. Richard Mouws erfreuliche Unterscheidung in *Called to Holy Worldliness* (Philadelphia: Fortress, 1980), 75.

[31] Clinton E. Arnold: *Powers of Darkness: Principalities and Powers in Paul's Letters* (Downers Grove: InterVarsity, 1992), 203.

[32] S. Mott: *Biblical Ethics*, 6-10; Arnold: *Powers of Darkness*, vor allem 87-210; dazu das eindrucksvolle dreibändige Werk von Walter Wink, veröffentlicht bei Fortress Press: *Naming the Powers* (1984); *Unmasking the Powers* (1986); *Engaging the Powers*.

[33] Ich habe immer bewußt darauf bestanden, daß hinter den korrupten sozialen Strukturen, die uns begegnen, persönlich gefallene übernatürliche Mächte stehen (s. z. B. Sider: *Christ and Violence*, 50-57). Deshalb ist mir Arnolds Interpretation meiner Bezugnahme auf diese Mächte (*Powers of Darkness*, 195, 234, Anm. 3 [irrtümlicherweise bezieht er sich auf S. 51 statt auf S. 57 in *Christ and Violence*]) unbegreiflich. Ich habe zusammen mit ihm immer eine reduktionistische Sicht abgelehnt, die gegen übernatürliche Kräfte sprach und die Mächte und Gewalten nur als soziale Strukturen unserer Welt betrachtete. Walter Winks brillantes Werk über diese Mächte ist leider auch im reduktionistischen Sinn geschrieben. Er lehnt die Vorstellung „einer persönlichen Wesenheit" ab, „sei es Engel, Dämon oder Teufel" (*Unmasking The Powers*. 4f).

[34] S. die Beispiele zitiert bei C. Peter Wagner: *Warfare Prayer: How to Seek God's Power and Protection in the Battle to Build His Kingdom* (Ventura: Regal, 1992), Kap. 1. Ich würde allerdings etwas vorsichtiger sein als Wagner und weniger detaillierte Informationen über „territorial spirits" (in bestimmten Bereichen herrschende Geister) abgeben.

[35] Johannes Paul II.: *Sollicitudo Rei Socialis* (30. Dez. 1987), Absatz 36.

[36] S. vor allem Raymond Fung: „Human Sinned-Againstness", in: *International Review of Mission*, 69 (Juli 1980), 332-36; „Compassion for the Sinned Against", in: *Theology Today*, 37 (Juli 1980), 162-69; „The Forgotten Side of Evangelism", *The Other Side* 15 (Oktober 1979), 16-25; „Mission in Christ's Way: The Strachan Lectures", in: *International Review of Mission*, 78 (Januar 1989), 18f. Meine „Josephine So Memorial Lecture III" an der China Graduate School of Theology in Hong Kong (chinesiche Hochschule für Theologie) hieß „The Sinner and the Sinned Against" und wurde veröffentlicht (nur in Chinesisch) in: *Evangelical Faith and Social Ethics* (Hong Kong: China Graduate School of Theology, 1986), 49-69.

[37] An dieser Stelle finde ich die Diskussion über die „sinned against" bei der Weltkirchenkonferenz in Melbourne unangemessen. Ich zitiere Absatz I,4:

„Die Armen, gegen die gesündigt worden ist, verlieren etwas von ihrer Menschlichkeit, weil sie benachteiligt sind. Die Reichen verlieren etwas von ihrer Menschlichkeit, weil sie durch ihr sündiges Tun andere berauben. Das Gericht Gottes kommt also als Schuldspruch zugunsten der Armen. Dieser Schuldspruch befähigt die Armen zum Kampf und zum Abwerfen der Mächte, die sie binden. Dies aber befreit dann die Reichen von der Notwendigkeit zu herrschen. Wenn das geschehen ist, ist es für beide möglich – die gedemütigten Reichen und die Armen –, menschlich zu werden und auch fähig, der Herausforderung des Reiches Gottes zu begegnen." (Zitiert bei Anderson, Hrsg., *Witness to the Kingdom*, 106f). Daran ist manches wahr, aber die vorgeschlagene Lösung des Problems ist falsch. Hiernach ist es so, daß der erste und vorrangige Weg, auf dem die Reichen von der Unterdrückung lassen, in sozialen Aktionen der Armen besteht, die gerechte Strukturen fordern. Nur nach dieser Veränderung können die Reichen und die Armen sich mit dem Reich Gottes befassen. Das ist unbiblischer Unsinn. Nur wenn die Unterdrückten und die Unterdrücker sich der freien Gnade des Reiches Gottes anvertrauen, solange sie noch die Unterdrückten und die Unterdrücker sind, gibt es Hoffnung auf einen grundlegenden Wandel. Die persönliche Umkehr beider Gruppen – obwohl es hier überhaupt nicht erwähnt wird – ist ausschlaggebend. (Der Weltkirchenrat sagt es in *Mission and Evangelism*, Absatz 32, sehr viel richtiger.) Zweitens ist es natürlich wahr, daß gerechtere Strukturen einen Einfluß auf alle haben und die menschlichen Beziehungen verbessern. Aber unsere Reaktion auf das Angebot des Reiches Gottes abhängig zu machen von einem vorhergehenden struktu-

rellen Wandel, ist völlig unakzeptabel. Deshalb erstaunt es, daß evangelikale politische Aktivisten wie Tim LaHaye sagen, daß der „einzige Weg
zu einer echten geistlichen Erneuerung in legislativen Reformen
besteht". Zitiert nach James Skillen: *The Scattered Voice: Christians At
Odds in the Public Square* (Grand Rapids: Zondervan, 1990), 55.

[38] S. David Boschs Kommentar darüber in: *Transforming Mission*, 401.

Kapitel 9

[1] C. H. Dodd: The Apostolic Teaching and Its Development (London:
Hodder and Stoughton, 1963), 7. Alan Richardson: „Preaching", in:
A Theological Word Book of the Bible (London: S.C.M. Press, 1975), 172.

[2] Abs. 12; vgl. auch Abs. 15.

[3] David Lowes Watson: „Prophetic Evangelism", in: Theodore Runyon,
Hrsg., *Wesleyan Theology Today* (Nashville: Kingswood Books, 1985),
222. Ebenso Costas: *Christ Outside the Gate,* 168-72.

[4] David M. Paton, Hrsg., *Breaking Barriers: The Official Report of the
Fifth Assembly of World Council of Churches,* Nairobi, 1975 (London:
SPCK, 1976), 233. In *Mission and Evangelism* des Weltkirchenrats heißt
es, daß die Bekehrung die Aufforderung einschließt, in einer persönlichen Entscheidung die rettende Herrschaft Christi anzuerkennen und
anzunehmen (Abs. 10). Das scheint unvereinbar damit zu sein, den
Aufruf zur Bekehrung an ganze Völker zu richten (Abs. 12, 15).

[5] McGavran: *Understanding Church Growth*, 333-52.

[6] David Gitari: „Kenya: Evangelism Among Nomadic Communities", in:
Wright und Sugden, Hrsg., *One Gospel*, 63.

[7] S. Samuels scharfsinnig entwickelte Behandlung des Themas bei Sugden: „Critical and Comparative Study", 313-15. Mortimer Arias stellt
fest, daß „der Ruf Jesu persönlich, aber nicht individualistisch oder
privater Natur ist" (Announcing the Reign, 112).

[8] Vgl. David Boschs wichtige Aussage, daß „Individualismus" in diesem
Sinne nicht eine Erfindung des Westens ist, sondern die Frucht des
Evangeliums: *Transforming Mission*, 416.

[9] Aus diesem Grunde kann man davon sprechen, einem ganzen Dorf das
Evangelium zu bringen, aber nicht z. B. General Motors. Im ersten Fall
heißt das nicht, daß das Dorf als solches oder nicht einmal notwendigerweise jeder einzelne Bewohner dieses Dorfes zum persönlichen Glauben
an Christus kommt. Vielmehr heißt das, daß die gesamte Führerschaft

des Dorfes zusammen mit den Bewohnern die Einladung des Evangeliums bedenken und annehmen – aber in einer solchen Weise, daß jeder einzelne auch noch eine eigene echte Entscheidung trifft (und manche mögen „nein" sagen). Weiterhin bedeutet das nicht, daß dieses spezifische Dorf als eine spezifische soziale Struktur ein für allemal in der Gegenwart Christi lebt, während das für den einzelnen Menschen, der ein Nachfolger Christi wird, Gültigkeit haben sollte. Wir haben gesehen, wie Röm 8 und Offb 21f zeigen, daß der Glanz der menschlichen Zivilisation und die übrige Schöpfung (außerhalb des Menschen) vom Bösen gereinigt werden und Teil des ewigen Gottesreiches sein werden. Das heißt aber nicht, daß jeder einzelne Baum und jede Blume oder jedes menschliche Kunstprodukt sich in diesem ewigen Reich wiederfinden wird. Was Menschen angeht, so meinen wir allerdings genau das. Jeder einzelne Mensch, der ein Nachfolger Jesu wird, wird leiblich auferstehen und in alle Ewigkeit als erkennbare Person mit Christus leben.

[10] Nazir-Ali: *From Everywhere to Everywhere*, 185.

[11] In seiner jüngsten Enzyklika ist es das Anliegen Papst Johannes Pauls II., diese Unterscheidung zu betonen. Er unterscheidet „mission ad gentes" (an die Völker gerichtet) von anderer Missionsarbeit und besteht auf Folgendem: „Die Besonderheit dieser Mission *ad gentes* ergibt sich aus der Tatsache, daß sie sich an ‚Nichtchristen' wendet." Er warnt davor, daß diese besondere Aufgabe „innerhalb der umfassenden Sendung des ganzen Volkes Gottes zu einer abgewerteten Wirklichkeit und folglich vernachlässigt und vergessen" werden könnte. (Redemptoris missio, Abs. 34). Johannes Paul stimmt mit der Lausanner Verpflichtung überein: „Versöhnung zwischen Menschen ist nicht gleichzeitig Versöhnung mit Gott, soziale Aktion ist nicht Evangelisation" (Abs. 5).

[12] Das ist das, was Andrew Kirk zu Unrecht behauptet (*New World*), 103f. Er hat jedoch, wenigstens teilweise, recht mit seiner Ansicht, daß der GRESR-Bericht es oft so darstellt.

[13] Stott: „The Biblical Basis of Evangelism", in: Douglas, Hrsg., *Let the Earth Hear His Voice*, 69.

[14] S. die ähnliche Definition bei William J. Abraham: *The Logic of Evangelism* (Grand Rapids: Eerdmans, 1989), 95. S. Stott: *Christian Mission*, 38ff, der darauf besteht, Evangelisation von der Botschaft, nicht von den Ergebnissen her zu definieren. Vgl. Wagner: *Church Growth*, 55ff, wo gesagt wird, daß die Lausanner Bewegung festgelegt hat, daß das Ziel der evangelistischen Tätigkeit ist, Menschen „zu Jüngern zu machen".

[15] Costas: *Liberating News*, 136ff.

[16] S. James J. Stamoolis: *Eastern Orthodox Mission Theology Today* (Maryknoll: Orbis, 1986), vor allem Kap. 11.

[17] *Liberating News*, 136 (seine Hervorh.). Das scheint eine Wandlung in seinem früheren Denken anzudeuten.

[18] *Evangelism and Social Repsonsibility: An Evangelical Commitment* (LCWE und WEF, 1982), 24 (von jetzt ab zitiert als GRESR). Im Gegensatz zu Kirk (New World, 105), der diese Aussage einen Mangel an Courage nennt, sehe ich sie als Ergebnis einer Klärung an. Ähnliche Aussagen wie die in GRESR s. Leslie Newbigin: *One Body, One Gospel, One World* (London: IMC, 1958), 43, und Nazir-Ali: *From Everywhere*, 182-85.

[19] Stott (bei Lausanne I): „The Biblical Basis of Evangelism", in: Douglas, Hrsg., *Let the Earth* , 68.

[20] S. David J. Hesselgraves Kritik an dieser Anwendung von Joh 20,21: „Holes in Holistic Mission", in: *Trinity World Forum* (Frühjahr 1990), 1-5 (vor allem 4). Ich stimme John Stotts Antwort zu: „An Open Letter to David Hesselgrave", in: *Trinity World Forum* (Frühjahr 1991), 1f.

[21] S. Stott: *Christian Mission*, 16-25.

[22] Arthur Johnston hat Stott stark kritisiert (in: *Battle for World Evangelism*, 300-306). Aber seine Argumente sind nicht überzeugend, und der größte Teil der evangelikalen Bewegung hat Stotts Position akzeptiert. S. GRESR: Der Manila Report (von Lausanne II, 1989); und dazu Kwame Bediako: „Evangelization and the Future of Christian World Mission", in: Samuel und Hauser, Hrsg., *Proclaiming Christ*, 56.

[23] Kirks Einwand, dies bedeute, daß Christen sich des sozialen Anliegens nur bewußt werden und sich ihm öffnen als Ergebnis von evangelistischer Arbeit (*New World*, 91), ist ganz einfach falsch. Nichtchristen können schon ein starkes soziales Bewußtsein und hervorragendes soziales Engagement aufweisen, bevor sie Christen werden. Aber ihre Aktivitäten kann man nicht als christliches soziales Anliegen bezeichnen (auch wenn es ein großartiges Tun ist und Gott gefällt und dem Nächsten hilft), solange diese Menschen nicht das Evangelium gehört und Christus angenommen haben und ihre soziale Aktivität Teil ihrer Hingabe an Christus geworden ist.

[24] S. Kirk: *New World*, 92, und Graham Kings: „Evangelicals in Search of Catholicity" *Anvil*, Bd 7, No. 2 (1990), 120f.

[25] Es stimmt auch, daß eine (verwandelte) Schöpfung (Röm 8) und die (gereinigte) Herrlichkeit der Völker (Offb 21,24-22,2) am kommenden

Gottesreich teilhat. Aber es gibt keinen biblischen Hinweis darauf, daß Gott die Absicht hat, jeden einzelnen Baum oder jedes Kunstwerk der Zivilisation in das Neue Jerusalem hineinzubringen, wie er sich das für jeden einzelnen Menschen wünscht, der nach dem Bild Gottes geschaffen ist, der gerettet werden und sich des ewigen Lebens freuen soll. S. oben, Anm. 9.

[26] Steuernagel: „Theology of Mission", 257.

[27] Vgl. auch Apg 6,1ff und die Diskussion in GRESR, 21.

[28] Peter Wagner (*Church Growth*, Kap. 4) stimmt damit überein.

[29] Deshalb ist es merkwürdig, daß Wagner sagt, es sei gut für jeden einzelnen Menschen, seine oder ihre eigene Aufgabe als die wichtigste anzusehen (*Church Growth*, 189).

[30] Wagner, ebd., 110, und GRESR, 20f. Das soll jedoch keine Entschuldigung darstellen für Gemeinden und Kirchen, um auf die Dauer in Einseitigkeit zu verharren.

[31] GRESR, 25.

[32] Walter Bauer: *A Greek-English Lexicon of the New Testament and Other Early Christian Literature*, 5. Ausg., übers. von William Arndt, F. Wilbur Gingrich und Frederick Danker (Chicago: University of Chicago, 1979), 566f; s. auch Mott: *Biblical Ethics and Social Change*, 126.

[33] McGavran hat recht, wenn er z. B. sagt, daß normalerweise eine kleine Zahl von Christen weniger Gelegenheit und Verantwortlichkeit hat, um für gerechte Strukturen einzutreten, als wenn die Christen einen größeren Prozentsatz der Bevölkerung ausmachen. S. *Understanding Church Growth*, 26, 172f.

[34] Peter Wagner (*Church Growth and the Whole Gospel*, 118-26) sagt, daß die Geschichte der Student Volunteer Movement (freiwillige Studentenbewegung) und der Verfall der großen Kirchen in den Jahren von 1960-1990 zeigt, daß der evangelistische Auftrag Priorität haben muß. Ich würde dagegen sagen, daß der Hauptgrund für den Niedergang bei beiden der theologische Liberalismus war (und die daraus folgende Tendenz, soziale Aktion für wichtiger zu halten als die Verkündigung des Evangeliums) und nicht die gleichzeitige Betonung von beidem. Tatsächlich hat die Studie von Dean Hoge gezeigt, daß der theologische Liberalismus den stärksten negativen Einfluß auf das Wachsen von Kirchen und Gemeinden hat: „A Test of Theories of Denominational Growth and Decline", in: *Understanding Church Growth and Decline*, 1950-1978, hrsg. von Dean R. Hoge und David A. Roozen (Philadelphia: Pilgrim Press, 1979), 191. Und Wagner sagt selbst an anderer Stelle, daß Kirchen

sozial sehr aktiv sein und trotzdem stark wachsende Mitgliederzahlen aufweisen können, wenn sie nicht dem kulturellen Auftrag eine höhere Priorität einräumen als dem evangelistischen Auftrag (*Church Growth*, 123).

Kapitel 10

[1] S. Perkins' *With Justice for All.*

[2] *Manila Manifest*, Abs. 4. Offensichtlich meinten die Leute, die dieses Manifest entworfen haben, nicht, daß man niemals das eine ohne das andere tun könnte ihm Hinblick auf Evangelisation und soziale Aktion (und das ist auch meine Ansicht). Bei einer untrennbaren Partnerschaft denke ich, daß es zahlreiche Wege gibt, beides eng miteinander zu verbinden. Vgl. auch Samuel Escobar: „The Social Responsibility of the Church in Latin America", *Evangelical Mission Quarterly*, Frühjahr 1970, 144f; „Statement of the Stuttgart Consultation on Evangelism" (1989), in: Samuel und Hauser, Hrsg., *Proclaiming Christ*, 215; und David Evans: „Evangelism with Theological Credibility", in: Wright und Sugden, Hrsg., *One Gospel*, 33 (meine Ansicht zu der umfassenden Zusammengehörigkeit gleicht der von Evans).

[3] S. Donald Dayton: *Discovering an Evangelical Heritage* (New York: Harper, 1976), 19.

[4] S. Richard J. Mouw: „Evangelism and Social Ethics", in: *TSF Bulletin*, Jan.-Febr., 1982, 7.

[5] Auch Röm 10,8-16; Phil 2,9ff. Vgl. auch Stott: *Christian Mission*, 54.

[6] Samuel und Sugden: *Christian Mission in the Eighties: A Third World Perspective* (Bangalore: Partnership in Mission – Asia, 1981), 12.

[7] Ebd., 25.

[8] Das meint GRESR (21-22) mit sozialer Aktivität als Folge der Verkündigung des Evangeliums.

[9] S. Kap. 6, 114-18.

[10] S. auch Philippe Maury: *Politics and Evangelism* (Garden City: Doubleday, 1959), 107.

[11] Delos Miles: *Evangelism and Social Involvement* (Nashville: Broadman, 1986), 132.

[12] Vgl. Donald McGacvrans Aussage (*Understanding Church Growth*, 292), daß Missionare „die Unterordnung unter vorhandene Regierungen als von Gott verordnet lehren" sollen.

[13] Dieser dritte Punkt ist in Wirklichkeit ein Unterpunkt des vorher angeführten, da er sich mit der Art und Weise befaßt, wie die Kirche (die vom Evangelium durchdrungen ist) die Gesellschaft beeinflußt.

[14] H. Richard Niebuhr: „The Responsibility of the Church for Society", in: *The Gospel, The Church and The World*, hrsg. von Kenneth Scott Latourette (New York: Harper, 1946), 130ff.

[15] Fackre: *Word in Deed*, 68. Vgl. auch Kirk: *New World*, 103f.

[16] Michael Green: „Methods and Strategy in the Evangelism of the Early Church", in: Douglas, Hrsg., *Let the Earth Hear,* 169.

[17] Aus diesem Grunde kann ich Peter Wagners Argument für homogene Kirchen nicht akzeptieren. Peter argumentiert: „Homogeneity aids the evangelistic mandate, heterogeneity aids the cultural mandate" (Homogenität stützt das evangelistische Mandat, Heterogenität den kulturellen Auftrag, Übers. a. d. Engl.) (*Church Growth and the Whole Gospel*, 170). Da die evangelistische Arbeit wichtiger sei, so argumentiert Wagner, sollten homogene Kirchen uns nicht stören. Das ist aus zwei Gründen falsch. Erstens, wenn es stimmt, was in Eph 3,1-7 steht, dann ist die gemischtrassische Ausprägung der Gemeinden ein Teil des Evangeliums. Der wesentliche Inhalt des Evangeliums steht auf dem Spiel, nicht nur unser „kultureller Auftrag". Zweitens, wie ich oben schon sagte, hat Wagner keine angemessene Basis, auf der er dem „kulturellen Mandat" eine solche sekundäre Rolle zuschieben könnte.

[18] In seiner Rede bei Lausanne I sagte Green: „The church is in a very real sense part of the Gospel" (Die Gemeinde ist in einem ganz realen Sinn Teil des Evangeliums, Übers. a. d. Engl.) („Methods and Strategy", in: Douglas, Hrsg., *Let the Earth*, 169). Im Dialog der Evangelikalen mit der römisch-katholischen Kirche herrschte Übereinstimmung in diesem Punkt; Meeking und Stott, Hrsg., *Evangelical/Roman Catholic Dialogue*, 66.

[19] Arthur Johnston hat recht, wenn er uns daran erinnert, daß die gefallene Menschheit niemals in der Lage sein wird, das nachzuvollziehen, was durch die erneuernde Gnade Gottes in der Gemeinde ausgelebt werden kann: „The Kingdom in Relation to the Church and the World", in: Nicholls, Hrsg., *In Word and Deed*, 125. Durch die Gnade sollte die Kirche der Welt weit voraus sein. Auf der anderen Seite läßt Gott „seine Sonne scheinen über Gerechte und Ungerechte", und diese Existenz einer allgemeinen Gnade und generellen Offenbarung ermöglicht selbst Nichtchristen (und unerlösten sozialen Systemen), viel Gutes zu tun und gute Modelle nachzuahmen (wenn auch unvollkommen).

[20] Vgl. z. B. die Anabaptisten des 16. Jahrhunderts und ihr teuer erkauftes Eintreten für religiöse Freiheit sowie die Trennung von Kirche und Staat. Es erforderte Tausende von Märtyrern und einige Jahrhunderte, aber die moderne Welt akzeptierte schließlich ihre Sicht. S. z. B. Franklin Littell: *The Free Church* (Boston: Starr King Press, 1957).

[21] Mt 5,13-16; Mt 13,33. S. GRESR, 34.

[22] GRESR, 22f spricht vom sozialen Anliegen als einer „Brücke" zur evangelistischen Tätigkeit.

[23] S. Samuel und Sugden: *Lambeth*, 73.

[24] Escobar und Driver: *Christian Mission*, 44f.

[25] Arthur Johnston ist auch mit Recht daran interessiert, daß wir die Kraft des Evangeliums nicht primär von unsern guten sozialen Taten abhängig machen. Danken wir Gott, so sagt Johnston, daß das Evangelium sich selbst beglaubigt, auch wenn es uns nicht gelingt, in vollem Maß zu zeigen, was das Erbarmen Christi bedeutet: „The Kingdom", in: Nicholls, Hrsg., *In Word and Deed*, 303. Gleichzeitig hat es aber Gott gefallen, daß unsere Glaubwürdigkeit bei anderen einen gewissen Einfluß auf ihre Aufnahmefähigkeit für das Evangelium haben darf. Jesus sagte, daß unsere Liebe und Fürsorge füreinander die Welt davon überzeugen würde, daß er vom Vater her kam (Joh 17,20-23). In Apg 6,1-7 führte die Demonstration der Fürsorge für die materiellen Bedürfnisse einer Minderheit von Witwen zum Wachstum der Gemeinde.

[26] Ich möchte nicht sagen, daß die offiziellen kirchlichen Strukturen der rechte Ort für jedes oder auch nur das meiste politische Engagement der Christen sind. Oft sind nichtkirchliche Einrichtungen wie Evangelicals for Social Action (Evangelikale, die sich zu sozialen Aktionen zusammenschließen) oder „Brot für die Welt" u.ä. viel angemessener.

[27] Mott: *Biblical Ethics and Social Change*, 125f.

[28] Zitiert nach ebd., 126.

[29] Folglich sollten wir nicht denken, daß man einfach Evangelisation und soziale Aktion addieren oder umgekehrt sie als total unabhängig voneinander sehen könnte. Sie sind nicht identisch, aber sie sind so miteinander verknüpft, daß sie (s. GRESR) wie die beiden Schwingen eines Vogels zusammengehören, 23.

[30] Dieses fünfte Modell ist dem sehr ähnlich, das im „Statement of the Stuttgart Consultation on Evangelisation" (1989) angeführt wird. Dies fassen Vinay Samuel und Albrecht Hauser zusammen „als ein Verständnis von Mission und Evangelisation, das die Verkündigung des Evangeliums mit der Einladung an alle Menschen, Christus als Erlöser und Herrn

anzunehmen, verbindet mit dem Engagiertsein in sozialen Aktionen für Gerechtigkeit und sozialen Wandel in Strukturen und Gemeinschaften." Samuel und Hauser, Hrsg., *Proclaiming Christ in Christ's Way*, 10. In der „Stuttgart Consultation" werden Evangelisation und soziales Anliegen nicht als identisch gesehen, aber als „untrennbar miteinander verknüpft" (S. 215). Mir erschiene es jedoch klarer, von integrierter oder ganzheitlicher Mission zu reden als von „integraler Evangelisation" als zusammenfassende Kategorie.

[31] McGavran behandelt dieses Problem in *Understanding Church Growth*, Kap. 15. „Redemptive lift" (Erlösende Erneuerung) ist der Begriff, der *mir* dem Wesentlichen am nächsten zu kommen scheint. Ich bezweifle die Gültigkeit seiner Unterscheidung zwischen „redemption" (Erlösung) und „lift" (Erneuerung).

[32] Ebd., 297-309.

[33] Ronald J. Sider: „Religious Faith and Public Policy", ESA/Advocate, April 1992, 2.

Kapitel 11

[1] *Redemptoris missio*, 86.

[2] David B. Barrett: „Annual Statistical Table on Global Mission: 1992", *International Bulletin of Missionary Research*, V. 16, No. 1, Januar 1992, 27.

[3] David B. Barrett und Todd M. Johnson: *Our Globe and How to Reach It* (Birmingham: New Hope, 1990), 32.

[4] S. z. B., Robert T. Coote: „The Numbers Game in Evangelism", *Transformation*, Bd 8, No. 1 (Januar-März 1991), 1-5. S. auch Ralph Winters Antwort auf dieselbe Frage, 6-8.

[5] Statistische Ermittlungen über Lausanne unter der Leitung von David Barrett ergaben die grundlegende Analyse. S. Ralph Winter: „The Diminishing Task", in: *Mission Frontiers*, Januar-Februar 1992, 5. Winters Kategorie von „bibelgläubigen Christen" hat Ähnlichkeit mit der Kategorie von Barrett: „Christen, die den Missionsbefehl ernstnehmen".

[6] Barrett: „Annual Statistic Table, 1992", 27.

[7] Ebd.

[8] *Marc Newsletter*, März 1992, 2.

[9] David Hesselgraves Schätzung in „Today's Choices for Tomorrow's Mission", 190.

[10] Barrett: „Annual Statistic Table, 1992", 27.

[11] S. sowohl den Grand Rapids Report von 1982: *Evangelism and Social Responsibility: An Evangelical Commitment*, veröffentlicht von WEF und LCWE, und das Manila Manifest von LCWE, Lausanne II in Manila, 1989: *The Manila Manifesto* (Pasadena: LCWE, 1989).

[12] S. Weltkirchenrat: *Mission and Evangelism: An Ecumenical Affirmation* (1983) und Johannes Pauls II. *Redemptoris missio* (1991).

[13] Resolution #43: *The Truth Shall Make You Free: The Lambeth Conference* 1988 (London: Church House Publishing, 1988), 231. S. auch die Analyse bei Samuel und Sugden: *Lambeth*, 50.

[14] *RM*, 83. Zu anderen Aussagen s. Barrett und Johnson: *Our Globe*, 3.

[15] William A. Dyrness: „A Unique Opportunity", in: W. Dayton Roberts und John A. Siewert: *Mission Handbook*, 14. Aufl. (Monrovia: MARC, 1989), 17.

[16] Die Evangelikalen haben schon lange den Anti-Supranaturalismus des modernen Säkularismus angegriffen, aber sie haben gerade erst begonnen, sich ernsthaft mit den größeren Problemen der modernen Welt zu beschäftigen. Andrew Walkers *Enemy Territory; The Christian Struggle for the Modern World* (London: Hodder and Stoughton, 1987) und Os Guinness' *The Gravedigger File* (London: Hodder and Stoughton, 1983) sind zwei rühmliche Ausnahmen bei dieser weitgehenden Vernachlässigung. In den letzten Jahren hat auch Lesslie Newbigin hervorragende Analysen der modernen Welt erstellt: *The Other Side of 1984* (Genf: Weltkirchenrat, 1984) und *Foolishness to The Greeks: The Gospel and Western Culture* (Genf: Weltkirchenrat, 1986).

[17] George Barna: *The Barna Report: What Americans Believe* (Ventura; Regal, 1991), 234.

[18] S. Walker: *Enemy Territory* für eine ausgezeichnete Diskussion.

[19] S. z. B. sein Vorwort zur dritten Auflage von Sider: *Rich Christians in an Age of Hunger* (Dallas: Word, 1990), xi-xiii.

[20] Phil Bogosian: „The Time Has Not Yet Come!", in: *Mission Frontiers*, März-April 1992, 39.

[21] David B. *Barrett: Cosmos, Chaos and Gospel* (Birmingham: New Hope, 1987), 75.

[22] Ebd.

[23] Aus Statistiken Barretts in „Annual Statistical Table, 1992", 27, und Barrett und Johnson: *Our Globe*, 32. Der größte Teil selbst von diesen 5,4% geht eher in die „Auslandsmission in anderen christlichen Ländern" als zu Völkern, die bisher vom Evangelium nicht erreicht wurden (ebd., 27).

[24] Nach den Schätzungen von FAO starben 1990 51 Millionen Menschen (täglich im Durchschnitt 139,726) an Unterernährung oder dadurch ausgelösten Krankheiten. Zu den Zahlen der Menschen, die nahe an der absoluten Armutsgrenze leben, s. Michael P. Todaro: *Economic Development in the Third World* (4. Auflage, New York: Longman, 1989), 31f.

[25] David B. Barrett: *Cosmos, Chaos and Gospel: A Chronology of World Evangelization from Creation to New Creation* (Birmingham: New Hope, 1987), 75.

[26] „Evangelism and the World", in: *Let the Earth Hear His Voice*, hrsg. von J. Douglas (Minneapolis: Worldwide Publications, 1975), 132.

[27] Jim Wallis hat versucht, in Richtung dieser Art „ganzheitlicher Erweckung" zu gehen bei der Reihe von eintägigen Veranstaltungen, die er und Ken Medema bei einer Tournee durch die Staaten gehalten haben („Let Justice Roll").

[28] Zu Dr. Kriengsak s. Carolyn Boyd: *The Apostle of Hope: The Dr. Kriengsak Story* (Chicester: Sovereign World, 1991). Dr. Kriengsak ist der Vorsitzende der Charismatic Fellowship in Asien. Zu Shalom-Erweckungen s. meinen Artikel in *Gospel Herald*, 17. März, 1992, 1-4. Im Hinblick auf den Zusammenhang zwischen früheren Erweckungen und dem sozialen Anliegen s. Donald Dayton: Discovering an Evangelical Heritage (New York: Harper, 1976); Timothy L. Smith: *Revivalism and Social Reform* (New York: Harper Torchbooks, 1965), dazu J. Edwin Orr: „Evangelical Dynamic and Social Action", in: A. R. Tippett, Hrsg., *God, Man and Church Growth* (Grand Rapids: Eerdmans, 1973), Kap. 18.

[29] Eine nationale Untersuchung stellte kürzlich die Frage: „Was würde die Kirche attraktiver machen?" Die Antwort, die am zweithäufigsten gegeben wurde, lautete: „Eine Kirche, die den Armen und Bedürftigen helfen würde". S. *Never on a Sunday: the Challenge of the Unchurched* (Glendale, Kalif. The Barna Research Group, 1990), 24.

[30] Zu einigen kurzen Versuchen, dies zu erläutern, vgl. mein *Completely Pro-Life* (Downers Grove: InterVarsity, 1987): „Toward a Biblical Perspektive on Equality", in: *Interpretation*, April 1989, 156-169; dazu meine Artikel über politische Philsophie in: *ESA/Advocate*, Sept., Okt. und Nov.-Dez. 1988.

[31] In „Der Weg durchs Nadelöhr" habe ich versucht, dazu noch wesentlich mehr Einzelheiten zu bringen.

Anhang

[1] Gustavo Gutiérrez: *A Theology of Liberation* (Maryknoll: Orbis, 1973), 178. Zur Diskussion über Gutiérrez und andere Befreiungstheologen, die „Erlösung" im weiteren Sinn verstehen, s. Emilio Nunez: *Liberation Theology* (Chicago: Moody, 1985), Kap. 7. Zur Vorstellung von sozialer Erlösung in der früheren Bewegung „Soziales Evangelium" s. z.B. Walter Rauschenbusch: *A Theology for the Social Gospel* (New York: Abingdon, 1945) 110ff. Im Hinblick auf den Weltkirchenrat s. z.B. Absatz II: „Salvation and Social Justice" auf der Konferenz von Bangkok 1973 (Genf: WCC, n.d.).

[2] Zu dem offiziellen Dokument s. *Evangelism and Social Responsibility: An Evangelical Commitment.* WEF und LCWE, 1982. Zu den bei GRESR vorgelegten Artikeln s. Bruce J. Nicholls, Hrsg., *In Word and Deed: Evangelism and Social Responsibility* (Grand Rapids: Eerdmans, 1985).

[3] *Evangelism and Social Responsibility*, 28f.

[4] Z. B. Richard J. Mouw (*Political Evangelism* [Grand Rapids: Eerdmans, 1973]), heute Präsident am Fuller Theological Seminary, und Vinay Samuel (s. Anm. 16, 19 weiter unten), Generalsekretär der International Fellowship of Evangelical Missions Theologians (Internationale Vereinigung evangelikaler Missionstheologen).

[5] David J. Bosch: *Witness to the World* (Atlanta: John Knox, 1980), 209. Ich sagte 1977 das gleiche, Ronald J. Sider: *Evangelism, Salvation and Social Justice* (Bramcote Notts: Grove Books, 1977), 11. S. auch Vinay Samuel und Chris Sugden: „Evangelism and Social Responsibility", in: Nicholls, Hrsg., *In Word and Deed*, 210.

[6] Braaten: *Flaming Center*, 149.

[7] Arias: *Announcing The Reign*, 11.

[8] Braaten: *Flaming Center*, 150.

[9] Costas, Hrsg.: *Christ Outside The Gate*, 30, und der Bericht über Absatz II auf der Weltkirchenkonferenz in Bangkok, „Salvation Today", in: *International Review of Mission*, Bd 62, No. 246 (April 1973), 199.

[10] S. Kap. 8.

[11] S. Kap. 6 und Samuel und Sugden: „Evangelism and Social Responsibility", in: Nicholls, Hrsg., *In Word and Deed*, 199-209.

[12] Costas: *Christ Outside The Gate*, 41.

[13] S. Kap. 6 zu Bekehrung.

[14] Vinay Samuel und Chris Sugden: „Toward a Theology of Social Change", in: Sider, Hrsg., *Evangelicals and Development*, 58.

[15] Ich benutze den Ausdruck: „spill-over" (übergreifender Effekt, positive Auswirkung), um die Unterscheidung zwischen Kirche und Welt zu betonen. Doch dieses Bild ist nicht geeignet, um all die verschiedenen Wege zu erfassen, auf denen die in der Gemeinde erfahrenen Auswirkungen von Erlösung die Welt beeinflussen. S. weiter Kap. 10.

[16] So Samuel und Sugden: „God's Intention for the World", in: Samuel und Sugden, Hrsg. *Repsonse to Human Need*, 141f.

[17] Ebd., 142. Doch widerspricht das nicht der Aussage, daß sie an „Gottes rettendem Werk teilhaben", es sei denn, daß sie hier nur meinen, daß der „spill-over" Effekt, von dem ich gesprochen habe, eine Rolle spielt.

[18] Diese Unterscheidung wird im GRESR-Dokument benutzt; s. *Evangelism and Social Responsibility*, 33.

[19] Viele Theologen haben diese Streitfrage erörtert. Im folgenden Abschnitt möchte ich mich vor allem mit Samuel und Sugden beschäftigen: „Theology of Social Change", in: Sider Hrsg., *Evangelicals and Development*, 50-61, und Samuel und Sugden: „Evangelism and Social Responsibility", in: Nicholls, Hrsg., *In Word and Deed*, 189-214. Aber s. auch Costas: *Christ Outside The Gate*, 29-42 (besonders S. 41) und Braaten: *Flaming Center*, 57-62.

[20] Samuel und Sugden: „Theology and Social Change", in: Sider, Hrsg., *Evangelicals and Development*, 51f; Sugden: „A Critical and Comparative Study", 271; und Braaten: *Flaming Center*, 61, der bemerkt, daß dieses Problem vor allem für Lutheraner galt mit der besonderen „Zwei-Reiche-Lehre" in ihrer Theologie.

[21] Braaten: *Flaming Center*, 61. Samuel und Sugden: „Social Change", in: Sider: *Evangelicals and Development*, 52.

[22] Ebd., 51.

[23] Ebd.

[24] Ebd., 54; Sugden: „A Critical and Comparative Study", 301f.

[25] Samuel und Sugden: „Social Responsibility", in: Nicholls, Hrsg., *In Word and Deed*, 203.

[26] Es ist nicht klar, ob Samuel und Sugden meinen, daß diese verschiedenen Wege des Vorgehens einfach nur unterschiedlich sind oder widersprüchlich. Im letzteren Fall hat der Einwand seine Berechtigung. Wenn sie aber nur unterschiedlich sind (wie ich weiter unten behaupte), dann sehe ich kein Problem bei der Sache.

[27] Vgl. Martin Luthers Aussage, daß Diener des Staates, die Christen sind, Christus nicht wegen ihrer beruflichen Verpflichtungen zu fragen brauchen. Zitiert bei John R. W. Stott: *Christian Counter-Culture* (Downers

Grove: InterVarsity, 1978), 113. S. Luthers Kommentar zur Bergpredigt in: Jaroslav Pelikan, Hrsg., *Luther's Works*, Bd 21 (Saint Louis: Concordia, 1956), 110-13. Ich denke, daß diese Art von ethischem Dualismus falsch ist; s. Ronald J. Sider und Richard K. Taylor: *Nuclear Holocaust and Christian Hope* (Downers Grove: InterVarsity, 1982), 114-17.

[28] Braaten: *Flaming Center*, 59.

[29] Ebd., 58.

[30] S. Sider: *Christ and Violence*, 50-57, und die dort zitierte Literatur. S. auch das dreibändige Werk von Walter Wink: *The Powers* (s. Kap. 8, Anm. 32). Einen wesentlich anderen Standpunkt nimmt Wesley Carr ein: *Angels and Principalities* (Cambridge: Cambridge University Press, 1981).

[31] S. Albert von den Heuvel: *The Rebellious Powers* (Naperville: SCM Book Club, 1966), 44.

[32] S. oben, Kap. 3.

[33] Es sei denn, daß die Universalisten recht haben (was ich nicht glaube).

[34] Diesen Punkt habe ich nicht klar gesehen in meiner früheren Diskussion in „How Broad Is Salvation?", in: Nicholls: *In Word and Deed*, 102f und folglich damals stärkeren Nachdruck auf das erweiterte Verständnis gelegt, als ich es heute tue.

[35] Vinay Samuel erklärt, daß die Vertreter einer engeren Sicht des Begriffs davon ausgehen, daß „alles, was ‚geistlich' ist in diesem Leben, vollkommen ist, und daß deshalb jede Erfahrung, die wir von Erlösung haben, nicht mit Unvollkommenheit vermischt werden kann."
Zitiert nach Sugden: „A Comparative Study", 276. Samuel hat sicher recht mit der Ansicht, daß ein solcher Anspruch verbohrt ist. Es gibt eine Menge an Unvollkommenheit bei den Gläubigen und in der Gemeinde, und trotzdem spricht das Neue Testament bei ihnen von Erlösung. Aber daraus folgt nicht – weil sowohl Gemeinde als auch die Welt eine Mischung von Gut und Böse sind –, daß es deshalb keine Möglichkeit der Unterscheidung gibt und man in beiden Bereichen von Erlösung sprechen kann. Drei wichtige Dinge gelten für die Gemeinde und nicht für die Gesamtgesellschaft: 1. Christen erfreuen sich der Vergebung ihrer Sünden. 2. Sie erfahren heute schon die heiligende Kraft des Heiligen Geistes, der in allen Gläubigen lebt. 3. Aufgrund von 1. und 2. ist die Gemeinde eine neue erlöste Gemeinschaft, die sich der Gegenwart, der Macht und der verwandelnden Kraft Gottes auf eine Art und Weise erfreut, wie es das sonst in der Welt nicht gibt. Infolgedessen ist es verständlich, weshalb das Neue Testament von Erlösung nur auf der Ebene der Gemeinde redet und nicht auf dem Boden der Welt.

[36] Samuel und Sugden: „Theology of Social Change", in: Sider *Evangelicals and Development*, 54; auch Samuel und Sugden: „Evangelism and Social Responsibility", in: Nicholls, *In Word and Deed*, 211.

[37] Gutiérrez: *A Theology of Liberation*, 176f. Eine ausgezeichnete Kritik an Gutiérrez' Lehre von der Erlösung s. Emilio A. Nunez: *Liberation Theology* (Chicago: Moody, 1985). Kap. 7.

[38] Jes 45 ist aufschlußreich. Der heidnische König Cyrus wird Gottes „Gesalbter" (Gottes Knecht, V. 1) genannt, und Gott benutzt ihn, um Israel zu retten (V. 13+17). Aber der Prophet sagt ausdrücklich, daß Cyrus Jahwe nicht kennt. (V. 4f). Von Erlösung wird nur gesprochen im Hinblick auf Israel (V. 17). Und die Stelle endet mit einer eindeutigen monotheistischen Erklärung und dem Appell an alle Völker: „Wendet euch zu mir, so werdet ihr gerettet [...] denn ich bin Gott und sonst keiner mehr." (V. 22). Gott hat in seiner weisen Vorsehung Cyrus benutzt, aber in dem Text steht nichts davon, daß der ungläubige Cyrus Erlösung erlebte.

[39] In diesem Prozeß der Erlösung ist es zum Teil das Ziel Christi, den Weg zu einem ausdrücklichen Bekenntnis zu ihm vorzubereiten. Manchmal betont Samuel diesen Punkt in einer zu umfassenden Weise. Sugden faßt die Sicht Samuels folgendermaßen zusammen: „Das Ziel des Wirkens Gottes außerhalb der Kirche oder Gemeinde besteht immer darin, Menschen ins Reich Gottes hineinzuführen und sie Glieder am Leib Christi werden zu lassen." (Sugden: „A Comparative Study", 288). Das ist ein Teil der Zielsetzung Gottes, aber das ist nicht alles. Gerade die Unterscheidung zwischen Schöpfung und Erlösung ermöglicht uns zu sagen, daß Gottes Wirken außerhalb der Kirche darin besteht, seine gute Schöpfung zu bewahren und es den Menschen zu ermöglichen, sich in diesem Leben daran zu erfreuen, selbst wenn sie Christus niemals annehmen. Schon allein auf der Basis der Schöpfung hat die soziale Aktion ihre eigene, unabhängige Berechtigung, wenn sie dazu bestimmt ist, den Menschen zum Lebensunterhalt und zur Gerechtigkeit zu verhelfen. Natürlich sehnt Gott sich danach, daß alle Menschen Christus annehmen. Aber wir sollten sein Handeln in der Welt nicht allein auf diesen Wunsch beschränken (s. Kap. 8).

[40] Padilla: *Mission Between the Times*, 41, auch Scheerer: *Gospel, Church and Kingdom*, 86f.

[41] Kommentar zu Apg 28,31 zitiert nach Robert Doyle: „The Search for Theological Models", in: Webb: *Christians in Society*, 38 (s. 36-38). S. auch Wagner: *Church Growth*, 5-10.

[42] Ich möchte allerdings nicht Leute wie Orlando Costas, Richard Mouw, Vinay Samuel und Chris Sugden (die alle für die erweiterte Definition von Erlösung eintreten) des „theologischen Irrtums" bezichtigen. Sie bestätigen alle nachdrücklich sowohl die Wichtigkeit der Verkündigung des Evangeliums als auch die der sozialen Aktion und vertreten eine solide biblische Theologie, wobei sie allen Universalismus und das Verwischen des Unterschieds von Kirche und Welt vermeiden.

Danksagungen

Ich möchte denen danken, die in besonderer Weise zu diesem Buch beigetragen haben.

Zunächst gilt mein Dank John Stott, Colleen und Vinay Samuel – drei lieben Freunden, denen ich dieses Buch widme. Diese Menschen waren eine von Gottes kostbarsten Gaben an mich – daß ich sie als Freunde und Partner haben und von ihnen lernen und mit ihnen arbeiten durfte.

Denen, die es mir erlaubten, an ihrem Lebensweg ein Stück Anteil zu nehmen, schulde ich einen besonderen Dank: Addie Banks, Michael Banks, James Dennis, Nelson Diaz, Cassandra und Showen Franklin, David Gitari, Brian Hathaway, Glen Kehrein und Raleigh Washington.

Viele Wissenschaftler waren so freundlich, mir einiges an Material zukommen zu lassen, gaben mir wichtige technische Informationen oder beantworteten einen ersten Teilentwurf des Manuskripts. Ohne daß ich sie verantwortlich machen will für das, was ich letztlich zu Papier brachte, möchte ich ihnen doch für ihre Hilfe danken: Gerald H. Anderson, David Barrett, Manfred Brauch, Emilio Castro, Jill Renee Duncan, Samuel Escobar, Leighton Ford, Michael Green, David Hesselgrave, Paul G. Hiebert, Andrew Kirk, Tom McAlpine, Thomas McDaniel, David O. Moberg, Bryant Meyers, Clark Pinnock, Valdir Steuernagel, John Stott, Miroslav Volf, C. Peter Wagner und Ralph D. Winter.

Für seine starke Ermutigung und seine Hilfe im Hinblick auf den ersten Versuch und die sorgfältige Herausgabe möchte ich meinem Verleger Lyn Cryderman bei Zondervan danken.

Ketly Pierre saß wochenlang an der Schreibmaschine, um meinen ursprünglich handgeschriebenen Text zu tippen. Für das In-Kauf-Nehmen von knappen Abgabeterminen und meinen speziellen Hieroglyphen verdient sie eine besondere Belohnung, die denen vorbehalten ist, die ständig mehr tun als nur ihre Pflicht. Rick White und James Moore, meine Assistenten bei der Materialbeschaffung, machten

Dokumente ausfindig, und James bereitete außerdem den Index vor. Naomi Miller, meine hervorragende Sekretärin und Verwaltungsassistentin hat es wie gewöhnlich geschafft, mit jeder Schwierigkeit fertig zu werden und alles zu erledigen, was getan werden mußte. Auf vielerlei Weise trägt sie enorm zu all meinen Bemühungen bei.

Meiner Frau Arbutus schulde ich den tiefsten Dank. Ihre Liebe und ihre Unterstützung und unsere gemeinsame Hingabe an Christus und seine Herrschaft gaben mir ein unerschütterliches Fundament an Freude und Geschlossenheit, das mir all meine Arbeit ermöglichte.

Glaube in der dritten Generation

Ein Gespräch von Ulrich Eggers mit Ron Sider

Ron, Gerechtigkeit, Frieden, Reichtum, Ökologie – das sind Themen, mit denen man bei manchen schnell in die Kiste „links" fällt – und damit hat die Mehrheit der Evangelikalen bekanntlich wenig zu tun.

Es geht nicht um links oder rechts. Ich habe immer versucht, die Bibel zur entscheidenden Richtschnur meines Handelns zu machen. Das habe ich zwar bestimmt nicht immer vollkommen erreicht, aber es ist mein klares Ziel. Und wenn man das anstrebt, dann liegt man immer quer zu allen Ideologien. Denn in bezug auf Familie, Sexualität oder Abtreibung habe ich dann scheinbar eher eine konservative Linie, während das starke Eintreten für Gerechtigkeit oder Arme für viele eher einen linken Anstrich hat. In Wirklichkeit geht es darum, biblisch zu sein. Links oder rechts sind Etiketten, die ich ablehne.

1977 kam „Der Weg durchs Nadelöhr – Reiche Christen und der Welthunger" (Aussaat Verlag, Neukirchen-Vluyn)

heraus. Das soziale Anliegen wurde von vielen neu entdeckt. Heute ist es eher still geworden um dieses Thema. Haben wir das Anliegen positiv in unser Leben integriert, oder interessiert es in den Neunzigern keinen mehr?

Ich bin selber nicht ganz sicher, wie die gegenwärtige Ruhe einzuschätzen ist. Einerseits gibt es ein massives evangelikales Engagement für Arme und Hungrige, das auch über die Jahre nicht abgenommen hat. Es werden Brunnen gebohrt, Darlehen zur Selbsthilfe vergeben, Nothilfe geleistet oder auch in Ausbildung investiert. Da sind erstaunliche Projekte entstanden. Zur gleichen Zeit aber wächst der Materialismus in unserer Gesellschaft immer mehr, und die große Mehrheit der Christen ist von diesem Materialismus verführt. Ich fürchte, daß der Materialismus der Christen heute eher schlimmer ist als vor zwanzig Jahren, als das Buch herauskam.

Also war das Buch erfolgreich,

aber der Materialismus noch erfolgreicher?

Ja, vielleicht. Das zentrale Anliegen des Buches, nämlich daß Gottes besondere Sorge den Armen gilt und daß wir uns deswegen in besonderer Weise um sie kümmern müssen, ist wohl mittlerweile überall akzeptiert. Sicherlich gibt es noch Streit darum, welche Art von Lebensstil das nun für uns bedeutet und welche politischen oder ökonomischen Entscheidungen die besten sind, aber die Grundtatsachen des Buches sind heute generell – zumindest unter evangelikalen Führungspersönlichkeiten – sehr akzeptiert.

In Matthäus 25 konfrontiert uns die Bibel mit einem hohen Ziel: „Was ihr einem dieser Armen, Hungrigen oder Kranken nicht getan habt, habt ihr mir nicht getan", sagt Jesus da. Wie gut stehen wir angesichts dieser Aussage da?

Ich denke weiterhin, daß sich die große Mehrheit auch der evangelikalen Christen an dieser Stelle schwer versündigt: Wir vernachlässigen die Armen. Und es ist mit Sicherheit nicht nur meine Meinung, daß Materialismus eine der schwersten Sünden der amerikanischen Christenheit

ist. Mit dem ganzen Wohlstandsevangelium, der „Health-and-Wealth"-Welle gibt es mittlerweile ja sogar noch einen ideologischen Überbau dafür, um uns ein gutes Gewissen zu machen.

Ein oft gehörtes evangelikales Argument gegen praktische Hilfe ist ja, daß uns eine neue Erde und das völlige Abschaffen des Leides durch unsere Aktionen biblisch nicht verheißen ist. Deswegen sagen viele: Angesichts der vielen Arbeit müssen wir uns auf unser Herzstück konzentrieren, und das ist direkte Evangelisation.

Da ist ja auch was Wahres dran. Wenn es optimal läuft, dann werden wir durch unsere Nächstenliebe schlechte Dinge ein bißchen besser machen oder das eine oder andere Unrecht abschaffen. Aber wir werden nicht das Utopia auf Erden verwirklichen können. Es ist absolut blauäugig und verrückt, zu glauben, durch Veränderung der Strukturen könne man neue Menschen schaffen. Nein, wir brauchen an dieser Stelle dringend die Evangelisation, müssen Menschen zu Jesus bringen, damit der Heilige Geist ihren Charakter und ihre Persönlichkeit verändert, ihnen neue Werte gibt. Wenn das nicht passiert, werden wir keine langfristigen Veränderungen erleben. Dennoch: Nächstenliebe, praktische Hilfe und direkte Evangelisation müssen immer Hand in Hand gehen.

Gerade die Evangelikalen haben aber doch im 18. Jahrhundert und auch noch zur Zeit der Erweckungsbewegung erstaunliche soziale Errungenschaften vorwärtsgebracht und sich intensiv mit Werken praktischer Nächstenliebe befaßt: Die Sklavenbefreiung ist unter dem Einfluß Evangelikaler beseitigt worden, die großen diakonischen Einrichtungen wurden von Evangelikalen gegründet. Damals waren wir erweckt, gab es geistliche Aufbrüche – und die Dinge waren in Balance. Brauchen wir also „ganz einfach" eine neue geistliche Erweckung, damit wir auch in der Nächstenliebe wieder lebendig werden?

Ich denke, daß eine Menge Evangelikaler heutzutage Glauben in der zweiten oder dritten Generation erlebt. Glaube aus Tradition, mit der richtigen Dogmatik im Hintergrund, aber ohne die tiefe, brennende Leidenschaft der ersten Liebe ihrer erweckten Vorfahren. Das macht

mir wirklich Angst. Das ist eine erschreckende Herausforderung sowohl für unsere ganzheitliche Evangelisation als auch für den persönlichen Lebensstil in Familie und Ehe. Wir unterscheiden uns nicht mehr sehr stark von der Gesellschaft um uns herum. Die Dinge zerbrechen uns unter den Händen. Ich entdecke, daß ich angesichts dieser Tatsachen immer mehr über Heiligung und die Notwendigkeit einer persönlichen Umkehr rede, über die radikale Hingabe an Jesus. Ich habe immer davon gesprochen, aber ich empfinde, daß die Not hier immer verzweifelter wird.

In den USA gibt es eine starke Gebetsbewegung für eine Erweckung, die der Startpunkt für genau diese Art von geistlicher Erneuerung sein könnte, die wir dringend brauchen. Wir werden weder Evangelisation noch soziale Aktion haben, ehe wir nicht eine leidenschaftliche Liebe zu Jesus bekommen. Und es ist tatsächlich so: In einem sehr beträchtlichen Ausmaß haben große Teile der Evangelikalen diese leidenschaftliche Liebe zu Jesus verloren. Die Leidenschaft ist da, aber sie findet sich verstärkt unter charismatisch oder pfingstlich orientierten Evangelikalen, die heute zwei Drittel der Weltevangelisation tragen.

Könnte man also vielleicht sogar sagen, daß heute gar nicht mehr die ideologische Ablehnung von sozialer Hilfe das Problem ist, sondern daß eigentlich sogar viel Einsicht da ist, daß wir dringend geistlich und menschlich helfen müßten. Wir haben vielleicht sogar ein schlechtes Gewissen – aber wir stehen da und sehen zu. Woher bekommen wir Kraft, uns in Bewegung zu setzen?

Die Antwort darauf ist, daß Kraft aus einer lebendigen Beziehung zu Jesus Christus kommt. In der Kraft des auferstandenen Herren arbeiten wir, mit der Kraft des Heiligen Geistes. Jedes Jahr gebe ich Kurse an meiner Uni über Nachfolge, geistliches Leben und soziale Veränderung. Ich glaube zutiefst, daß wir nur dann etwas bewirken können, wenn die innere Dimension des Glaubens gefördert wird, wenn wir geistlich ernährt werden, wenn unsere Aktionen in Gebet gegründet sind. Alle Arten praktischer Nachfolge – egal ob Evangelisation oder soziales Handeln – müssen tief eingetaucht sein in begleitendes Gebet, in ständiges Gespräch zwischen Gott und uns. Daher kommt am Ende die Kraft.

Also ist die weithin zu empfin-

dende Kraftlosigkeit ein Mangel an Hingabe und Nähe zu Jesus?

Ja, das ist wohl sehr stark der Fall.

Ist Barmherzigkeit also eine simple Frucht erneuerten Lebens?

Das sollte so sein, passiert aber häufig dennoch nicht automatisch. Lehre gehört sicher dazu, damit man versteht, daß auch dies eine Dimension des Glaubens ist. Aber ganz sicher ist Barmherzigkeit Frucht aufrichtigen biblischen Glaubens. Und oft ist sicher eine Bereitschaft oder Sehnsucht da, aber die Leute wissen einfach nicht, was zu tun ist und wo man anpacken kann. Hier bieten wir oft zu wenig Hilfe durch konkrete, nachvollziehbare Schritte an, bei denen sich Menschen mit einbringen können.

Aber es gibt ja durchaus gute Beispiele: Die Ichthys-Fellowship in London hat z. B. so ein Modell, das Jesus-Action-Programm. Dazu braucht man nur eine Handvoll Leute. Überall in der Nachbarschaft haben sie kleine Schilder angebracht: „Brauchen Sie Hilfe? Dann rufen Sie bei Jesus-Action an!" Und über diese ganz praktische

Hilfe bei Alltagsproblemen kommt man in Kontakt mit Leuten, baut ein Beziehungsgeflecht auf. Natürlich darf das kein Schwindel sein: Es muß um wirkliche praktische Hilfe gehen. Aber wenn da Leute sind, die wirklich aus Liebe helfen wollen, sich aus Liebe Menschen zuwenden, und wenn dies zugleich in Gebet gegründet ist und man Gott wirklich bittet, eine Möglichkeit zu schenken, auch von seinem Glauben mitzuteilen, dann kann dies eine großartige ganzheitliche Aktion sein. Wenn Leute in Not sind, dann sagen zum Beispiel die meisten „Ja", wenn man sie fragt, ob man für sie beten dürfe. Und das ist dann schon ein guter erster Schritt, auf dem man aufbauen kann, wenn man an dem anderen wirklich interessiert ist. Also eigentlich ein ganz einfaches, konkretes Programm, das in London auch sehr gut läuft.

Darum geht es: Gemeinden vor Ort kümmern sich um den ganzen Menschen, wollen ihm das ganze Evangelium bringen, wenden sich ihm in Freundschaft zu, lernen seine Nöte und Bedürfnisse kennen und entwickeln dann Programme und Ideen, um zu helfen und dauerhafte Beziehungen aufzubauen, betten das Ganze ein in erwartungsvolles Gebet und vertrau-

en, daß Gott kraftvoll gegenwärtig ist. Wenn es von diesen Gemeinden einige Tausend in jedem Land gäbe, dann würde das diese Welt verändern!

Nun gehören Roger Forster in London und seine Ichthys-Fellowship interessanterweise zur charismatisch geprägten Erneuerung. Du selbst gehörst nicht dazu, sondern hast einen traditionell mennonitisch-baptistischen Hintergrund. Bist du manchmal neidisch, daß solche Neuaufbrüche gerade im charismatischen Bereich passieren?

Nein, im Gegenteil. Ich bin Gott dankbar für alle Aufbrüche und alle Erneuerung, die in praktischen Schritten mündet. Tatsächlich werden durch die charismatische Bewegung überall in der Welt die verschiedensten Kirchen und Gemeinden erneuert, quer durch die Konfessionen. Ich selbst habe nicht die Gabe des Zungenredens, aber ich würde sie dankbar gebrauchen, wenn Gott sie mir geben will. Ich bin allerdings sehr sicher, daß Charismatiker und Pfingstler von sozial engagierten Evangelikalen lernen können – und die umgekehrt von denen. Aus diesem Grund haben wir schon vor sechs oder acht

Jahren einen Prozeß der Zusammenarbeit in Gang gesetzt, der im Frühjahr 1994 in Malaysia mittlerweile die dritte gemeinsame Konferenz veranstaltet und ein wichtiges theologisches Manifest veröffentlicht hat.

Evangelikale brauchen für ihre Aktionen mit Sicherheit mehr Gebet und Abhängigkeit gegenüber dem Heiligen Geist, Charismatiker brauchen eine erhöhte Aufmerksameit für Unrecht und soziale Themen. Wir können also Wesentliches voneinander lernen, und an dieser Stelle sind konservative Evangelikale, sozial Interessierte und Charismatiker wirklich im Gespräch.

Woher nimmst du persönlich die geistliche Kraft für deine Arbeit? Du hast dich mit Kritik und Rückschlägen auseinanderzusetzen, wirst manchmal sehr einsam sein und zwischen den Stühlen sitzen. Wo und wie begegnest du Gott?

Die Antwort ist einfach: Jesus. Nichts ist so wichtig für mich wie meine Beziehung zu Jesus Christus. Ich erinnere mich, mal John Stott gefragt zu haben, was seine Hoffnung für die Zukunft wäre. Seine Antwort: „Immer mehr zu werden wie Jesus". Um dieses Ziel zu ernähren, ist na-
türlich Gebet und die Beschäftigung mit der Bibel sehr wichtig. Und ich befinde mich da auf dem Weg, diese Gebiete noch zentraler und wichtiger für mein Leben werden zu lassen. Persönliche Stille ist dabei für mich eine Hilfe, beim Autofahren oder sonst singe ich meine geistlichen Lieblingslieder, ab und zu leiste ich mir stille Tage, in denen ich mich zurückziehe.

Welche Rolle spielt Deine Frau Arbutus da für dich?

Eine wichtige. Sehr oft liegen wir abends zusammen im Bett, halten einander in den Armen und beten für die Dinge, die uns bewegen – die Kinder, unsere Arbeit, die Ereignisse des Tages. Manchmal tun wir dasselbe morgens für den Tag, der vor uns liegt. Ich wüßte nicht, wie gut ich meine Arbeit betreiben könnte, wenn Arbutus nicht meine geistliche Vision teilen würde. Diese Gemeinsamkeit ist sehr wichtig.

(Das Interview drucken wir mit freundlicher Genehmigung der Zeitschrift „dran".)